現存山西刻書總目

王开学 / 编著

山西出版传媒集团
三晋出版社

图书在版编目（CIP）数据

现存山西刻书总目 / 王开学编著. —太原：三晋出版社，2021.4
ISBN 978-7-5457-2183-6

Ⅰ.①现… Ⅱ.①王… Ⅲ.①刻书—图书目录—山西 Ⅳ.①Z838

中国版本图书馆 CIP 数据核字（2021）第 064451 号

现存山西刻书总目

编　　著：	王开学
责任编辑：	薛勇强
责任印制：	李佳音
装帧设计：	段宇杰
出 版 者：	山西出版传媒集团 三晋出版社（山西古籍出版社有限责任公司）
地　　址：	太原市建设南路 21 号
电　　话：	0351－4956036（总编室） 0351－4922203（印制部）
网　　址：	http://www.sjcbs.cn
经 销 者：	新华书店
承 印 者：	山西新华印业有限公司
开　　本：	889mm×1194mm　1/32
印　　张：	11　彩 页：64
字　　数：	260 千字
版　　次：	2021 年 10 月　第 1 版
印　　次：	2021 年 10 月　第 1 次印刷
书　　号：	ISBN 978-7-5457-2183-6
定　　价：	78.00 元

如有印装质量问题，请与本社发行部联系　电话：0351-4922268

前　言

说到山西刻书，人们首先想到的几乎都是金元时期的"平水本"（或"平阳本"），最多再加上明代的晋藩刻书。这似乎已是一种普遍的认识。的确，金元时期的平水（即平阳）是同时期全国的四大刻书中心之一，在中国北方独领风骚，平水本也早已与浙刻本、闽刻本、蜀刻本一样，深入人心。但论及山西刻书，如果仅关注平水本，这显然是失之偏颇且不全面的。在中国刻书史上，山西一直是一个独特而重要的存在，可以说，在历史的任何一个时期，山西刻书都有它值得称道的地方。

如果把山西刻书史比作一条河流的话，那么它呈现的特点就是：其源也远，其势也壮，其流也长。

中国的雕版印刷肇始于唐代，现已基本成为学界的共识。唐咸通九年（868），王玠为二亲敬施雕印的《金刚经》卷子，是这一论点最得力、最切实的实物佐证。当然，其他的实物证据还有一些。如果从可信的文献记载来推断，则中国雕版印刷的产生还要比唐咸通九年再早一些，这也是确信无疑的。在这一具有标志性的人类文明成果诞生过程中，山西也不甘落后、身在其中，共同为中华印刷文明导源开路、披荆斩棘。先来看看文献方面的记载。

唐范摅《云溪友议》卷下云:"纥干尚书泉苦求龙虎之丹十五余稔。及镇江右,乃大延方术之士,乃作《刘宏传》,雕印数千本,以寄中朝及四海精心烧炼之者。"文中提到的"纥干尚书泉"即雁门(今代县)人纥干泉,他于唐宣宗大中元年至三年(847—849)任江南西道观察使。当时唐朝的帝王、大臣多迷信金丹可使人长生不老,纥干泉也痴迷于龙虎丹。《刘宏传》是道家烧炼之书,于是他就"雕印数千本"来送给京城内外的同好。作者范摅是唐咸通年间人,与纥干泉生活的时代很近,也可以说是同时代人。唐宣宗大中元年至三年比咸通九年早约二十年。

再如五代后蜀宰相蒲津(今永济市)人毋昭裔(935 年任宰相),曾仿《唐石经》,主持刊刻了浩大的《蜀石经》(即"孟蜀石经""后蜀石经")工程。同时,又以个人名义刊刻了很多书籍,《文选》《初学记》《白氏六帖》《史记》《汉书》《后汉书》……这些大部头的文学总集、类书和正史都是毋昭裔出私财所为。他去世之后,其子孙还因其所刻之书版而加官晋爵(其子毋守素将藏书与刻板献于北宋朝廷)。他对刻书事业的倡导和身体力行,为蜀地文化繁荣做出了贡献,自然也是山西人的骄傲。

与文献记载相比,实物更具有说服力。近年来被发现并收藏于国家图书馆的《观弥勒菩萨上生兜率陀天经》(北凉释沮渠京声译),经著名佛教文献学家方广锠先生鉴定,认为:"说它与《金刚经》同时代,或晚一点,完全可以成立。即使留有余地,本件的年代不会晚于五代、宋初。"在该卷的卷尾有"隰州张德雕版"牌记。经专家考证,此隰州即山西隰州,张德即是此经的实际雕版人。或许有人认为，张德只是一名刻工，并非出资人，因此不能算刻书主持者。但笔者认为，在信息不完整的情况下，张德作为该书唯一的雕版人，不管他是不是主持者，都是一个非常重要的角色。而且在雕版印刷的早期，在刻工这一专业雕版大军尚未形成或正在形成的过程中，在交通条件并不便利的古代山西，刻工的游走谋生不会离开家门太远。那由此是否可以推论，这部由隰州刻工雕版的经卷，就刻印于山西本土，甚至就刻印于张德的家乡隰州或以近地方？这也不是猜想，就在距隰州不远的绛州，另一部山西刻书可在一定程度上为我们提供佐证。

它就是现藏于山西省图书馆的北宋雍熙三年绛州刻本《佛说北斗七星经》（一卷）。在该经的卷尾有"雍熙三年岁次丙戌柒月拾伍日雕印讫。大宋国绛州郭下弟子宋守真，伏为先世不修，少失父母，愿写选此北斗七星经，印施与人……"题记。雍熙三年即公元986年，属于北宋初年，距唐末五代不远，但该经的雕印水平已炉火纯青，字大醒目，点画刚劲，刀法娴熟，纸墨上乘。由此可以推想，在山西尤其是晋南这片土地上，雕版印刷技艺应当已经施行有比较长的一段时间了，不然不会有这么成熟的作品。

立国比宋还早的辽，长期与北宋对峙，辽代文献至今存世者极少，而山西应县木塔恰是发现和保存辽代文献最多的宝库之一。这个且不说它，只说在凤毛麟角的辽代文献中，也有山西刻书的影子。譬如《法华经玄赞会古通今新抄第六卷》（辽释诠明述），系辽重熙十三年（1044）之前刻本，在该卷卷尾有题记："五十六纸。云州节度副使张肃一纸，李寿三纸，许延玉五纸，应州副使李胤两纸……"由此可知，云州（今大同）节度副使张肃、应州（今应县）副使李胤等共同参与了该经的刻印，而且在所开列的名单中，只有他们两位是具名身份地位的，很可能是刻印该卷的组织者与管理者。

有了以上数例在中国雕版印刷源头或早期的精彩典型，金元时期平水本的光芒万丈和气势如虹就顺理成章了。

金元时期，准确地讲应是金、蒙古时期，也就是金和元朝的前期，并不是首都的平阳（平水）成为北方的印刷中心、文化中心。在金和蒙古时期，在平阳都设有"经籍所"这一专门管理刻书、印书的官方机构，这就在体制机制上为平阳刻书的繁荣提供了保障。反过来，也正是平阳印刷事业的发达才催生了"经籍所"的成立，这是相辅相成、互为表里的。从2007年以来，在国务院正式公布的五批《国家珍贵古籍名录》中，共收录金、蒙古时期刻书四十八部，其中山西刻书三十二部，这从一个侧面也可反映平阳刻书在当时全国举足轻重的地位。金元时期，洪洞、平阳一带"家置书楼，人蓄文库"的景象，恰是平阳刻书事业兴旺发达的外在表现。

平阳刻书无论气度、品质和影响都足以让后人赞叹。

金皇统九年（1149）至大定十三年（1173）解州（今运城）天宁寺雕印的《赵城金藏》、蒙古太宗九年（1237）至乃马真后三年（1244）平阳玄都观雕印的《玄都宝藏》，这一佛一道，两部鸿篇巨制（皆在七千卷左右），奠定了平阳在中华刻书史上的不朽地位。它们也分别为后世留下了较为完整的雕版佛教大藏经蓝本和最早的道藏零种，对中国文化之传承厥功至伟。

蒙古定宗四年（1249），平阳张存惠晦明轩刻印的《重修政和经史证类备用本草》（三十卷），作为"平水本之上乘"历来被目为"神品"。书中琳琅满目、千姿百态的钟形、琴形、碑形、荷叶形牌记、题记,以及精雕细琢、纸洁墨莹的版面效果,给人们带来强烈的视觉冲击力,将之放置于浙刻宋本精品中,也是光彩夺目,毫不逊色的。

至于风行天下的"平水韵",它正导源于曾担任"平水书籍"的著名刻书家、韵学家、诗人王文郁于金大定六年(1166)雕印的《增注礼部韵略》一书。该书并旧韵二百零六部为一百零六部,大大缩减了韵书分量,是对中国韵学的一大革命。且在编刻过程中,详校细勘,精益求精,使该书最终成为后世万千学子和诗人墨客手边须臾不可或缺的必备工具书。

高峰过后,山西刻书并没有戛然而止,而是以更从容、更扎实的脚步活跃在明清舞台。

在明代,人们提到最多的山西刻书是晋藩刻书。藩府刻书是明代刻书的一大亮点、一大特色。在诸藩之中,晋藩刻书的确成就非凡,顾廷龙先生在《明代版刻图录初编》一书中评价晋藩刻书曰:"嘉靖以下,晋府最著,淹雅奕世,载美光启前业。"并认为"为诸藩之冠"。正因为晋藩刻书多为精善之本,故常常被书贾撕去序跋,冒充宋元本。但晋藩只是山西三藩之一藩,另外的沈藩(驻潞州)、代藩(驻大同)刻书也十分了得,特别是沈藩"世称多才",其刻书自著很多,质量上乘,且刻书年代久远,一直延续到明朝灭亡。

明代的官府刻书、私家刻书、书院刻书等各有千秋,特别是私家刻书,有记载者就有一百二十二人之多(见《山西通志·新闻出版志·出版篇》),沁水李瀚、汾州孔天胤等更是其中的佼佼者。

仅就现存刻书来看,沁水李瀚刻书达十二种、三百三十三卷,其刻书中尤为人称道者是晋人著述，诸如金元好问的《中州集》（十卷）、《遗山先生文集》（四十卷）、《遗山先生诗集》（二十卷），金李俊民的《庄靖集》（十卷），元郝经的《郝文忠公陵川文集》（三十九卷），以及元房祺编辑的金遗民诗总集《河汾诸老诗集》（八卷）。其中，《河汾诸老诗集》是历史上第一次对金元时期山西人士著述的集中编刻呈现，对于传播山西乡邦文献、弘扬三晋文化有首创之功。

另一位私家刻书大家汾州孔天胤，现存刻书也有七种、三百九十六卷之多，其中的《资治通鉴》（二百九十四卷）、《资治通鉴考异》（三十卷）更是大手笔。该书系晋人、晋书、晋刻，对于弘扬司马光史学思想和三晋学术于有功焉。

进入清代，山西刻书事业进一步发展，最为显著的特征是，刻书地域更为广阔，开始覆盖全省所有府州，除了运城、临汾、晋中、太原等地仍旧繁荣如昨外，之前很少有刻书的大同、朔州等地也后起直追，剞劂声声。在许多版本目录学著作中，提到清代刻书的特色时大都一笔带过，或语焉不详，觉得无甚可说，山西刻书更是如此。其实，清代的山西刻书，无论家刻、坊刻、官刻，还是书院刻书等仍然风生水起、异彩纷呈。

私家刻书承明代之余绪，刻家众多，质量亦高，尤其是受"乾嘉学术"之影响，私家刻书大多具有很高的学术价值和文献价值。如有"清初汉学第一人"之称的太原人阎若璩，他的后人以"眷西堂"之名刻印了不少他的学术著作，特别是乾隆十年（1745）由其孙阎学林刊印的《尚书古文疏证》，在学术界产生了极大的反响。正如梁启超所言："阎若璩之所以伟大，在其《尚书古文疏证》也。"

兴县康氏（康基田一家）霞荫堂刻书也达十多种，且大多为自家著述，同时也几乎全关乎山西地方历史文化，像所刻的《晋乘搜略》（三十二卷，康基田著）被认为是山西古代仅有的一部通史性的著作，学术价值不言而喻。

寿阳祁氏（祁韵士、祁寯藻一家）更是累世簪缨之家，祁氏先后以汉砖亭、筠渌山房名义刊印了不下十余种图书。所刻仍以自著为主，且大多是有关历史地理特别是祖国边陲历史地理研究方面的著作，在学术上极具开创性，如祁韵士的《西域释地》《西陲要略》等。

灵石杨氏（杨尚文）一生心无旁骛，专注于研究与刻书事业。为了追求精品，他不惜常年聘请鼎鼎大名的学者张穆任编辑校刊之役，杨氏"澹静斋"在道光年间先后刻印了《永乐大典目录》《连筠簃丛书》等重要书籍。《永乐大典目录》是永乐大典唯一完整的书目，"今日大典凋零殆尽……幸赖有此目录一编在手，得以获阅凡例与卷帙内容，尚足征其规模之宏大。尝鼎一脔之余，不得不于杨氏再三致意"（顾力仁《永乐大典及其辑佚书研究》）。《连筠簃丛书》更是山西历史上编辑出版的第一部大丛书。总之，它们都是山西刻书史上的典范之作。

洪洞范氏（范鄗鼎一家）无疑是清代山西私家刻书的集大成者。范氏"五经堂"刻书从十七世纪一直延展到十九世纪，刻书三十余种，仅就现存而言，也有十二种。这十二种中，最早的刻于清康熙十二年（1673），最晚的刻于清道光五年（1825），时间跨度长达一百五十二年，而实际的刻书历史应比此还要长一些。放眼全国，像这样的私家刻书能有几家？范鄗鼎是清初的理学名家、三晋鸿儒，曾被举荐应博学鸿词之召，有《理学备考》《三晋诗选》等著作传世，康熙皇帝曾亲赐"山林云鹤"匾以褒奖其在理学上的成就。有清一代，范氏一门用其著述、其刻书为繁荣三晋学术及文化事业做了不遗余力的努力。

此外，如有"文章太守"之称的清代著名数学家、藏书家张敦仁（阳城人，其清嘉庆十一年〔1806〕所刻的校勘精审的《仪礼注疏》〔五十卷〕不仅在当时为学界所重，也是今日收藏界求之而不可得的珍品），近代中国开眼看世界的先驱者之一徐继畬（五台人，清道光二十八年〔1848〕刊刻了自著的《瀛环志略》一书，影响深远），乡邦文献的传刻者赵熟典（襄汾人，他毕生致力于山西乡贤著述的刊刻与传播）等等，他们也都在刻书领域取得了卓尔不凡的成就。

其实，清代私家刻书值得一说的还有许多，特别是一地数家并起争雄的现象值得关注。如阳曲折氏（看云山房）、张氏（生生堂）、阎氏（力恕堂），阳城田氏（赐书楼）、白氏（白胤谦）、张氏（省训堂）、延氏（六砚草堂）、吴氏（吴琠），介休董氏（半壁山房）、梁氏（梁潽剑虹斋）、田氏（田庄仪）、梁氏（梁本荣一亩园）、郭氏（嗝嗝堂）、李氏（李文炳）、范氏（范文复），灵石何氏（何耿绳等）、杨氏（澹静斋）、耿氏（万卷精华楼）、梁氏（梁绘章），安邑宋氏（宋在诗）、李氏（李天锡）、吕氏（吕崇烈）、葛氏（葛鸣阳）、侯氏（侯万岱），洪洞范氏（五经堂）、靳氏（忠恕堂）、董氏（董文焕等）、王氏（王三接）、刘氏（刘秉恬等），临汾徐氏（贮书楼）、刘氏（梦鹤草堂、百禄堂）、亢氏（亢宗瑗）、蒋氏（蒋仁锡）、王氏（王耀辰等），汾阳朱氏（朱之俊碧山草堂）、曹氏（曹锡龄敬翼堂）、宋氏（宋其沅）、朱氏（朱瑶玉衡堂）、申氏（申季庄）、耿氏（耿毓孝）……

书坊刻书是推动图书市场繁荣和文化传播的主力军,清代山西坊刻也可圈可点,虽不及金、蒙古时期那样光鲜亮眼,但远远超越了明代。一个明显的特点是,成规模的大书坊大都集中在今天的晋中一带,如晋祁书业德、晋祁书业堂、晋祁书业成、晋介书业堂、晋介书业德等,它们占据了山西坊刻图书的大半。它们刻书历史之悠久,刻书数量之众多,足可与同时期南方的一些大书坊相提并论。仅以晋祁书业德为例,现存刻书(十六种)中最早的刻于乾隆十一年(1746),最晚的刻于光绪二十九年(1903),时间跨度达一百五十七年,而且从乾隆初年开始一直到清朝灭亡前的几年,在山西独树一帜。这里还值得一提的是,清康熙年间山西灵石一郭姓刻书家还将目光投向省外,于山东聊城开办了"书业德"书坊。这个"书业德",不仅是聊城的第一大书坊,同时也是清代山东最早创办的书坊,并在之后的岁月中发展成为山东最大的书坊,为山东出版事业的繁荣兴盛做出了贡献。

清代的地方官府刻书总体上不及宋、明,但"局刻本",即各省官书局刻书是一大特色。山西于清光绪五年(1879)在太原成立了濬文书局(即山西官书局),系当时全国十七家官书局之一,刻有《十三经读本》《史记评林》《汉书评林》《山西通志》《植物名实图考》《唐人万首绝句选》等书近百种,数量、质量在局刻本中都居于中上水平。

书院刻书肇于宋,兴于元,明清之际则不温不火。清代山西除岚县、山阴二县无书院外,其他各县皆有,且许多县还不止一所。在这些书院中,好些都有刻书,从现存刻书来统计也有十六家。解梁书院、晋阳书院则是其中的突出代表。解州解梁书院创建于明嘉靖三年(1524年,知州林元叙,著名学者、州判吕柟共同创建），停转于清光绪二十九年（1903年，改为解州中学堂），这样历史悠久的书院在全国也为数不多。张秀民在其《中国印刷史》一书中，谈到清代的"书院本"时，共提及了二十余所书院，其中山西有三所（解梁书院、晋阳书院、弘运书院）。在其所列举的各书院刻书数量中，最多的正是解梁书院（二十余种）。其实，张氏的统计是很不准确的，仅从现存的解梁书院刻书来看，就有三十九种之多，且不少是大部头之作，这在全国书院刻书中应是名列前茅吧。何以区区一所州级书院能有如此的刻书规模和数量？原因似也简单，因为它长期置身于文化底蕴深厚的河东大地。晋阳书院创建于清雍正年间，属省会省级书院，历任山长皆为饱学之士。得此天时、地利、人和之便，刻书事业之兴盛就十分自然了，这里不再赘述。

以上是对山西刻书极简要的梳理，目的是让人们对山西刻书有一个整体的认识，而不再是除平水本外便无足挂齿。其实，山西不仅有着辉煌的、独具特色的刻书史，而且其刻书文化对中华大地上的其他省份也产生过积极的影响。如明初洪武年间山西洪洞大槐树下的大规模移民事件，正是发生在当年金元刻书的核心地带。移民们所到之处，也将先进的刻书理念、刻书技艺带给了当地，如山东东昌府明代以来刻书事业的勃兴正有赖于洪洞大槐树移民的带动之功。数以万计的大槐树子民也在各处复制着东昌府的事迹，共同助力着所在地刻书事业的发展。

正是有感于山西刻书不同凡响的成就和影响，于是才有了本书的编纂。自2007年国务院办公厅下发《关于进一步加强古籍保护工作的意见》以来，"中华古籍保护计划"就在全国如火如荼地开展起来。其间，山西也积极行动，在建章立制、普查调研、修复保护、人才培养、展示宣传、成果利用等多个方面都努力走在全国前列。作为一名图书馆工作者，尤其是作为一名古籍保护工作者，能深度参与到这一宏大的文化工程中，实乃三生有幸。十八大以来，弘扬中华优秀传统文化、坚定文化自信，被旗帜鲜明地写在党的报告和决议中。2017年，中共中央办公厅、国务院办公厅又联合下发了《关于实施中华优秀传统文化传承发展工程的意见》。古籍作为中华优秀传统文化的重要载体，自然应得到保护和弘扬。

山西刻书是中华古籍的有机组成部分，是山西古代优秀文化的重要载体，也是我们山西人坚定文化自信的精神源泉和文化富矿，挖掘它，阐释它，弘扬它，是我们义不容辞的责任和担当，同时也是在山西继续深入推进"中华古籍保护计划"的题中应有之义。"中华古籍保护计划"虽然已实施十二年了，但山西需要做的工作尤其是基础性的工作还有许多，这都需要我们专业工作者沉下心来，摒弃浮躁，扎扎实实，一件一件来思考，来策划，来完成。编纂《现存山西刻书总目》一书可算是其中的一件基础性工作吧。

2015年，山西省着手组织多方面力量精心编纂山西的"四库全书"——《山西文华》，这是一部大型的文献丛书。民国年间，山西虽曾编纂过一部《山右丛书初编》，但规模较小，收书仅三十八种，远远不能涵盖历史上三晋的珍贵典籍。盛世修典，理所应当。只是编纂如此大型的文献丛书，文献线索就显得非常重要，不然就是盲人摸象，难知全貌。希望该书能为《山西文华》的编纂提供一点文献上的支持和引导，更希望《山西文华》成为名副其实的山西文化"宝典"。

学术乃天下之公器。当年吾晋先贤、五代蒲津人毋昭裔，少年时因向人借《文选》《初学记》未果，于是发愿：他日得志，愿刻板印之，以便利天下的读书人。后来他贵为后蜀宰相，果然践行了少年的诺言，并通过他一生的刻书实践成为山西乃至中国刻书史上不朽的榜样人物。一千余年前的前辈都有这样的胸怀和志向，在文化昌明的今天，自应踵其足迹，更进一步。

　　本书之所以在"山西刻书总目"之前冠以"现存"二字，其目的是专注于实际利用，故佚书一概不收，并特别在每一条目后一一标明收藏单位（或个人），从而减少学者搜寻之苦，便利社会研究利用。

　　目录乃学问之津梁，其功用在于以目求书，因书究学，从而繁荣学术，服务社会。若拙编能实现此目标于万一，于愿足矣。

凡 例

一、本目所收皆为现存刻书，佚书不收。

二、收录下限为清宣统三年，即1911年。

三、除主体雕版印书外，也附带将稿抄本、活字本、石印本等一并收录；舆图、碑帖拓片等暂不收录。

四、山西刻书是指：山西人或外籍人在山西的刻书，以及山西人在外地的刻书。

五、本目以山西省图书馆馆藏为基础。为了方便读者、学者和社会利用，每条目录后皆注明该书收藏单位（或个人）；凡不注收藏单位者皆为山西省图书馆藏书；山西省图书馆已藏者，其他收藏单位不再注明。

六、本目分为四编：宋辽金元编，明代编，清代编，方志编。方志因是特殊的一种著述形式，且数量庞大，所以单独作为一编，便于读者检阅，不与其他书籍汇编。其他书籍按刻书时代分为三编。其中宋辽金元编先按朝代排序，再以刻书年代排序；明代编按刻书年代排序；清代编先以地区划分，然后再以刻书年代排序；方志编同清代编一样，先以地区划分，然后再以刻书年代排序。

七、按刻书年代排序方法：刻书年代清楚者以年代次序排；

只具年号者，排于该年号之末，如清乾隆刻本，附于清乾隆六十年刻书之后；年号不详，只具朝代者排于该朝代之末，如清刻本，附于清宣统三年刻书之后；年代相同者以经、史、子、集、类丛（清末新学类著作附排于类丛部之后）次序排（依据国家古籍保护中心编《全国古籍普查登记手册·汉文古籍分类表》）。

八、按地区划分方法：以民政部编《中华人民共和国行政区划代码》（2017年版）山西省部分顺序排。清代编先省属，次地市；方志编先省志，再地市，地市所属县、市、区顺序也按《代码》编序排。

九、条目基本内容为：书名、卷数、朝代、编著者、版本、册数（只限山西省图书馆藏书）、收藏单位（或个人）等。

十、宋辽金元明刻书除一般性著录外，同时加注行款、版式、钤印、题跋等信息。

十一、附收藏单位简称对照表、主要参考文献、书名索引和著者索引。

目 录

宋辽金元编…………………………………… 001
明代编………………………………………… 015
清代编………………………………………… 068
   省属……………………………………… 068
   太原……………………………………… 098
   大同……………………………………… 112
   阳泉……………………………………… 113
   长治……………………………………… 119
   晋城……………………………………… 123
   朔州……………………………………… 129
   晋中……………………………………… 130
   运城……………………………………… 163
   忻州……………………………………… 191
   临汾……………………………………… 204
   吕梁……………………………………… 222

方志编 ········ 230
　省志 ········ 230
　太原 ········ 231
　大同 ········ 234
　阳泉 ········ 236
　长治 ········ 238
　晋城 ········ 243
　朔州 ········ 245
　晋中 ········ 247
　运城 ········ 253
　忻州 ········ 263
　临汾 ········ 267
　吕梁 ········ 277

附录一：书名索引 ········ 282
附录二：著者索引 ········ 318
附录三：收藏单位简称对照表 ········ 340
附录四：部分现存山西刻书书影 ········ 345

主要参考文献 ········ 395
后　记 ········ 397

宋辽金元编

佛说北斗七星经　　失译

　　宋雍熙三年（986）绛州刻本　一轴

　　卷轴装。一卷，首残尾全。高29厘米，长103厘米，一纸长54厘米。每纸二十六行至二十七行，行十七字，上下单边。卷尾有"雍熙三年岁次丙戌柒月拾伍日雕印讫。大宋国绛州郭下弟子宋守真，伏为先世不修，少失父母，愿写选此北斗七星经，印施与人。愿一切罪障、业障、烦恼等障，悉皆消灭，然愿一切有情同增胜利"题记及"雕印人赵寓"牌记。卷中、卷尾有朱印数枚。入选第一批《国家珍贵古籍名录》及第一批《山西省珍贵古籍名录》。

观弥勒菩萨上生兜率陀天经　　（北凉）释沮渠京声译

　　五代、宋初隰州（今隰县）张德刻本

　　国图藏

　　卷轴装。存七纸，首纸残。总长392厘米，每纸长55.6厘米，高31.6厘米，匡高22.6厘米。每纸二十八行，行十七字，上下单边。有版片号，无千字文帙号。卷尾有"隰州张德雕版"牌记及"慈氏真言""生内院真言"题记。著名佛经版本学家方广锠先生鉴定认为："说它与《金刚经》同时代，或晚一点，完全可以成立。

即使留有余地，本件的年代不会晚于五代、宋初。"（见方广锠《新入藏刻本〈观弥勒菩萨上生兜率陀天经〉侧记》一文）

妙法莲华经七卷　　（后秦）释鸠摩罗什译

五代、宋初山西刻本

缘督室、高平博藏

卷轴装。存二卷（卷二、卷六）。缘督室藏第二卷，高27.3厘米，长675厘米。存十三纸，每纸二十七行，行十七字，上下单边。有尾轴，轴头涂朱漆。高平博藏第六卷，高27厘米，长762.6厘米。存十六纸，行款与卷二同。卷面有朱笔标点科分，卷尾有32.2厘米长原木轴。著名佛经版本学家方广锠先生鉴定认为："两卷曾置于同桌比较，确定出于同一副版片。惟卷二保存状态较好，卷六次之。这两卷为五代、辽刻的可能性较大，不排除宋初刊刻的可能。"（见方广锠《九种早期刻本佛经小记》一文）并认为该经"刊刻地区为我国北方，约今山西一带"，即认为该经为山西刻本（见方广锠《刻本〈妙法莲华经〉卷二题端》一文）。入选第一批（高平博藏第六卷）、第三批（缘督室藏第二卷）《国家珍贵古籍名录》。

观弥勒菩萨上生兜率天经疏二卷　　（唐）释窥基撰

宋天圣二年（1024）沧州僧法真、东京僧法庆、五台山僧文踵等沧州刻本

曲沃图藏

卷轴装。存一卷（卷上）。高30.5厘米，长1586厘米，一纸长35厘米。每纸二十一行，行二十字，上下单边。卷尾有题记："时天圣二年七月十五日于沧州归化镇彰教院内雕就全部疏抄科文印板

记。彰教院主僧法真，东京左街景德寺开化禅院慕缘雕板舍身不执宝沙门法庆，五台山大华严寺般若院助缘雕板当坐沙门文踵……"据此可知，五台山沙门文踵也襄助其事。通篇有朱笔圈点。入选第一批《国家珍贵古籍名录》及第一批《山西省珍贵古籍名录》。

资治通鉴残稿　（宋）司马光撰

稿本

国图藏

卷轴装。高33.2厘米，长106厘米。二十九行，四百六十五字。有"尚宝少卿袁氏忠彻印""子京珍藏""乾隆御览之宝""嘉庆御览之宝"等印，任希夷、赵汝述、葛洪、程珌、赵崇和、柳贯、黄溍、宇文公谅、朱德润、郑元祐题跋。入选第一批《国家珍贵古籍名录》。

妙法莲华经譬喻品合文一卷

宋元符二年（1099）绛州曲沃县兜率院沙门宗密写本

曲沃图藏

卷轴装。高37厘米，长421厘米，一纸长48.5厘米。每纸二十六行，行十四至十五字。山西省曲沃县东凝村广福禅院大佛腹中出土。卷尾有题记："绛州曲沃县兜率院沙门宗密于元符二年十月初二日寄东京左街报先禅院，与本郡龙回寺宝胜院宁公法师戏笔，勿笑耳！""聊呈拙颂：莲经义颂微，理趣少人知。二乘尚不入，何况世愚痴！"入选第一批《国家珍贵古籍名录》及第一批《山西省珍贵古籍名录》。

大方广圆觉修多罗了义经并抄疏科文七卷　（唐）释陀多罗译

宋绛州曲沃县许日新写本　一轴

卷轴装。存一卷。高35.8厘米，长260厘米，一纸长52厘米。每纸二十九行，行字不等，上下单边。尾题："南赡部洲大宋国绛州曲沃县乔山乡小许村颍川郡学究许日新写圆觉经并抄疏科文七卷。"每纸接缝处钤圆形朱印六枚。入选第一批《国家珍贵古籍名录》及第一批《山西省珍贵古籍名录》。

中说十卷　（隋）王通撰　（宋）阮逸注

南宋初隐士王氏（王通后人）取瑟堂刻本

国图藏

匡高18.2厘米，广12.8厘米。半页十一行，行二十字，小字双行，行二十五字。白口，左右双边。

法华经手记第七

辽重熙十年（1041）应州圣寿寺沙门奉能写本

应县木塔藏

卷轴装。长1352.4厘米。未避辽讳，卷尾有题记："重熙十年八月八日写终记。圣寿院门人奉能。应州。圣寿院僧（此四字上有涂墨）。"据此，知该经为应州圣寿寺沙门奉能所写。入选第二批《山西省珍贵古籍名录》。

法华经玄赞会古通今新抄第六卷　（辽）释诠明述

辽重熙十三年（1044）之前云州节度副使张肃、应州副使李胤等刻本

应县木塔藏

卷轴装。共十卷，此为第六卷。高29.4厘米，一纸长56厘米。存十七至五十六纸。每纸三十二行，行二十至二十三字不等。每纸有"法抄六"及版码，经名下有朱笔"毕"字和"愿法有情同

生兜率"等字样。1974年发现于应县木塔。卷尾有题记:"五十六纸。云州节度副使张肃一纸,李寿三纸,许延玉五纸,应州副使李胤两纸。赵俊等四十五人同雕。伏愿上资圣主,下荫四生,闻法众流,多聪胜惠,龙花同遇,觉道齐登,法界有情,增益利乐。"由此可知,该卷主要是由云州、应州之张肃、李胤等所刻。按云州于重熙十三年升为西京,节度使改西京留守,故知此经应刻于辽重熙十三年之前。入选第一批《山西省珍贵古籍名录》。

发菩提心戒本、大乘八关斋戒仪、菩萨十无尽戒仪合卷

辽天庆二年(1112)应州宝宫寺写本

应县木塔藏

卷轴装。长627.5厘米。有"天庆二年岁次壬辰四月十一日宝宫寺第八坛""应州宝宫寺四月一日发风"等题记。1974年发现于应县木塔。入选第一批《山西省珍贵古籍名录》。

梵纲经手记第二

辽应州写本

应县木塔藏

卷轴装。存一卷(卷二)。高32.4厘米,长1270.7厘米。卷尾有"梵纲经手记第二"一行,乌丝栏,文中多处朱笔点读。未避辽讳,从讳字、书写等方面看,与同出的《法华经手记第七》应为同时期应州当寺沙门的习经手记,"第二""第七"应是诸经手记的统一编次。入选第二批《山西省珍贵古籍名录》。

应州当寺僧人祈福愿文

辽末应州寺僧写本

应县木塔藏

卷轴装。首尾残缺。高30.6厘米，长282.5厘米。此卷共十纸，行数、字数不等，书体不一。此愿文撰者为应州当寺沙门。末纸上有"应州花严院"五字，卷中并有"州尊大师"等名，可以看出，卷中九圣院、花严院、传演院均为应州寺院。卷中奉献对方首为天祚皇帝、皇妃，且有"大辽国五京之内永掌僧权"题记，知为辽末写本。

大方广佛华严经合论一百二十卷　　（唐）释李通玄造论，释志宁合论

金皇统九年（1149）榆次县仁义乡小郭村郭旺等刻本　一册

经折装。存一卷（卷六）。匡高24.5厘米至25.3厘米。共二十五纸，每纸二十五行，每折页六行，行十六字，上下单边。卷尾有题记：

太原府榆次县仁义乡小郭村。都维那郭旺，父郭达，母赵氏，妻贾氏，男郭秀、郭立，新妇贾氏、许氏。副维那：郭资，妻冀氏，男郭翱、郭琛；郝震，妻郭氏，男郝贵、郝留；郭仲，妻贾氏，男郭真、郭朝；郭深，妻郝氏，男郭宝。彭仙，妻郭氏；彭景，妻乔氏；郭山，母贾氏；彭琮，妻李氏；郭忠，妻冀氏；郭建，母韩氏；韩全，母许氏；郭美，妻王氏；彭仪，母范氏；彭贵，妻韩氏；彭显，妻郭氏；彭准，妻要氏；彭旺，妻马氏；彭锡，妻白氏；郭安，妻彭氏；郭福，母杨氏；彭定，妻任氏；郭满，母郝氏；韩旺，妻郝氏；郝温，妻杜氏；彭皋，妻张氏。当乡小冀村施板人李展。

所集功德，上祝皇帝万岁，臣佐千秋，国泰民安，法轮常转，法界众生，同登觉道。

本府纪首化缘人郝震、王旺

皇统九祀岁次己巳孟秋七月四日记

卷尾还有"涂川刀"带墨围牌记。入选第一批《国家珍贵古籍名录》及第一批《山西省珍贵古籍名录》。

赵城金藏六千九百八十卷

金皇统九年（1149）至大定十三年（1173）解州天宁寺刻本

国图藏

卷轴装。存四千八百十三卷。每纸二十三行，行十四字，上下单边。抗战时期发现于山西省赵城县（现洪洞县赵城镇）广胜寺。部分经卷卷尾有牌记。部分经卷保留了《开宝藏》题记。入选第一批《国家珍贵古籍名录》。

壬辰重改证吕太尉经进庄子全解十卷　　（宋）吕惠卿撰

金大定十二年（1172）平水刻本

国图藏

匡高16.5厘米，广11.6厘米。半页十二行，行二十二至二十六字，小字双行，行二十八至三十一字。白口，左右双边。有"季振宜读书""乾学""杨绍和藏书"等印，文彭、吴元恭题记。入选第二批《国家珍贵古籍名录》。

高王观世音经十卷

金大定十三年（1173）洪洞县令耶律珪刻本

美国新奥尔良艺术博物馆藏

经折装。半页四行，行十三字。卷首有水月观音扉画。卷尾有题记："洪洞县令耶律承信并妻大氏……谨启诚心印造高王经一十卷，散施僧俗，集斯妙利，追荐亡灵，伏愿超升天界，及见存家眷，增延福寿，永保安康，四恩三有，同登彼岸。大定十三

年六月　日，承信校尉洪洞县令耶律珪敬施。"1986年发现于美国新奥尔良艺术博物馆。

重校正地理新书十五卷

金明昌三年（1192）平水张谦校刻本

北大图藏

匡高19.5厘米，广13厘米。半页十七行，行三十字，小字双行同。黑口，四周双边。有"李印盛铎"等印。莫友芝《宋元旧本书经眼录》云："此本即谦（即平水张谦）所刻也，每半页十七行，行三十字。"又云："汪士钟旧藏，后归田耕堂，又归士礼居藏。"入选第一批《国家珍贵古籍名录》。

崇庆新雕改并五音集韵十五卷　（金）韩道昭撰

金崇庆元年（1212）云中李玉等于荆家书坊（荆珍）刻本

国图藏

存十二卷（卷一至十二）。该书目录后衔名有"云中李玉刊"，第二册末有"云中后习李玉全雕此策"，"策"同"册"。这位山西刻工李玉当为宁晋荆家书坊所雇用。

重编补添分门字苑撮要

金平水坊刻本

国图藏

存十卷（卷六至十五）。半页十三行，行二十字。

黄帝内经素问二十四卷　（唐）王冰注（宋）林亿等校正，孙兆改误　亡篇一卷

金平水刻本

国图藏

存十三卷（卷三至五，卷十一至十八，卷二十，亡篇）。包背装。匡高17.8厘米，广13.6厘米。半页十三行，行二十二字不等，小字双行，行三十字。白口，四周双边。入选第一批《国家珍贵古籍名录》。

妙法莲华经七卷　　（后秦）释鸠摩罗什译

金平阳府洪洞县卫氏经坊刻本

上海图藏

卷轴装。存四卷（卷三，卷五至七）。匡高20.4厘米。每纸二十三至二十七行不等，行十七字。有"平阳府洪洞县经坊卫家印造记"牌记。陈清华旧藏。入选第二批《国家珍贵古籍名录》。

妙法莲华经七卷　　（后秦）释鸠摩罗什译

金绛州曲沃县裴长官庄吉赟、吉用刻本

上海图藏

卷轴装。存一卷（卷四）。匡高22.5厘米。存二十三纸，每纸三十行，行十七字。有"绛州曲沃县裴长官庄吉赟、吉用兄弟二人发愿雕法华经印板一部印施"题记。陈清华旧藏。入选第二批《国家珍贵古籍名录》。

萧闲老人明秀集注六卷　　（金）蔡松年撰，魏道明注

金平水刻本

国图藏

存三卷（卷一至三）。匡高23.3厘米，广17.7厘米。半页十二行，行二十三字，小字双行，行三十字。细黑口，左右双边。

有"稽瑞楼""铁琴铜剑楼"等印。入选第一批《国家珍贵古籍名录》。

南丰曾子固先生集　　（宋）曾巩撰

金平水刻本

国图藏

匡高15.7厘米,广10.9厘米。半页十五行,行二十五字。白口,左右双边。有"吴郡唐寅藏书印""休宁朱之赤珍藏图书""谦牧堂藏书记""天禄琳琅""天禄继鉴""乾隆御览之宝""曾在赵元方家"等印。《中国版刻图录》谓此书:"字画刚劲,世无二帙,堪称平水本之上乘。"入选第一批《国家珍贵古籍名录》。

刘知远诸宫调十二卷

金平水坊刻本

国图藏

存五卷（卷一至三,卷十一至十二）。匡高10.3厘米,广7.8厘米。半页十二行,行二十至二十一字。白口,左右双边。《刘知远诸宫调》为传世的两种最古诸宫调之一（另一种是董解元《西厢记》）。清光绪三十三年（1908）被发现于张掖黑水城西夏遗址。入选第一批《国家珍贵古籍名录》。

新修累音引证群籍玉篇三十卷　　（金）邢准撰

金末平水刻本

国图藏

存二十九卷。匡高24厘米,广16.2厘米。半页十四行,行字不等,小字双行,行三十八字。白口,四周双边。有"天都陈氏承雅堂图籍""潘祖荫藏书记"等印。该书是金元明时期最完备的一部字典。入选第一批《国家珍贵古籍名录》。

太清风露经一卷　　无住真人撰

蒙古太宗九年（1237）至乃马真后三年（1244）宋德方等于平阳玄都观刻《玄都宝藏》本

国图藏

经折装。匡高21.9厘米，广11.3厘米。半页六行，行十七字。有"长春宝藏"等印。入选第一批《国家珍贵古籍名录》。

云笈七签一百二十卷　　（宋）张君房撰集

蒙古太宗九年（1237）至乃马真后三年（1244）宋德方等于平阳玄都观刻《玄都宝藏》本

国图藏

经折装，残。每版三十行，行十七字。上下单边。与《太清风露经》同系现存最早的道教经典。

元行尚书省断事官给太平兴国观保付执照模板

蒙古乃马真后三年（1244）山西平遥太平兴国观道士刘志宴写本

永乐宫壁保院藏

单页，残。

重修政和经史证类备用本草三十卷　　（宋）唐慎微撰，寇宗奭衍义

蒙古定宗四年（1249）平阳张存惠晦明轩刻本

国图、上海中医学院图藏

匡高17.2厘米，广13.2厘米。半页十一行，行二十一

至二十二字。白口，四周双边。卷首有晦明轩碑形牌记，书后有"晦明轩记"钟形牌记、"平阳府张宅印"琴形牌记。有"泰和甲子下己酉岁小寒初日辛卯刊毕"题记。国图本有"华亭朱氏珍藏""项氏万卷堂图籍印""钱印谦益""东吴毛晋""季振宜藏书""苏州袁氏五砚楼藏金石图书""汪印士钟""蒋印光熔"等印。钱谦益跋。《中国版刻图录》谓此书："纸墨莹洁，可谓平水本之上乘。"国图本入选第一批《国家珍贵古籍名录》。

增节标目音注精议资治通鉴一百二十卷　（宋）司马光撰，吕祖谦辑

蒙古宪宗三至五年（1253—1255）平阳张存惠晦明轩刻本

国图藏

卷二十五至二十九、六十二至六十五、八十一至八十五、九十一至九十五、一百零三至一百零五配宋刻本。匡高18.7厘米，广13.3厘米。半页十五行，行二十五字。细黑口，四周双边。序后有"泰和甲子下癸丑岁平阳张宅晦明轩"牌记。目录后有"平阳府张宅印"琴形牌记、"晦明轩记"钟形牌记。卷末有"时泰和甲子下乙卯岁季秋工毕，尧都张宅晦明轩谨记"题记。有"汲古阁""季振宜藏书""海源阁"等印。入选第一批《国家珍贵古籍名录》。

史记集解索隐一百三十卷　（汉）司马迁撰　（南朝宋）裴骃集解　（唐）司马贞索引

蒙古中统二年（1261）平阳段子成刻明修本

国图、上海图、台北"中研院史语所"、日本静嘉堂文库藏

国图本卷二十配清抄本，卷二十一、卷二十二配明嘉靖四年

（1525）汪谅刻本。匡高 19.5 厘米，广 12.6 厘米。半页十四行，行二十五字，小字双行，行字同。白口，四周双边，有耳，补版有黑口。有"澹生堂经籍记""旷翁手识""山阴祁氏藏书之章""惠阶校阅""欣遇草堂之章""海曲马氏""双鉴楼珍藏印""晋生心赏""忠谟继鉴"等印。入选第四批《国家珍贵古籍名录》。

尚书注疏二十卷　（汉）孔安国传　（唐）孔颖达疏、陆德明释文
新雕尚书纂图一卷

蒙古平水刘敏仲刻本

国图藏

卷三至六配清影蒙古抄本。匡高 22.3 厘米，广 15.2 厘米。半页十三行，行二十六至二十九字不等，小字双行，行三十五字。白口，四周双边。有"振宜之印""汪士钟读书""绶珊经眼""祁阳陈澄中藏书记"等印。《中国版刻图录》认为"刻工张一、何川、邓恩、吉一、杨三等，又刻《证类备用本草》，因推知此书当是蒙古刻本"。书内《禹贡九州地理之图》题"平水刘敏仲编"，瞿镛云："平水刘敏仲编，盖即校刊之人也。"入选第三批《国家珍贵古籍名录》。

尔雅三卷　（晋）郭璞注　**音释三卷**

元大德三年（1299）平水曹氏进德斋刻本

北大图、国图藏

匡高 14.6 厘米，广 10 厘米。半页八行，行十五字。黑口，左右双边。有"一物不知儒者所耻，闻患乎寡而不患乎多也。《尔雅》之书，汉初尝立博士矣，其所载精粗巨细毕备，是以博物君子有取焉。今得郭景纯集注善本，精加订正，殆无毫发讹舛，用

锓诸梓，与四方学者共之。大德己亥平水曹氏进德斋谨志"题记。北大图藏本有"况印周仪""稽瑞楼""李印盛铎"等印。国图藏本有"铁琴铜剑楼"印。入选第一批《国家珍贵古籍名录》。

中州集十卷 （金）元好问撰

元至大三年（1310）平水曹氏进德斋刻本

上海图、国图藏

匡高19.6厘米，广12.5厘米。半页十五行，行二十八字。白口，四周双边。上图藏本存八卷（卷一至八），有王起泰跋，入选第二批《国家珍贵古籍名录》。国图藏本为递修本，《中州乐府》配影元抄本，有"健庵收藏图书""茂苑香生蒋凤藻秦汉十印斋秘箧图书"等印，傅增湘跋，入选第一批《国家珍贵古籍名录》。

明代编

御制大诰续编二卷三编一卷 （明）朱元璋撰

  明洪武二十年（1387）太原府刻本

  国图藏

  半页十行，行二十字。黑口，四周双边。

广清凉传三卷 （宋）释延一撰

  明洪武二十九年（1396）山西崇善寺释性彻等刻本

  国图藏

  存二卷（上卷、中卷）。半页十一行，行二十字。黑口，四周双边。

事物纪原集类十卷 （宋）高承撰（明）阎敬校

  明正统十二年（1447）阳曲阎敬刻本

  首都图、北大图、湖南图、国图藏

  国图藏本有傅增湘校跋。

天顺六年山西乡试录一卷

  明天顺刻本

  宁波天一阁藏

匡高 26.5 厘米，广 16.3 厘米。半页九行，行字不等。黑口，四周双边。入选第四批《国家珍贵古籍名录》。

官箴一卷　（宋）吕本中撰

明成化四年（1468）襄陵（今襄汾县）邢让刻本

国图藏

半页八行，行十六字。黑口，四周双边。

重修政和经史备用本草三十卷　（宋）唐慎微撰，寇宗奭衍义

明成化四年（1468）山东巡抚原杰等刻本

国图、浙江图、宁波天一阁、南京图、如皋市图、上海交大医学院图藏

匡高 26 厘米，广 17.5 厘米。半页十二行，行二十三字。黑口，四周双边。原杰，山西阳城人，成化二年至五年（1466—1469）任山东巡抚，该书即其任上所刻。南京图藏本入选第二批《国家珍贵古籍名录》，上海交大医学院图藏本入选第四批《上海市珍贵古籍名录》。

河汾诗集八卷　（明）薛瑄撰

明成化五年（1469）常州府同知蒲县谢庭桂刻本

国图藏

半页九行，行二十字。黑口，四周双边。钤有"细论斋""集贤门士图书""伯绳校读"等印。

事物纪原集类十卷　（宋）高承撰（明）阎敬校，李果批点

明成化八年（1472）平阳府通判李果刻本

祁县图、国图、辽宁图、复旦图、宁波天一阁、福建图、重

庆图藏

匡高 20 厘米，广 13.9 厘米。半页十二行，行二十四字。黑口，四周双边。

书经章句训解十卷　（明）尹洪撰

明成化十年（1474）晋府宝贤堂刻本

首都图、中科院图藏

匡高 21.2 厘米，广 13.7 厘米。半页十二行，行十八至二十二字不等，小字双行，行二十五字。黑口，四周双边。入选第二批《国家珍贵古籍名录》。

二妙集八卷　（金）段克己、段成己撰

明成化十七年（1481）绛州知州贾定刻本

国图藏

半页九行，行十六字。黑口，四周双边。

孝肃包公奏议集十卷　（宋）包拯撰

明成化二十年（1484）河东（解州）张岫河南开封府刻本

国图藏

半页十行，行二十字。黑口，四周双边。张岫，明河东人，时为河南开封府知府。

成化二十二年山西乡试录一卷

明成化刻本

宁波天一阁藏

匡高 26.1 厘米，广 15.5 厘米。行数、字数不等。黑口，四周双边。入选第四批《国家珍贵古籍名录》。

青阳先生文集九卷忠节附录二卷 （元）余阙撰（明）张毅辑

　　明弘治三年（1490）大同徐杰刻本

　　南京图藏

增广音注唐郢州刺史丁卯诗集二卷 （唐）许浑撰（元）祝德子订正

　　明弘治七年（1494）洪洞郑杰镇江府刊本

　　国图、上海图、南京图、浙江博藏

　　半页十行，行十九字。黑口，四周双边。

三辅黄图六卷

　　明弘治八年（1495）沁水李瀚刻本

　　国图藏

　　半页十一行，行二十一字。黑口，四周双边。

新刊五子书二十卷 （明）李瀚编

　　明弘治九年（1496）沁水李瀚刻本

　　国图、北大图藏

　　匡高20.5厘米，广13.7厘米。半页九行，行十九字，小字双行，行字同。黑口，四周双边。入选第三批《国家珍贵古籍名录》。

韦苏州集十卷拾遗一卷 （唐）韦应物撰

　　明弘治九年（1496）沁水李瀚等刻本

　　重庆图、保定市图、常熟博、天津图、北大图、国图藏

　　匡高18.1厘米，广12.9厘米。半页十行，行十八字。黑口，四周双边。重庆图藏本有"云轮阁""荃孙"等印；保定市图藏本为明递修本，有"直隶图书馆收藏记"等印。入选第二批《国

家珍贵古籍名录》。

中州集十卷 （金）元好问撰

明弘治九年（1496）沁水李瀚刻本

国图、清华图藏

半页十一行，行二十一字。黑口，四周双边。

二程全书六十五卷 （宋）程颢、程颐撰

明弘治十一年（1498）沁水李瀚刻本

美国国会图藏

半页十行，行二十字。钤有"阮亭""王士禛印"等印。

二程全书六十五卷 （宋）程颢、程颐撰（明）康绍宗、彭纲重编

明弘治十一年（1498）平阳陈宣刻本

国图、重庆图、广西图、衡阳市图藏

匡高20厘米，广15.6厘米。半页十行，行二十一字。黑口，四周单边。广西图、衡阳市图藏本入选第二批《国家珍贵古籍名录》。

吕氏春秋二十六卷 （汉）高诱注

明弘治十一年（1498）沁水李瀚刻本

国图、天津师大图、重庆图、南京图、苏州吴中区图藏

匡高20.2厘米，广14厘米。半页十行，行十八至二十二字不等，小字双行，行字同。白口，四周单边。南京图藏本有丁丙跋；重庆图藏本有"吴翌凤家藏文苑"等印；天津师大图藏本有"博明鉴藏""许厚基秘笈"等印。入选第二批《国家

珍贵古籍名录》。

安老怀幼书四卷　（明）刘宇编

明弘治十一年（1498）山西按察司副使刘宇自刻本

中国中医科学院图藏

匡高20.8厘米，广14.5厘米。半页九行，行十九字，小字双行，行二十字。粗黑口，四周双边。有"怡园居士学医""是心乃仁术""张志刚印"等印。入选第一批《国家珍贵古籍名录》。

容斋随笔十六卷续笔十六卷三笔十六卷四笔十六卷五笔十卷　（宋）洪迈撰

明弘治十一年（1498）沁水李瀚刻本

省博图、国图、宁波天一阁藏

匡高20.5厘米，广15厘米。半页十行，行二十一字。黑口，四周双边。宁波天一阁藏本存六十二卷，有清李浮山、赵连城跋；省博图藏本存十卷（《容斋随笔》卷七至卷十六），有"双鉴楼藏书印""傅沅叔藏书记"等印。

石屏诗集十卷首一卷　（宋）戴复古、戴敏撰

明弘治十一年（1498）阳城宋鉴、马金刻本

国图藏

半页九行，行十九字。黑口，四周双边。

遗山先生文集四十卷附录一卷　（金）元好问撰

明弘治十一年（1498）沁水李瀚刻本

国图、北大图、福建图、广东博藏

匡高20.7厘米，广15厘米。半页十行，行十九字。黑口，

四周双边。国图藏本有"季印振宜""铁琴铜剑楼"等印;广东博藏本有"苍岩山人书屋记""谭观成"等印;福建图藏本有"晋安徐兴公家藏书""蒋玢之印""晋安蒋绚臣家藏书""鹿原林氏藏书""郑杰之印""郑氏注韩居珍藏记"等印,并有徐𤊹跋。入选第二、第五批《国家珍贵古籍名录》。

遗山先生诗集二十卷 (金)元好问撰

明弘治十一年(1498)沁水李瀚刻本

国图、上海图、吉林图藏

匡高19.4厘米,广14厘米。半页十行,行二十一字。黑口,四周双边。国图藏本有"汪厚斋藏书""三十五峰园主人""汪士钟读书""葛鱻翼鲁氏书籍之章""曾在浮溪王氏""颂蔚私印""黄裳珍藏善本"等印,并有黄裳跋。国图藏本入选第五批《国家珍贵古籍名录》。

秋涧大全集一百卷附一卷 (元)王恽撰

明弘治十一年(1498)晋城车玺刻本

国图藏

半页十二行,行二十字。黑口,左右双边。车玺,明晋城人,此为车玺任河南按察司副使时所刻。

河汾诸老诗集八卷 (元)房祺编

明弘治十一年(1498)沁水李瀚刻本

国图藏

半页十行,行十七字。黑口,四周双边。此为明弘治十一年沁水李瀚覆刻元高氏刊本。

读四书丛说八卷 （元）许谦撰

　　明弘治十二年（1499）沁水李瀚等刻本

　　上海图藏

太原王氏会通世谱十三卷首一卷 （明）王友瑄等纂修

　　明弘治十三年（1500）刻本

　　湖南社科院图藏

司马温公经进稽古录二十卷 （宋）司马光撰

　　明弘治十四年（1501）山西监察御史杨璋刻本

　　国图、复旦图、宁波天一阁藏

　　半页十行，行二十一字。黑口，四周双边。国图藏本有清叶万、黄丕烈跋，袁克文跋。杨璋，字廷宜，湖北孝感人，此为其明弘治十三、十四年间（1500—1501）任巡按山西监察御史时所刻。

历代世谱十卷 （明）陈璘撰

　　明弘治十六年（1503）太原阳曲陈璘自刻本

　　国图、福建图、台北"中央图书馆"藏

萨天锡诗集五卷 （元）萨都剌撰

　　明弘治十六年（1503）河曲李举刻本

　　国图、南京图藏

　　半页十行，行十八字。黑口，四周双边。国图本有"曾在陈彦和处""天正曾孙""刘印喜海""燕庭""潘功甫藉观""燕庭藏书""笥河府君遗藏书记"等印。南京图藏本有清丁丙跋。

敬轩薛先生文集二十四卷 （明）薛瑄撰

　　明弘治十六年（1503）李越河东运司刻本

复旦图、北师大图、国图、江西图、云南图、芷兰斋藏

匡高21.3厘米,广14.1厘米。半页十一行,行二十二字。黑口,四周双边。云南图、芷兰斋、北师大图藏本入选第二批《国家珍贵古籍名录》,复旦图本入选第三批《上海市珍贵古籍名录》。

司牧安骥集八卷 (唐)李石撰

明弘治十七年(1504)吉州车霆刻万历二十一年(1593)张世则补刻本

国图藏

半页十三行,行二十四字。黑口,四周双边。车霆,明吉州人,时任太中大夫、陕西苑马寺卿,前陕西等处承宣布政使司右参政。

止斋先生文集五十二卷(又名止斋文集、止斋集)附录一卷 (宋)陈傅良撰

明弘治十八年(1505)泽州张陇刻本

北大图、国图藏

静修先生丁亥集六卷遗文六卷遗诗六卷拾遗七卷续集三卷附录注一卷 (元)刘因撰

明弘治十八年(1505)沁源崔篙刻嘉靖十六年(1537)汪坚重修本

国图、复旦图、重庆图藏

半页九行,行二十字。黑口,四周双边。有"金星韬藏书记""西堂藏书画记"等印。

弘治五年山西乡试录一卷

明弘治刻本

宁波天一阁藏

半页九行,行字不等。黑口,四周双边。入选第四批《国家珍贵古籍名录》。

郝文忠公陵川文集三十九卷 (元)郝经撰

明正德二年(1507)沁水李瀚鄂州刻本

北大图、国图、湖南图藏

匡高20.6厘米,广13.7厘米。半页十行,行二十二字。白口,左右双边。入选第四批《国家珍贵古籍名录》。

庄靖集十卷 (金)李俊民撰

明正德三年(1508)沁水李瀚刻本

国图藏

半页十行,行二十字。白口,四周单边。

皇明文衡一百卷目录二卷 (明)程敏政辑

明正德五年(1510)沁州张鹏刻本

南开图、吉林大学图藏

安阳集五十卷附家传十卷别录三卷遗事一卷 (宋)韩琦、王岩叟、强至等撰

明正德九年(1514)安阳张士隆河东行台刻本

国图、西南大学图、重庆图藏

半页十一行,行十八字。白口,左右双边。

宋学士文集七十五卷 (明)宋濂撰

明正德九年(1514)太原张缙刻本

江西图、山东图藏

匡高20.4厘米,广14.7厘米。半页十四行,行二十三字。白口,左右双边。

新刊铜人针灸经七卷

明正德十年(1515)平阳府刻本

中国中医科学院图藏

半页十行,行二十一字。白口,四周单边。

新编西方子明堂灸经八卷

明正德十年(1515)平阳府刻本

中国中医科学院图藏

半页十行,行二十一字。白口,四周单边。

养生导引法一卷

明正德十年(1515)平阳府刻本

美国国会图藏

半页十行,行十八字。卷内钤有"医隐""读古人书"等印。

全唐诗话三卷　(宋)尤袤撰

明正德十二年(1517)东鲁鲍继文云中(今大同)教养堂刻本

国图藏

半页十行,行十八字。黑口,四周双边。

唐二皇甫诗集八卷　(唐)皇甫冉、皇甫曾撰

明正德十三年(1518)蒲州刘成德刻本

国图藏

半页十行,行十六字,小字双行同。白口,四周单边。系"四库"底本。

天地冥阳水陆仪文三卷水陆杂文二卷

明正德十五年（1520）文水广报寺释文宝等刻本

国图藏

半页十行，行十六字。白口，四周双边。

律吕志解一卷 （明）韩邦奇撰

明正德十六年（1521）洪洞岳氏刻本

中国艺术研究院图藏

匡高18.6厘米，广11.8厘米。半页十行，行二十字。白口，四周单边。入选第二批《国家珍贵古籍名录》。

太师王端毅公奏议十五卷 （明）王恕撰

明正德十六年（1521）榆次王成章刻本

国图、中科院图、无锡市图、吉林大学图藏

半页十行，行十七字。白口，左右双边。

正德二年山西乡试录一卷

明正德刻本

宁波天一阁藏

匡高24.5厘米，广15.6厘米。半页九行，行字不等。黑口，四周双边。入选第四批《国家珍贵古籍名录》。

正德八年山西乡试录一卷

明正德刻本

宁波天一阁藏

匡高23.4厘米，广16厘米。半页九行，行字不等。黑口，四周双边。入选第四批《国家珍贵古籍名录》。

正德十一年山西乡试录一卷

明正德刻本

宁波天一阁藏

匡高22.5厘米,广15.6厘米。半页九行,行字不等。黑口,四周双边。入选第四批《国家珍贵古籍名录》。

正德十四年山西乡试录一卷

明正德刻本

宁波天一阁藏

匡高22.5厘米,广15.9厘米。半页九行,行字不等。黑口,四周双边。入选第四批《国家珍贵古籍名录》。

刘凤川遗稿十卷 (明)刘良臣撰

明正德、嘉靖间稿本

芮城图藏

包括目录一卷,状游记二卷,扬州集、奉椿集、读礼全录、秋桂纪言、桂林斧折、省后文集、两秋唱和集各一卷。匡高20.5厘米,广14.8厘米。

乡宁七郎庙杨氏宗谱 (明)杨文学修

明嘉靖元年(1522)写本

乡宁县杨氏后裔杨志清藏

泰山游纪一卷 (明)汤惟学、杨抚撰

明嘉靖二年(1523)蒲州陈言刻本

国图藏

释名八卷 (汉)刘熙撰

明嘉靖三年（1524）绛州知州程鸿、储良材刻本

国图、杭州大学图、北师大图藏

半页九行，行二十字。白口，四周单边。国图藏本有清黄丕烈校、蒋凤藻跋。

司马文正公集略三十一卷诗集七卷　（宋）司马光撰

明嘉靖四年（1525）解州判官吕柟刻本

国图、首师大图、上海辞书社、山东图、广东图、广西图、云南图、四川图、河南图、浙江图藏

匡高19.9厘米，广13.9厘米。半页十一行，行二十二字。白口，左右双边。广东图藏本有"季印振宜""东莞莫氏五十万卷楼"等印；云南图藏本有目录一卷；河南图藏本存三十五卷；浙江图藏本存集略三十一卷。入选第二批《国家珍贵古籍名录》。

文选六十卷　（南朝梁）萧统辑（唐）李善注

明嘉靖四年（1525）晋藩养德书院刻本　二十册

匡高22.8厘米，广15厘米。半页十行，行二十二字，小字双行，行字同。黑口，四周双边。有"梁园书画之印"。入选第二批《国家珍贵古籍名录》。

二程子抄释十卷　（明）吕柟撰

明嘉靖五年（1526）解梁书院刻本

南京图藏

半页十行，行二十字至二十二字不等。白口，左右双边。

横渠张子抄释六卷　（明）吕柟撰

明嘉靖五年（1526）解梁书院刻本

重庆图藏

匡高20.4厘米，广14.8厘米。半页十行，行二十二字。白口，四周单边。入选第二批《国家珍贵古籍名录》。

文潞公文集四十卷　（宋）文彦博撰

明嘉靖五年（1526）沁水知县王溱刻本

山大图、国图、北师大图、南开图藏

匡高21厘米，广13.8厘米。半页十行，行二十字。白口，四周单边。山大图藏本有"青浦王昶字曰德甫""一字述庵别号兰泉""博古斋收藏善本书籍"等印。国图藏本有清季锡畴、瞿熙邦校并跋。山大图藏本入选第二批《山西省珍贵古籍名录》。

宋文鉴一百五十卷目录三卷　（宋）吕祖谦辑

明嘉靖五年（1526）晋府朱知烊养德书院刻本

中国中医科学院图、河南图、广东图、国图、浙江图、杭州市图、宁波天一阁、浙江大学图藏

匡高19.3厘米，广12.9厘米。半页十三行，行二十一字。黑口，左右双边。广东图藏本有"曾在汪芙生处"等印。入选第二、第四、第五批《国家珍贵古籍名录》。

王官谷集三卷　（明）丁守中辑

明嘉靖五年（1526）临晋知县丁守中刻本

社科院文研所藏

王官谷在今永济市以东四十里的中条山麓。该集为唐司空图等人的诗文集。

书叙指南二十卷　（宋）任广编

明嘉靖六年（1527）山西沈松刻本　三册

存十五卷。匡高20.6厘米，广14.5厘米。半页十行，行二十字，小字双行，行字同。黑口，四周双边。

春秋左传类解二十卷　（明）刘绩撰

明嘉靖七年（1528）晋府宝贤堂刻本

国图藏

半页十行，行二十字。黑口，四周双边。

常评事集四卷　（明）常伦撰

明嘉靖七年（1528）沁水知县王溱刻本

山大图藏

匡高21.3厘米，广14.5厘米。半页十行，行十八字。白口，四周单边。版心下镌"吴门章循刻""萧邦鲁"等刻工名字。钤有"闲田张氏闻三藏书""孙药痴"等印。入选第二批《山西省珍贵古籍名录》。

文选六十卷　（南朝梁）萧统辑（唐）李善、吕延济、刘子良、张洗、吕向李、周翰注

明嘉靖八年（1529）晋府养德书院刻本

北师大图、苏州大学图、湖南图、徐州市图藏

半页十行，行二十二字。白口，四周单边。

唐文粹一百卷　（宋）姚铉辑

明嘉靖八年（1529）晋府养德书院刻本

广东图、吉林图、台州黄岩区图、山东图、北大图、贵州师大图、国图、浙江图、浙江大学图、南京图、徐州市图、山东大学图、

青岛市图、烟台市图藏

匡高21.5厘米,广14.8厘米。半页十三行,行二十一字。白口,四周单边。浙江图藏本有康有为题款。入选第一、第二、第四、第五批《国家珍贵古籍名录》。

宋文鉴一百五十卷目录三卷 （宋）吕祖谦辑

明嘉靖五年（1526）晋府朱知烊养德书院刻本八年（1529）补刻印本

山师大图、北大图、吉林师大图藏

半页十三行,行二十一字。白口,四周单边。

重刊嘉祐集十五卷 （宋）苏洵撰

明嘉靖十一年（1532）太原府张镗刻本　四册

匡高19.6厘米,广13.4厘米。半页十行,行二十一字,小字双行,行字同。白口,四周单边。入选第四批《国家珍贵古籍名录》。

石鼓文正误四卷 （明）陶滋撰

明嘉靖十二年（1533）绛阳（即绛州）陶氏家刻本

运城盐湖图藏

匡高21厘米,广14.8厘米。半页九行,行二十字。白口,四周单边。

樊氏集十二卷 （明）樊鹏撰

明嘉靖十三年（1534）汾州孔天胤刻本

国图藏

半页十行,行二十字。白口,四周单边。

初学记三十卷　（唐）徐坚等辑

明嘉靖十三年（1534）晋府虚益堂刻本

北大图、扬州市图、西北师大图、辽宁图、湖北图、南京图、武汉大学图、烟台市图、湖南师大图、西安博、西安碑林、国图、北师大图、青海民大图、义乌市图、云南图、温州市图、山东图、山东大学图藏

匡高20.4厘米，广16.5厘米。半页九行，行十八字。白口，左右双边。入选第一、第二批《国家珍贵古籍名录》。

医学统旨六卷　（明）叶文龄撰

明嘉靖十四年（1535）交城胡体乾刻本

重庆图、无锡市图、宁波天一阁藏

太平经国之书十一卷首一卷　（宋）郑伯谦撰

明嘉靖十五年（1536）山西布政使司刻本

山东图、天津图、重庆图藏

匡高18.2厘米，广13.5厘米。半页十行，行二十二字。白口，左右双边。山东图藏本有"池北书库""王印士祯""济南王氏珍藏书籍字画图章"等印。山东图藏本入选第二批《国家珍贵古籍名录》。

丹溪心法附余二十四卷首一卷　（明）方广撰

明嘉靖十五年（1536）阳曲姚文清、陈讲刻本

太原图、辽宁图、国图、宁波天一阁、台北"中央图书馆"、浙江图藏

国图藏本存十七卷（卷四至十，卷十二至十七，卷二十二至二十四，首卷）；宁波天一阁藏本存七卷（卷六至八，卷十三至

十六）。匡高20.5厘米，广14.9厘米。半页十二行，行二十七字。白口，四周单边。辽宁图、浙江图藏本分别入选第二、第五批《国家珍贵古籍名录》。

内台集七卷慎言十三卷表礼备纂二卷　（明）王廷相撰

明嘉靖十五年（1536）沁州张鹏山东刻本嘉靖十八年（1539）洪洞李复初补修本

台北"中央图书馆"藏

元文类七十卷目录三卷　（元）苏天爵编

明嘉靖十六年（1537）晋藩刻本

国图、北师大图、河南图、重庆图、浙江图、宁波天一阁、浙江大学图、台州临海市博、常熟市图、江西图、山东图藏

匡高20.6厘米，广14.9厘米。半页十行，行十九字。白口，四周单边。入选第二、第五批《国家珍贵古籍名录》。

太平经国之书十一卷　（宋）郑伯谦撰

明嘉靖十七年（1538）汾州孔天胤刻本

清华图藏

半页十行，行二十二字。白口，左右双边。钤有"王静山秘箧印""王发传印"。

新编博物策会十七卷　（明）戴璟撰

明嘉靖十七年（1538）洪洞李复初、高凤鸣刻本

国图、北师大图、中科院图、复旦图、南京图藏

半页十二行，行二十一字。白口，四周单边。李复初，明洪洞人，此为其任钦差陕西监察御史时主持所刻。

云仙集 （明）朱勋㴲撰

明嘉靖十八年（1539）沈藩刻本

国图藏

存十七卷（卷一至五，卷九至十四，卷十八至二十，卷二十六至二十八）。半页十行，行十八字。白口，四周单边。

真文忠公续文章正宗二十卷 （宋）真德秀辑

明嘉靖二十一年（1542）晋藩刻本

山师大图、扬州市图、四川图、浙江大学图、浙江图、宁波天一阁藏

匡高19.5厘米，广13.1厘米。半页十行，行二十一字，小字双行，行字同。白口，四周单边。浙江大学图藏本有清嘉兴张廷济跋，山师大图藏本有"池北书库""国子祭酒""山西四十得所得书画""五福堂收藏明版善本书""黄绍斋家珍藏"等印。入选第二、第五批《国家珍贵古籍名录》。

晋溪本兵敷奏十四卷 （明）王琼撰

明嘉靖二十三年（1544）廖希颜太原刻本

国图藏

存十三卷（卷一至八，卷十至十四）。半页十行，行二十字。白口，四周双边。廖希颜，明湖南茶陵人，时任山西按察司提学副使。

集录真西山文章正宗三十卷 （宋）真德秀辑（明）孔天胤录

明嘉靖二十三年（1544）汾州孔天胤刻本

祁县图、山师大图、故宫图、西北师大图、杭州市图、天水市图、浙江图、宁波天一阁、福建图、重庆图藏

匡高20.8厘米，广15.7厘米。半页九行，行十八字，小字双行，行字同。白口，左右双边。入选第二、第五批《国家珍贵古籍名录》。

初学记三十卷　（唐）徐坚等辑

明嘉靖二十三年（1544）沈藩朱胤栘刻本

北大图、首都图、河南新乡图藏

匡高21厘米，广16厘米。半页九行，行十八字，小字双行，行二十四字。白口，左右双边。入选第一、第二批《国家珍贵古籍名录》。

资治通鉴二百九十四卷　（宋）司马光撰

明嘉靖二十三至二十四年（1544—1545）汾州孔天胤刻本

泉州市图、江西图、山东图、国图、北师大图、合肥工大图、吉林图、云南图、常熟市图、浙江图、宁波天一阁藏

匡高21.1厘米，广15.5厘米。半页十行，行二十字，小字双行，行字同。白口，左右双边。北师大图藏本有"赵氏元方""曾在赵元方家"等印。入选第二、第三批《国家珍贵古籍名录》。

资治通鉴考异三十卷　（宋）司马光撰

明嘉靖二十三至二十四年（1544—1545）汾州孔天胤刻本

国图、合肥工大图、天津图、云南图、浙江大学图、江西图藏

匡高20.6厘米，广15.3厘米。半页十行，行二十字，小字双行，行字同。白口，左右双边。入选第三、第四批《国家珍贵古籍名录》。

越绝书十五卷　（汉）袁康撰

明嘉靖二十四年（1545）汾州孔天胤刻本

重庆北碚区图、天津图、宁波天一阁藏

匡高 19 厘米，广 14 厘米。半页九行，行十六字。白口，左右双边。入选第二、第三批《国家珍贵古籍名录》。

三关志十卷　（明）廖希颜纂修

明嘉靖二十四年（1545）刻本

国图藏

存七卷（地理总考三卷、武备考一卷、兵食考输挽一卷、马政考一卷、官师考一卷）。半页八行，行十八字。白口，四周单边。"三关"即雁门关、宁武关、偏头关。

雅音会编十二卷　（明）康麟辑

明嘉靖二十四年（1545）沈藩勉学书院刻本

西南大学图、国图、浙江图藏

匡高 20.3 厘米，广 15.1 厘米。半页九行，行二十字。白口，四周双边。浙江图藏本缺两卷（卷三、卷五）。

边政考十二卷　（明）张雨撰

明嘉靖二十五年（1546）黎城李世芳刻本

国图藏

半页十行，行二十四字，小字双行同。白口，四周双边。

圣迹图一卷　（明）张楷撰

明嘉靖二十七年（1548）沈藩朱胤栘刻本

国图藏

入选第三批《国家珍贵古籍名录》。

艺文类聚一百卷　（唐）欧阳询辑

明嘉靖二十八年（1549）平阳府张松刻本

首都图、广东图、厦门大学图、山东师大图、吉林图、宁波天一阁、山东图藏

匡高22.5厘米，广15.8厘米。半页十四行，行二十字。白口，左右双边。入选第二批《国家珍贵古籍名录》。

西京杂记六卷　（晋）葛洪撰

明嘉靖三十一年（1552）汾州孔天胤刻本

北京文物局藏

嘉靖集八卷拾遗一卷　（明）张治道撰

明嘉靖三十一年（1552）汾州孔天胤刻本

国图藏

半页十行，行二十一字。白口，四周单边。

河东重刻阳明先生文录五卷外集九卷别录十录　（明）王守仁撰

明嘉靖三十二年（1553）河东巡察盐务使宋仪望刻本

四川大学图藏

匡高19厘米，广14.4厘米。半页十行，行二十字。白口，左右双边。宋仪望，江西永丰人，明嘉靖三十二年（1553）曾任河东巡察盐务使职，创办了河东书院。入选第四批《国家珍贵古籍名录》。

读书录十卷读书续录十二卷　（明）薛瑄撰

明嘉靖三十四年（1555）闻喜知县沈维藩刻本

南京图、国图、首都图、复旦图藏

匡高20.4厘米，广14厘米。半页十行，行二十字。白口，四周双边。复旦图藏本有"曹氏巢南"等印；南京图藏本有"丁

印福保"等印,并有瞿鸿、丁福保跋。入选第四、第五批《国家珍贵古籍名录》。

薛文清公读书录十一卷续录十二卷 (明)薛瑄撰

明嘉靖三十四年(1555)沈藩刻本

首都图藏

岩潭诗集十二卷 (明)王廷干撰

明嘉靖三十四年(1555)代州张定刻本

国图藏

半页十行,行十八字。白口,左右双边。

文则四卷 (明)张云路撰

明嘉靖三十四年(1555)高平张云路自刻本

国图、宁波天一阁藏

宁波天一阁藏本存一卷(卷四)。半页九行,行二十二字。白口,四周双边。

皇明太学志十二卷 (明)郭鎜等撰

明嘉靖三十六年(1557)高平郭氏刻本万历九年(1581)补刻本

国图、美国国会图藏

半页十行,行二十一字。白口,四周双边。

臞仙肘后经二卷 (明)朱权撰

明嘉靖三十九年(1560)晋府宝贤堂刻本

徐州市图藏

匡高25.5厘米,广17厘米。半页十一行,行字不等。黑口,四周双边。入选第一批《国家珍贵古籍名录》。

诗纪一百三十卷前集十卷外集四卷别集十二卷 （明）冯惟讷辑

明嘉靖三十九年（1560）平定甄敬刻本

祁县图、上海博、山东图、河南图、云南图藏

匡高18.7厘米，广13.9厘米。半页九行，行二十一字。白口，四周单边。祁县图藏本入选第二批《国家珍贵古籍名录》。

焦氏易林二卷 （汉）焦延寿撰

明嘉靖四十年（1561）沈藩勉学书院刻本

国图、南京图藏

匡高18.7厘米，广14.5厘米。半页十二行，行二十四字。白口，左右双边。南京图藏本有"顾印千里""嘉惠堂丁氏藏"等印，有顾广圻跋、丁丙跋，并过录陆贻典校跋。入选第四批《国家珍贵古籍名录》。

庄渠先生遗书十二卷 （明）魏校撰

明嘉靖四十年（1561）阳曲王道行刻本

宁波天一阁、山大图、甘肃图、国图藏

匡高18.9厘米，广13.4厘米。半页十行，行二十一字。白口，左右双边。山大图藏本有"闲田张氏闻三藏书"，入选第二批《山西省珍贵古籍名录》。省图藏有残本。

庄渠先生遗书十六卷 （明）魏校撰

明嘉靖四十年（1561）阳曲王道行刻四十三年（1564）魏中甫续刻本

浙江大学图、国图藏

匡高 18.9 厘米，广 13.4 厘米。半页十行，行二十一字。白口，左右双边。

庄渠先生遗书前十六卷后十卷 （明）魏校撰

明嘉靖四十年（1561）阳曲王道行刻本张焯续刻本　九册

匡高 18.8 厘米，广 13.5 厘米。半页十行，行二十一字。白口，左右双边。入选第二批《山西省珍贵古籍名录》。

周易象旨诀录七卷 （明）熊过撰

明嘉靖四十一年（1562）熊迥河东刻本

国图藏

半页十行，行二十字。白口，四周双边。

华岳全集十一卷 （明）李时芳撰

明嘉靖四十一年（1562）临汾李氏自刻本

北大图、首都图藏

匡高 22.2 厘米，广 15.6 厘米。半页十行，行二十字。白口，四周单边。李时芳，明临汾人，明嘉靖三十八年（1559）任华阴县知县，明嘉靖四十一年编刻此书。首都图藏本入选第二批《国家珍贵古籍名录》，北大图藏本入选第五批《国家珍贵古籍名录》。

华阳国志十二卷 （晋）常璩撰

明嘉靖四十二年（1563）张佳胤蒲州刻本

国图藏

存十卷（卷一至十）。半页十行，行二十字。白口，四周单边。张佳胤，明重庆府铜梁县人，文学家。此书为其任蒲州知州时所刻。

西山先生真文忠公文章正宗二十四卷 （宋）真德秀撰

明嘉靖四十三年（1564）阳城李豸刻本

四川大学图、云南图、江西图、山东图、广西桂林图、湖北图、中山大学图、内蒙古大学图、皖西学院图藏

匡高21.5厘米，广15.6厘米。半页十行，行十九字，小字双行，行字同。白口，左右双边。云南图藏本有清梁之相跋，钤有"尺五堂严氏珍藏印记""画隐一生""修竹山农所藏""之相""之相所读""二十万卷楼""古滇梁氏修竹山农鉴藏善本"等印。入选第二批《国家珍贵古籍名录》。四川大学图藏本还入选第一批《四川省珍贵古籍名录》。

嘉靖元年山西乡试录一卷

明嘉靖刻本

宁波天一阁藏

匡高22.2厘米，广15.8厘米。半页九行，行字不等。黑口，四周双边。入选第四批《国家珍贵古籍名录》。

嘉靖十六年山西乡试录一卷

明嘉靖刻本

宁波天一阁藏

匡高23.3厘米，广15.3厘米。半页九行，行字不等。黑口，四周双边。入选第四批《国家珍贵古籍名录》。

嘉靖二十五年山西乡试录一卷

明嘉靖刻本

宁波天一阁藏

匡高23.9厘米，广16厘米。半页九行，行字不等。黑口，四周双边。入选第四批《国家珍贵古籍名录》。

嘉靖二十八年山西乡试录一卷

　　明嘉靖刻本

　　宁波天一阁藏

　　匡高24厘米，广15.8厘米。半页九行，行字不等。黑口，四周双边。入选第四批《国家珍贵古籍名录》。

嘉靖三十一年山西乡试录一卷

　　明嘉靖刻本

　　宁波天一阁藏

　　匡高21.5厘米，广16厘米。半页九行，行字不等。黑口，四周双边。入选第四批《国家珍贵古籍名录》。

嘉靖三十四年山西乡试录一卷

　　明嘉靖刻本

　　宁波天一阁藏

　　匡高21.6厘米，广15.5厘米。半页九行，行字不等。黑口，四周双边。入选第四批《国家珍贵古籍名录》。

嘉靖四十三年山西乡试录一卷

　　明嘉靖刻本

　　宁波天一阁藏

　　匡高22.2厘米，广16厘米。半页九行，行字不等。黑口，四周双边。入选第四批《国家珍贵古籍名录》。

中说十卷　　（隋）王通撰（宋）阮逸注

　　明嘉靖敬忍居刻本

　　北大图、山东博藏

版存山西万荣县通化镇王通后人家中。半页八行,行十七字,小字双行同。白口,四周双边。版心上方题"文中子中说"。

中说考七卷　（明）崔铣撰

明嘉靖河汾书院刻本

上海图书公司、南京图、上海图藏

匡高18.5厘米,广12.5厘米。半页十行,行十八字。白口,四周单边。上海图书公司藏本有"黄裳藏本"等印,入选第三批《国家珍贵古籍名录》。

宋元通鉴一百五十七卷　（明）薛应旂撰

明嘉靖、隆庆间阳曲王道行陕西刻本

山师大藏

半页十行,行二十字。白口,四周单边。

十二家唐诗类选十二卷　（明）何东序辑

明隆庆四年（1570）临猗何东序巡抚延绥时刻本

首都图、苏州市图藏

匡高20.5厘米,广14.2厘米。半页九行,行二十一字。白口,四周单边。入选第二、第三批《国家珍贵古籍名录》。

大方广圆觉修多罗了义经略疏注二卷　（唐）释宗密撰

明隆庆五年（1571）代藩进德书院刻本

国图藏

半页六行,行十七字,小字双行,行字同。黑口,四周双边。

尽言集十三卷　（宋）刘安世撰

明隆庆五年（1571）山西按察使张佳胤、王阿杲刻本

山东图藏

乔庄简公集十卷　（明）乔宇撰，王世贞编

明隆庆五年（1571）山西按察使王世贞、乔世良刻本

南京图藏

北辕集一卷　（明）欧大任撰

明隆庆六年（1572）河津赵用光家抄本

国图藏

半页十行，行十九字。蓝格，白口，四周单边。有明河津赵用光跋。

隆庆元年山西乡试录一卷

明隆庆刻本

宁波天一阁藏

匡高21.5厘米，广15.9厘米。半页九行，行字不等。黑口，四周双边。入选第四批《国家珍贵古籍名录》。

隆庆四年山西乡试录一卷

明隆庆刻本

宁波天一阁藏

匡高22.8厘米，广16厘米。半页九行，行字不等。黑口，四周双边。入选第四批《国家珍贵古籍名录》。

宋艺圃集二十二卷续集三卷　（明）李蓘辑

明隆庆屯留暴孟奇、李蓘刻本

国图藏

半页十行，行二十字。白口，四周双边。

绿筠轩唫帙二卷 （明）朱恬烄撰

明万历元年（1573）沈藩勉学书院刻本

国图藏

半页九行，行十七字。白口，四周单边。

三子口义三种十五卷 （宋）林希逸撰（明）张四维补注

明万历二年（1574）蒲坂张氏刻本

北大图藏

孔文谷集十六卷续集四卷 （明）孔天胤撰

明万历二年（1574）孔氏家塾刻本

祁县图藏

殷太师忠烈录十卷 （明）曹安编，暴孟奇重编

明万历五年（1577）屯留暴孟奇刻本

国图藏

半页十行，行二十字。白口，四周双边。

三子口义三种十五卷 （宋）林希逸撰（明）张四维补注

明万历五年（1577）蒲州何汝成写刻本

国图藏

半页十行，行二十二字。白口，四周双边。有"王氏信芬阁藏书印""粹芬阁"等印。

华严原人论一卷 （唐）释宗密撰

明万历五年（1577）代藩朱俊栅刻本

国图藏

半页九行，行二十字。白口，四周单边。

宋艺圃集二十二卷续集三卷 （明）李蓘辑

明万历五年（1577）屯留暴孟奇刻本

文登区图藏

存七卷（卷四至卷十）。

史记一百三十卷 （汉）司马迁撰（南朝宋）裴骃集解（唐）司马贞索引，张守节正义

明万历六年（1578）山西布政使司刻本

中山大学图、湖南图藏

释迦如来成道记 （唐）王勃撰

明万历六年（1578）五台山房刻本　一册

半页七行，行十七字。黑口，左右双边。佚名过录丁福保序跋。

新刊名世文宗三十卷 （明）胡时化辑

明万历八年（1580）高平常存仁刻本

北大图、首师大图、山东图、山东师大图、南京图、河南图、郑州市图、安阳市图、广东图藏

半页十行，行二十二字。白口，四周双边。

韩忠定公集四卷 （明）韩文撰

明万历八年（1580）洪洞知县乔因羽写刻本

北大图藏

左粹类纂十二卷音释一卷 （明）施仁辑

明万历十一年（1583）芮城任养心刻本

扬州市图、重庆图藏

涑水司马氏源流集略八卷　（明）司马晰辑

明万历十五年（1587）司马衸刻三十五年（1607）司马露增修本　四册

匡高19.8厘米，广14厘米。半页九行，行二十字。白口，四周双边。有"复耕堂藏书记""崞县陈监先藏书"等印。入选第二批《山西省珍贵古籍名录》。

司马太师温国文正公传家集八十卷目录二卷　（宋）司马光撰

明万历十五年（1587）司马衸刻本

北师大图、国图藏

半页九行，行二十字。白口，四周双边。

四书翼传三义七卷　（明）王守诚撰

明万历十六年（1588）太原于天经刻本

江西图、浙江图藏

薛文清公行实录五卷　（明）王鸿辑

明万历十六年（1588）河津正学书院刻本　四册

半页十行，行十八字。黑口，四周双边。

径山藏六千九百五十六卷

明万历十七年（1589）至清康熙年间山西五台、浙江嘉兴等地刻本

国图藏

匡高22.7厘米，广14.8厘米。半页十行，行二十字。白口，四周双边。

佛日普照慧辩楚石禅师语录二十卷　（元）释梵琦撰

明万历十八年（1590）五台山妙德庵刻本

江西图藏

凤川先生文集三卷　（明）刘良臣撰，薛一鄂批评

明万历十八年（1590）芮城任养心校刻本

芮城图、国图、河南图藏

半页十行，行二十字。白口，左右双边。

大方广佛华严经合论一百二十卷　（唐）释李通玄造论，释志宁合论

明万历十九年（1591）五台山妙德禅院刻本

省博图藏

匡高22.7厘米，广14.8厘米。半页十行，行二十字。白口，四周双边。

注肇论疏六卷　（宋）释遵式撰

明万历十九年（1591）五台山妙德禅院刻本

河南图藏

半页十行，行二十字。白口，四周双边。

法苑珠林一百二十卷　（唐）释道世辑

明万历十九年（1591）五台山妙德禅院刻本

国图、河南图藏

匡高22.7厘米，广14.8厘米。半页十行，行二十字。白口，四周双边。河南图藏本有清孙星衍跋。

薛考功集十卷　（明）薛蕙撰

明万历十九年（1591）阳曲王道行刻本

国图、北大图藏

半页九行,行十八字。白口,左右双边。有"士禛私印""池北书库"等印。

肇论疏序科文一卷 （宋）释晓月撰

明万历二十年（1592）五台山妙德禅院刻本

河南图藏

半页十行,行二十字。白口,四周双边。

文苑春秋四卷 （明）崔铣撰

明万历二十年（1592）屯留陈简刻本

云南图藏

碧落碑文正误三卷 （明）陶滋撰

明万历二十一年（1593）绛州陶登刻本

国图藏

大椿堂诗选二卷 （明）杨博撰,杨俊民辑,杨俊彦增校

明万历二十一年（1593）晋城裴述祖刻本

天津图藏

半页七行,行十六字。白口,四周单边。

圣门人物志十二卷 （明）郭子章撰

明万历二十二年（1594）太原知府赵彦刻本

国图、辽宁图藏

半页九行,行二十二字。白口,四周双边。

雅音会编十二卷 （明）康麟辑

明万历二十二年（1594）沈藩刻本

国图藏

半页九行，行二十字。白口，左右双边。

三代遗书六种二十八卷　（明）赵标辑

明万历二十二年（1594）解州赵标刻本

临猗图、国图、宁波天一阁、山东图、东北师大图、台北"中央图书馆"、云南图藏

半页八行，行十八字，小字双行，行字同。白口，四周双边。六种书包括：《竹书纪年》《汲冢周书》《批点考工记》《穆天子传》《檀弓批点》《六韬》。

折狱龟鉴二卷　（宋）郑克撰

明万历二十三年（1595）张四维子张泰征刻本

河南图藏

半页十行，行二十字。白口，四周双边。

条麓堂集三十四卷　（明）张四维撰

明万历二十三年（1595）张四维子张泰征怀庆刻本

山大图藏

匡高21.8厘米，广15.9厘米。半页十行，行二十一字。白口，四周单边。有"闲田张氏闻三藏书"等印。入选第一批《山西省珍贵古籍名录》。

三立祠考　（明）王道行撰辑，黄庭绶编次

明万历二十四年（1596）山西刻本

社科院文研所藏

薛文清公全集五十三卷 （明）薛瑄撰

明万历二十四年（1596）孝义赵讷刻本

日本内阁文库藏

史谈补五卷 （明）杨一奇撰，陈简补

明万历二十五年（1597）上党陈氏刻本 三册

存四卷（卷一至二，卷四至五）。半页九行，行十六字，小字双行，行字同。白口，左右双边。版心下镌刻工"陶英""戴禄""臣""郑元"等。

薛文清公读书全录类编二十卷 （明）薛瑄撰，侯鹤龄编

明万历二十七年（1599）河津薛氏刻本 八册

半页十行，行二十一字。白口，四周单边。

陶氏世吟集五卷 （明）陶登辑

明万历二十七年（1599）绛州陶登自刻本

国图、中山大学图、北京文物局藏

半页九行，行十八字。白口，四周双边。

大佛顶首楞严经正脉疏十卷 （明）释交光述

明万历二十八年（1600）代藩后裔山阴王朱俊栅乐善书院刻本 十二册

半页十行，行二十二字。白口，四周单边。有清戴廷栻批点。

九愚山房诗集十三卷 （明）何东序撰

明万历二十八年（1600）河东何氏刻本

北大图藏

匡高19.1厘米，广14.2厘米。半页九行，行十八字，小字双行，

行字同。白口，四周单边。

沧溟先生集三十卷附录一卷　（明）李攀龙撰

明万历二十八年（1600）平阳吴用光刻本

祁县图、北大图、北师大图、西北民大图、河南图、云南图藏

匡高 18.1 厘米，广 14.5 厘米。半页十行，行二十字。白口，左右双边。

针灸大成十卷　（明）杨继洲撰

明万历二十九年（1601）平阳府署刻本　十册

匡高 21.9 厘米，广 15.2 厘米。半页十行，行二十二字。白口，四周双边。有"黄绍斋家珍藏"印。入选第二批《山西省珍贵古籍名录》。

读素问钞十二卷　（元）滑寿撰

明万历三十年（1602）沈府刻本

宁波天一阁藏

匡高 16.8 厘米，广 22.6 厘米。半页十一行，行二十字。白口，四周单边。有清杨伟鸿跋。

汉前将军关公祠志九卷　（明）赵钦汤、焦竑辑

明万历三十一年（1603）解州赵钦汤刻本

美国国会图、国图藏

半页九行，行二十字。白口，四周双边。赵钦汤，字师商，号心盘，解州人。此为其在南京户部任职时所纂刻。

九愚山房文集九十七卷　（明）何东序撰

明万历三十一年（1603）河东何东序刻本

临猗图（残）、福建图藏

佐右集　（明）何东序撰

明万历三十一年（1603）河东何东序刻本

北大图、国图藏

国图藏本存十三卷（诗：卷一、卷四至六；文：卷一至九）。半页九行，行十八字。白口，四周单边。

大学衍义补一百六十卷首一卷　（明）丘濬撰，陈仁锡评阅

明万历三十三年（1605）临猗乔应甲刻本　二十册

匡高27厘米，广15厘米。半页十一行，行二十二字。白口，四周单边。入选第二批《山西省珍贵古籍名录》。

易经以俟录　（明）瞿九思撰

明万历三十五年（1607）平阳史学迁刻本

国图藏

三关图说不分卷　（明）康丕扬纂修

明万历三十五年（1607）自刻本

国图藏

半页九行，行二十二字。白口，四周双边。康丕扬，字士遇，山东陵县人。此书为康任雁门、宁武、偏头三关监军兵备道时所纂刻。

艺林伐山二十卷　（明）杨慎撰

明万历三十五年（1607）沁水孙居相刻本

国图藏

半页九行，行十九字。白口，四周双边。

兰坡遗墨不分卷 （明）寇阳撰

明万历三十五年（1607）榆次寇光裕刻蓝印本

国图藏

古今律历考七十二卷 （明）邢云路撰

明万历三十六年（1608）雁门张崇礼、王国桢刻本

南京大学图、无锡市图、重庆图、南京图藏

南京图藏本有清丁丙跋。

王槐溪先生文集五卷 （明）王三接撰，王用言辑

明万历三十六年（1608）洪洞王氏家刻本

北大图、天津图藏

半页十行，行十六字。白口，四周双边。

经元斋小稿二十卷 （明）朱成栋撰

明万历三十七年（1609）代府刻本

台北"中央图书馆"藏

泰西水法六卷 （意大利）熊三拔撰（明）徐光启笔记，李之藻订正

明万历四十年（1612）安邑曹于汴、彭惟成等刻本

北大图、国图藏

匡高21.3厘米，广13.8厘米。半页十行，行二十二字。白口，左右双边。北大图藏本有"木犀轩藏书""李滂"等印。入选第二批《国家珍贵古籍名录》。

宝庵集二十四卷 （明）顾绍芳撰

明万历四十年（1612）河东赵标刻本

国图、上海图、中科院图、山东图藏

半页九行，行十八字。白口，左右双边。

古唐选屑三十卷　（明）李本纬辑

明万历四十一年（1613）曲沃李本纬自刻本

中科院图、社科院文研所、浙江大学图、无锡市图、福建师大图、吉林图、天津图、美国普林斯顿大学东方图书馆藏

薛文清公读书全录类编二十卷　（明）薛瑄撰，侯鹤龄编

明万历四十二年（1614）沁水张铨刻本

浙江大学图藏

匡高21.9厘米，广15.1厘米。半页十行，行二十字。白口，四周双边。

五行类应九卷　（明）钱春撰

明万历四十二年（1614）解州侯加地刻本

国图藏

半页九行，行二十字，小字双行同。白口，四周双边。

薛文清公文集二十四卷目录一卷　（明）薛瑄撰，张鼎辑

明万历四十二年（1614）薛士弘省职堂刻本　十二册

半页十行，行二十字。白口，四周双边。

王文端公诗集二卷奏疏四卷尺牍八卷　（明）王家屏撰

明万历四十至四十五年（1612—1617）山阴王家屏家刻本

国图、太谷图、首都图、北大图、清华图、中科院图、社科院文研所、社科院历史所、上海辞书社、天津图、辽宁图、南京图、省博图藏

匡高 20 厘米，广 15 厘米。半页十行，行二十字。白口，四周双边。省博图藏本存八卷（尺牍八卷）。

白云巢集二十四卷　　（明）邢大道撰

明万历四十五年（1617）洪洞邢氏刻本

山大图、北大图藏

匡高 20.5 厘米，广 14.5 厘米。半页十行，行二十字。白口，四周双边。山大图藏本有"翰墨""闲田张氏闻三藏书"等印。山大图藏本入选第二批《山西省珍贵古籍名录》。

司马温公年谱六卷　　（明）马峦编辑

明万历四十六年（1618）司马光十八世孙司马露刻本　四册

匡高 22.3 厘米，广 14.5 厘米。半页九行，行二十字。白口，四周单边。入选第二批《山西省珍贵古籍名录》。

讲武要略十七卷首一卷附录一卷　　（明）徐九章辑

明万历四十八年（1620）沁水张五典刻本

苏州市图藏

入选江苏省第二批珍贵古籍名录。

芮城刘氏家谱　　（明）刘子守等重修

明万历孝弟堂刻本

芮城图藏

薛文清公年谱一卷　　（明）杨鹤、杨嗣昌撰

明万历沁水张铨刻本

国图藏

半页十行，行二十字。白口，四周双边。

万历元年山西乡试录一卷

明万历刻本

宁波天一阁藏

匡高 22 厘米，广 15.5 厘米。半页九行，行字不等。黑口，四周双边。入选第四批《国家珍贵古籍名录》。

万历四年山西乡试录一卷

明万历刻本

宁波天一阁藏

匡高 22 厘米，广 15.2 厘米。半页九行，行字不等。黑口，四周双边。入选第四批《国家珍贵古籍名录》。

万历七年山西乡试录一卷

明万历刻本

宁波天一阁藏

匡高 22.4 厘米，广 15.2 厘米。半页九行，行字不等。黑口，四周双边。入选第四批《国家珍贵古籍名录》。

万历十年山西乡试录一卷

明万历刻本

宁波天一阁藏

匡高 22.3 厘米，广 15 厘米。半页九行，行字不等。黑口，四周双边。入选第四批《国家珍贵古籍名录》。

山西丈地简明文册　（明）辛应乾修

明万历蓝格档本

北大图藏

此书为辛应乾任山西巡抚时纂刻。

三云筹俎考四卷　（明）王士琦辑

明万历末年刻本

国图藏

半页八行，行十七字，或半页十行，行二十一字。白口，四周单边。三云，即云中、云东、云西。王士琦，浙江临海人，万历时任宣大总督。此书即为其总督宣大、山西军务时辑刻。

山西郡县释名二卷　（明）郭子章撰

明万历刻本

国图藏

半页八行，行十九字。白口，四周双边。此为郭子章任山西按察使时纂刻。

绛阳十景不分卷　（明）陶滋撰，陶登辑

明万历绛阳陶氏家刻本

运城盐湖图藏

六韬　（明）赵标校

明万历赵标写本

临猗图藏

百病问对辩疑五卷痨瘵问对辩疑一卷　（明）张昶撰

明万历曲沃张学诗刻本

中国中医科学院图藏

北岳庙集十二卷　（明）何出光、魏学礼撰

明万历蓝印本

国图藏

半页九行,行二十字。白口,四周双边。何出光,字兆文,河南扶沟人,万历间曾任太原知府。此书为当时所纂刻。

敬轩薛先生文集二十四卷 (明)薛瑄撰

明万历沁水张铨刻本

国图、重庆图藏

半页十行,行二十字。白口,四周双边。

复宿山房集四十卷 (明)王家屏撰

明万历山西巡抚魏养蒙刻本

山大图藏

匡高20.7厘米,广15厘米。半页十行,行十二字。白口,四周双边。入选第二批《山西省珍贵古籍名录》。

文选六十卷 (南朝梁)萧统辑(唐)李善、吕延济、刘子良、张洗、吕向、李周翰注

明万历晋府文思堂重刻本

北师大图藏

半页十行,行二十二字。小字双行,行字同。白口,四周双边。有"宗室盛昱审定真迹"印。

北畿贺文宗批点论学指南二卷 (明)贺文宗撰

明历历偏关万世德刻本

国图藏

半页八行,行二十字。白口,四周双边。

河汾教十六卷 （明）文翔凤撰

　　明天启元年（1621）刻本

　　北大图、美国国会图藏

　　文翔凤，陕西旬邑人。此书为文翔凤天启元年（1621）任山西提学副使时纂刻。

天启元年山西乡试录一卷

　　明天启元年（1621）刻本

　　国图藏

新镌献荩乔先生纲鉴汇编九十一卷首一卷 （明）乔承诏辑

　　明天启四年（1624）介休乔氏自刻本

　　北大图、首都图、故宫图、南京图藏

　　省图有残本，存十四卷（卷五至十八）。

训士喻编三卷 （明）乔承诏编

　　明天启四年（1624）介休乔承诏福建刻本

　　美国国会图藏

　　半页八行，行十七字。有"藕潢精舍"印。

赵翰林经济全书四卷 （明）赵标撰，赵曙辑

　　明天启五年（1625）解州赵著（赵标曾孙）刻本

　　北大图藏

　　半页九行，行十六字。白口，四周单边。

再起奏草一卷 （明）乔应甲撰

　　明天启六年（1626）临猗乔应甲自刻本

　　国图藏

半页九行，行十八字。白口，四周单边。

家范十卷 （宋）司马光撰

明天启六年（1626）司马光十八世孙司马露等刻本

运城盐湖图、浙江图、宁波天一阁藏

匡高 19.5 厘米，广 13.9 厘米。半页九行，行二十字。白口，四周双边。

河东文告四卷 （明）李日宣撰

明天启弘运书院刻本

国图藏

半页九行，行十八字。白口，四周双边。

纬弢二卷 （明）郭增光撰

明崇祯元年（1628）洪洞郭增光刻本

国图藏

半页九行，行十八字。白口，四周双边。

儒者八字录二卷 （明）李文洁撰

明崇祯元年（1628）绛县李生光刻本

南京图藏

沈国勉学书院集十二卷 （明）朱珵尧辑

明崇祯元年（1628）沈藩勉学书院刻本

国图藏

半页八行，行十八字。白口，四周单边。

经世石画三卷 （明）辛全辑

明崇祯二年（1629）洪洞韩居贞等刻本　四册

匡高 22.7 厘米，广 14.3 厘米。半页九行，行二十字。白口，四周单边。入选第二批《山西省珍贵古籍名录》。

仕国人文十二卷　（明）范弘嗣辑

明崇祯三年（1630）范氏自刻本

美国国会图藏

辛复元先生集　（明）辛全撰

明崇祯四年（1631）洪洞刻本　七册

半页十一行，行二十二字。白口，四周双边。

国朝内阁名臣事略十六卷　（明）吴伯与撰

明崇祯五年（1632）武乡魏光绪刻本

国图藏

半页九行，行十八字。白口，四周单边。

升恒编十二卷　（明）孙安国、陈卓编

明崇祯六年（1633）太平张鲍化、张鲼化刻本

美国国会图藏

该书是太平县张鲍化、张鲼化兄弟为其父张承翼庆祝八十寿辰所刻诗文集。

晋疆纪事不分卷　（明）马天骕纂修

明崇祯九年（1636）稿本

上海图藏

此为马天骕明崇祯九年任河曲知县时所纂。

鉴劳录一卷 （明）孙传庭撰

明崇祯十一年（1638）孙传庭自刻本

国图藏

半页九行，行十八字。白口，四周双边。

渼陂先生集十六卷续集三卷碧山乐府四卷诗余一卷南曲次韵一卷游春记一卷中山狼院本一卷 （明）王九思撰

明崇祯十三年（1640）定襄张宗孟思补堂刻清初重修本十六册

四书则六卷 （明）桑拱阳撰

明崇祯十四年（1641）临汾桑氏松风书院刻本

山大图、太原图藏

匡高23厘米，广14.6厘米。半页十一行，行二十五字。白口，四周双边，无界栏。有"闲田张氏闻三藏书"印。入选第二批《山西省珍贵古籍名录》。

泊水斋诗六卷 （明）张慎言撰

明崇祯十四年（1641）张慎言子张履旋刻本

开封市图、国图藏

匡高17.5厘米，广12.6厘米。半页七行，行十六字。白口，四周单边。

勺水庵诗集 （明）张慎言撰

明崇祯洪洞郭新刻本

国图藏

匡高17.5厘米，广12.6厘米。半页七行，行十八字。白口，四周单边。钤有"献唐珍秘""王献唐读书记""敝帚自赏""介田珍藏""晋卿珍秘""凤生""一萍之印""□□陈介锡藏"等印。

易经道学传 （明）陈国柱撰

稿本

临猗图藏

陈国柱，字擎玄，猗氏人。曾官高平教谕、陕西延长县令。

乡宁西府王氏家谱 （明）王与龄修

明抄本

乡宁马大腰坡村王玉玺藏

曹月川先生家规辑略一卷 （明）曹端撰

明石允珍刻本

广东图藏

太原王氏会通世谱十三卷 （明）王友瑄等纂修

明刻本

国图藏

刘氏家传一卷 （明）刘良臣撰

明芮城孝弟堂刻本

芮城图藏

仙掖移封 （明）乔应甲撰

稿本 一册

帝都仁声 （明）曹于汴等撰

稿本 一册

按晋疏草四卷 （明）李嵩撰

　　明末抄本

　　山大图藏

　　李嵩，山东枣强人，明天启二年（1622）进士，曾官巡按山西监察御史。此为李巡按山西时之奏疏录副。

清凉山志十卷 （明）释镇澄修

　　明刻本

　　北大图藏

　　释镇澄，明万历十年（1582）来到五台山，万历二十四年（1596）增删重编五台山志，并刊行。此即释镇澄刻本。

龙门志三卷 （明）樊得仁纂修

　　明刻本

　　河北大学图藏

　　龙门即今河津市，此书为樊得仁任河津知县时所纂刻。

中说考六卷 （明）崔铣撰

　　明河汾书院刻本

　　南京图藏

雁门胜迹稿 （明）王钥撰

　　明抄本

　　代县峪口乡王氏后裔藏

衡门芹一卷 （明）辛全撰

　　明洪洞晋叔健、韩居贞、晋家仁等刻本　一册

　　匡高23厘米，广14.5厘米。半页九行，行二十字。白口，

明代编　065

四周双边。入选第二批《山西省珍贵古籍名录》。

新编西方子明堂灸经八卷 （元）西方子撰

明平阳府刻本

省中医院、中科院图、浙江图、宁波天一阁、南京中医大图、国图、天津图藏

匡高 18 厘米，广 13.2 厘米。半页十行，行二十一字。白口，四周单边。

新刊铜人针灸经七卷 （元）西方子撰

明平阳府刻本

省中医院、美国国会图、浙江图、宁波天一阁藏

匡高 18 厘米，广 13.2 厘米。半页十行，行二十一字。白口，四周单边。

句注山房集二十卷 （明）张凤翼撰

明雁门孙传庭刻本　八册

匡高 20 厘米，广 14.8 厘米。半页十行，行十九字。白口，四周双边。入选第二批《山西省珍贵古籍名录》。

白谷山人诗集不分卷 （明）孙传庭撰

稿本

代县图藏

半页九行，行十八字。入选第三批《国家珍贵古籍名录》。

诗集未定稿 （明）孙传庭撰

稿本　二册

刘宫詹先生文集十六卷　（明）刘虞夔撰

明末高平刘氏子刘繇刻本

台北故宫藏

半页九行，行二十字。国家图书馆存有该书胶卷。

清代编

省属

抚晋奏议六卷 （清）白如梅撰

　　清顺治十四年（1657）刻本

　　山大图藏

　　白如梅，辽宁沈阳人，清顺治十二至十八年（1655—1661）任山西巡抚。此为其任内所刻。

针灸大成十卷 （明）杨继洲撰

　　清顺治十四年（1657）山西刻本　十册

山西赋役全书一百六卷 （清）卢崇峻、白如梅纂修

　　清顺治刻本

　　国图藏

三立祠传四卷 （清）袁继咸纂，刘梅重辑

　　清康熙二十一年（1682）山西提学使司刻本

　　西北民大图藏

司马温公文集八十二卷 （宋）司马光撰

清康熙四十七年（1708）山右督学使吴时亮、平阳知府刘余祐、夏县知县王彦葵等刻本

太原图藏

康熙五十年山西乡试录一卷

清康熙刻本

南京图藏

朱文端公文集四卷　（清）朱轼撰

清康熙六十年（1721）山西刘镇初刻乾隆二年（1737）江西吴学濂续刻本

江西图藏

敕修河东盐法志十二卷　（清）觉罗石麟纂，朱一凤辑

清雍正五年（1727）刻本　八册

敕修河东盐法志十二卷　（清）觉罗石麟纂，朱一凤辑

清雍正八年（1730）刻本

山师大图藏

山西赋役全书一百二十五卷　（清）觉罗石麟等纂修

清雍正十三年（1735）刻本

山大图藏

乾隆元年山西乡试录一卷　（清）邹升恒、嵩寿编纂

清乾隆元年（1736）刻本

北大图藏

乾隆丙辰恩科山西乡试同门朱卷

清乾隆二年（1737）刻本
五台张文达藏

乾隆三年山西乡试录一卷　　（清）沈昌宇、杨黼时编纂
清乾隆三年（1738）刻本
北大图藏

唐宋九家古文三十二卷　　（清）王珅选评
清乾隆三年（1738）晋阳书院刻本
临猗图、省博图、太原图藏

斯文精萃　（清）尹继善编
清乾隆二十九年（1764）晋阳书院刻本
山大图藏

三立祠传二卷附一卷　　（清）袁继咸纂，刘梅重辑，和其衷编
清康熙二十一年（1682）山西提学使司刻乾隆三十年（1765）
补刻本　四册

乾隆丁酉科山西选拔履历全书一卷　　（清）觉罗巴延三纂修
清乾隆四十二年（1777）山西抚署刻本　一册

晋政辑要八卷　（清）海宁、郑源璹纂辑
清乾隆五十四年（1789）山西藩署刻本　八册

乾隆壬子科山右闱墨　（清）文邱鉴定
清乾隆五十七年（1792）山西贡院抡才堂刻本
五台张文达藏

违碍书籍目录不分卷

清乾隆山西刻本

清华图藏

国朝山右诗存二十四卷附集八卷 （清）李锡麟辑

清嘉庆六年（1801）山西刻本 十六册

关圣帝君圣迹图志全集五卷 （清）卢湛汇辑

清嘉庆七年（1802）全晋会馆刻本

万荣图藏

关帝圣迹图志全集十卷 （清）王玉树编

清嘉庆十二年（1807）广东山陕会馆刻本 四册

嘉庆己巳科山西乡试朱卷

清嘉庆十四年（1809）刻本

运城河东博藏

奎壁易经 （宋）朱熹注

清嘉庆十六年（1811）山西聚文堂刻本

介休图、太原晋祠博、新绛图藏

书经体注大全合参六卷 （宋）蔡沈集传（清）范紫登鉴定，钱希祥纂辑

清嘉庆十七年（1812）山西文会堂刻本

祁县图、运城学院图藏

诗经体注图考大全八卷 （清）高朝璎撰

清嘉庆十七年（1812）山西文会堂铜版刻本 四册

山西考卷制艺 （清）周系英辑
　　清嘉庆十七年（1812）山西督学使署刻本
　　祁县图藏

三立祠传二卷 （明）袁继咸纂
　　清嘉庆二十三年（1818）晋阳书院刻本
　　太原晋祠博、太原图藏

山西赋役全书
　　清嘉庆刻本　三十六册（残）

惜抱轩尺牍八卷 （清）姚鼐撰
　　清道光三年（1823）山西郭汝聪刻本
　　省博图藏

遁翁苦口不分卷 （宋）朱熹撰
　　清道光四年（1824）晋阳书院刻本　一册

道光乙酉科山西全省选拔同年齿录 （清）福绵、邹植行辑
　　清道光五年（1825）刻本　一册

山右校士录 （清）蔡赓飏辑
　　清道光七年（1827）晋阳学署刻本　一册

诗经体注大全体要八卷 （清）高朝璎鉴定，沈业楷辑，沈存仁参订
　　清道光十四年（1834）山西文会堂刻本
　　祁县图藏

太上感应篇图说四卷 （清）朱日丰辑
　　清道光十四年（1834）山西冀宁道王青莲刻本
　　代县图藏

晋政辑要八卷 （清）郑源璹纂辑
　　清道光十六年（1836）晋阳书院据乾隆五十四年（1789）山西藩署本重刻本
　　太原图藏

养生揽要十三卷首一卷 （清）孟曰寅编辑
　　清道光十六年（1836）山陕会馆刻本　五册

三立阁史抄二卷 （清）李镕经辑
　　清道光十七年（1837）晋阳书院刻本　二册

道光己亥科山西乡试朱卷
　　清道光十九年（1839）刻本
　　运城河东博藏

柽华馆试帖汇抄辑注十卷 （清）路德撰，胡葆锷辑注
　　清道光二十一年（1841）晋省大文堂刻本
　　太原图藏

五经楼小题拆字 （清）连又箎编辑
　　清道光二十二年（1842）晋省大文堂刻本
　　太原图藏

无我相斋诗选四卷 （清）何邻泉撰
　　清道光二十五年（1845）山西刘庶常（即刘樵坡）山东历城

刻本

　　山东图藏

青云集分韵试帖详注四卷　　（清）杨逢春等辑，沈品金等注

　　清道光二十五年（1845）晋省大文堂刻本

　　太原图藏

植物名实图考三十八卷　　（清）吴其濬撰

　　清道光二十八年（1848）山西巡抚陆应谷刻本

　　河南中医大图、湖南图、黑龙江图、陕西图、徐州市图、河南大学图、辽宁图、内蒙古图藏

植物名实图考长编二十二卷　　（清）吴其濬撰

　　清道光二十八年（1848）山西巡抚陆应谷刻本

　　河南中医大图、湖南图、黑龙江图、陕西图、徐州市图、河南大学图、辽宁图、内蒙古图藏

字学举隅一卷　　（清）龙启瑞编纂

　　清道光二十九年（1849）晋省进文斋刻本

　　襄汾博藏

道光己酉科山西乡试朱卷　　（清）田立德撰

　　清道光二十九年（1849）刻本　一册

道光庚戌科山西乡试朱卷

　　清道光三十年（1850）刻本

　　运城河东博藏

道光癸卯科山西乡试录一卷

清道光抄本

国图藏

咸丰辛亥科山西乡试闱墨

清咸丰元年（1851）刻本

稷山图藏

霜红龛集四十卷　（清）傅山撰

清咸丰四年（1854）晋阳书院刻本

省博图、太原图藏

咸丰乙卯科山西闱墨不分卷

清咸丰五年（1855）山西贡院抡才堂刻本

临汾尧都图藏

咸丰乙卯科山西乡试第五房同门朱卷姓氏

清咸丰五年（1855）刻本

五台张文达藏

晋阳书院课艺不分卷

清咸丰九年（1859）刻本　四册

咸丰辛酉山西选拔同年齿录

清咸丰十一年（1861）刻本　一册

咸丰辛酉科山西闱墨不分卷

清咸丰十一年（1861）山西贡院抡才堂刻本

临汾尧都图藏

咸丰己未恩科山西乡试录一卷
　　清咸丰抄本
　　国图藏

同治壬戌恩科山西乡试录不分卷
　　清同治元年（1862）山西贡院抡才堂刻本
　　临汾尧都图藏

同治壬戌恩科山西乡试同年齿录
　　清同治元年（1862）刻本
　　国图藏

同治壬戌恩科山西闱墨不分卷
　　清同治元年（1862）山西贡院抡才堂刻本
　　临汾尧都图藏

文法反约四卷首一卷　　（清）郝钟秀纂
　　清同治三年（1864）晋省文兴斋刻本　二册

小学集解六卷辑说一卷　　（清）张伯行撰
　　清同治四年（1865）晋阳藩署刻本　二册

感应篇直讲
　　清同治五年（1866）金度晋文斋刻字铺刻本
　　国师纪念馆藏

同治丁卯科山西闱墨不分卷
　　清同治六年（1867）山西贡院抡才堂刻本
　　临汾尧都图藏

适龛诗稿 （清）彭相撰
　　清同治七年（1868）山西提学使署刻本　一册

重修名法指掌图四卷 （清）沈稼叟撰，徐灏重订
　　清同治十年（1871）山西文兴书局刻本　四册

史鉴节要便读六卷 （清）鲍东里辑
　　清同治十一年（1872）山右节署刻本
　　省博图藏

山西选拔贡卷不分卷
　　清同治十二年（1873）刻本
　　省博图藏

同治十二年癸酉科山西乡试录
　　清同治十二年（1873）刻本
　　五台张文达藏

山西乡试第五房同门朱卷 （清）锡良编纂
　　清光绪元年（1875）刻本
　　北师大图藏

折狱龟鉴八卷首一卷 （宋）郑克撰
　　清光绪元年（1875）山西湖广会馆刻本
　　万荣图藏

论语类编一卷 （日本）松田东编　　**孟子要略五卷** （宋）朱熹编
　　清光绪二年（1876）山西师范学堂铅印本　一册

光绪丙子科山西乡试朱卷 （清）李知人撰
　　清光绪二年（1876）刻本　一册

共勉录四卷首一卷末一卷 （清）朱福其编
　　清光绪三年（1877）山西学署刻本　一册

元遗山志四卷 （清）樊焕章纂辑
　　清光绪三年（1877）晋省晋魁斋刻本　一册

书经六卷校勘记一卷 （宋）蔡沈集传
　　清光绪五年（1879）山西濬文书局刻本　四册

诗经八卷附校勘记 （宋）朱熹集传
　　清光绪五年（1879）山西濬文书局刻本　四册

春秋公羊传十一卷附校勘记 （汉）何休传（唐）陆德明音义
　　清光绪五年（1879）山西濬文书局刻本
　　太原图藏

春秋谷梁传十二卷附校勘记 （晋）范宁集解（唐）陆德明音义
　　清光绪五年（1879）山西濬文书局刻本
　　太原图藏

大学一卷中庸一卷 （宋）朱熹章句
　　清光绪五年（1879）山西濬文书局刻本
　　阳城图藏

论语十卷
　　清光绪五年（1879）山西濬文书局刻本　一册

存五卷。

孟子七卷 （战国）孟轲撰
　　清光绪五年（1879）山西濬文书局刻本
　　左云图藏

四书集注十九卷附校勘记 （宋）朱熹撰
　　清光绪五年（1879）山西濬文书局刻本　六册

字学举隅一卷 （清）黄本骥增辑
　　清光绪五年（1879）山西濬文书局摹刻本　一册

临文便览二卷 （清）张仰山辑
　　清光绪五年（1879）山西濬文书局摹刻本　一册
　　存一卷。

尔雅三卷 （晋）郭璞注（唐）陆德明音释
　　清光绪五年（1879）山西濬文书局刻本　三册

光绪己卯科乡试同年录
　　清光绪五年（1879）刻本
　　运城河东博藏

王洪绪先生外科证治全集不分卷 （清）王维德辑
　　清光绪五年（1879）山西濬文书局刻本　一册

木郎祈雨咒 （宋）白玉蟾注
　　清光绪五年（1879）山西濬文书局刻本　一册

御纂七经 （清）阎敬铭辑

清光绪六年（1880）山西濬文书局刻本
祁县图藏

十三经读本三百三十三卷
清光绪六年（1880）山西濬文书局刻本　六十六册

周易四卷附校勘记一卷　（宋）程颐注
清光绪六年（1880）山西濬文书局刻本　二册

周易本义四卷筮仪一卷卦歌一卷图说一卷　（宋）程颐注
清光绪六年（1880）山西濬文书局刻本　二册

周礼六卷　（汉）郑玄注（唐）陆德明音义
清光绪六年（1880）山西濬文书局刻本　六册

仪礼十七卷附监本正误一卷　（汉）郑玄注（清）张尔岐句读
清光绪六年（1880）山西濬文书局刻本　六册

春秋三传十六卷附录经传一卷首一卷　（清）万青铨集
清光绪六年（1880）山西濬文书局刻本　十四册

孝经一卷　（唐）李隆基注，陆德明音义
清光绪六年（1880）山西濬文书局刻本　一册

四书读本十九卷图一卷句辨一卷字辨一卷疑字辨一卷　（宋）朱熹集注（清）童棫校补
清光绪六年（1880）山西濬文书局刻本　十二册

尔雅三卷　（晋）郭璞注（唐）陆德明音释
清光绪六年（1880）山西濬文书局刻本　三册

救荒六十策一卷 （清）寄湘渔父辑

清光绪六年（1880）山西濬文书局刻本 一册

植物名实图考三十八卷 （清）吴其濬撰

清光绪六年（1880）山西濬文书局刻本

北师大图、山大图、国图、中国中医科学院图、天津师大图、保定市图、复旦图藏

植物名实图考长编二十二卷 （清）吴其濬撰

清光绪六年（1880）山西濬文书局刻本

临猗图、北师大图、首都图、国图、中国中医科学院图、天津师大图、保定市图、复旦图、云南图藏

唐人万首绝句选七卷 （宋）洪迈原本（清）王士禛选编

清光绪六年（1880）山西濬文书局刻本 二册

格言联璧一卷 （清）金缨辑

清光绪六年（1880）山西濬文书局刻本 一册

诗集传音释二十卷 （宋）朱熹集传（元）许谦音释

清光绪七年（1881）山西濬文书局刻本 六册

觉世正宗省心经十卷 （清）曹鹏龄校

清光绪七年（1881）山西濬文书局刻本 十册

救生船四卷末一卷 （清）梓潼帝君述

清光绪七年（1881）山西濬文书局刻本 四册

渔洋山人古诗选五言诗十七卷七言诗歌行抄十五卷 （清）王士

禛选

  清光绪七年（1881）山西濬文书局刻本　八册

惜抱轩今体诗抄五言九卷七言九卷　（清）姚鼐撰

  清光绪七年（1881）山西濬文书局刻本　四册

周易传义音训八卷首一卷末一卷　（宋）程颐传，朱熹本义，吕祖谦音训

  清光绪八年（1882）山西濬文书局刻本　八册

书传音释六卷首一卷末一卷　（宋）蔡沈集传（元）邹季友音释

  清光绪八年（1882）山西濬文书局刻本　八册

礼记十卷　（元）陈澔集说

  清光绪八年（1882）山西濬文书局刻本

  五台图、太谷图藏

钦定春秋左传读本三十卷　（清）英和撰

  清光绪八年（1882）山西濬文书局刻本　十六册

增修河东盐法备览八卷首一卷　（清）张元鼎纂

  清光绪八年（1882）刻本　十册

晋阳明备录不分卷　（清）绍诚辑

  清光绪八年（1882）山西濬文书局刻本　二册

得一录十六卷　（清）余治编

  清光绪八年（1882）山西濬文书局刻本　八册

古文辞类纂七十四卷　（清）姚鼐辑

清光绪八年（1882）山西濬文书局刻本　十二册

檀氏仪礼韵言塾课藏本不分卷　（清）檀萃撰

清光绪九年（1883）山西濬文书局刻本　二册

说文解字十五卷说文通检十四卷首一卷末一卷　（汉）许慎撰（清）黎永椿编

清光绪九年（1883）山西濬文书局刻本　十二册

佩文诗韵释要五卷　（清）周兆基撰

清光绪九年（1883）山西督学使署刻本

五台图、省博图、太原图藏

国朝汉学师承记八卷国朝宋学渊源记二卷国朝经师经义目录一卷　（清）江藩纂辑

清光绪九年（1883）山西濬文书局刻本　四册

张之洞奏稿二卷　（清）张之洞撰

清光绪九年（1883）稿本

中科院图藏

张之洞，直隶南皮人，清光绪八年至十年（1882—1884）任山西巡抚。此为其任内奏稿。

验方新编十六卷附眼科异授一卷痧书一卷喉证秘集一卷外科证治全生一卷　（清）鲍相璈编

清光绪五年至九年（1879—1883）山西濬文书局刻本　十二册

痧症全书三卷　（清）王凯辑

清光绪九年（1883）山西濬文书局刻本

太谷图藏

咽喉脉证通论一卷
清光绪十年（1884）山西濬文书局刻本　一册

赋学正鹄十卷　（清）李元度辑
清光绪十年（1884）山西濬文书局刻本
太谷图藏

礼记十卷　（元）陈澔集说
清光绪十一年（1885）山西濬文书局刻本
代县图藏

钦定春秋左传读本三十卷　（清）英和等纂
清光绪十一年（1885）山西濬文书局刻本
五台图藏

秋谳辑要六卷　（清）刚毅编
清光绪十二年（1886）山西濬文书局刻本　八册

傅征君男女科全书　（清）傅山撰
清光绪十二年（1886）晋义堂刻本
省博图藏

塾课小题正鹄初集一卷二集一卷三集一卷　（清）李传敏鉴定
清光绪十二年（1886）山西濬文书局刻本　六册

筹济编三十二卷首一卷　（清）杨景仁辑
清光绪十三年（1887）山西濬文书局刻本　八册

大清律例总类不分卷

  清光绪十三年（1887）山西濬文书局刻本　八册

审看拟式四卷首一卷末一卷　（清）刚毅辑

  清光绪十三年（1887）晋阳课吏馆刻本　四册

山西疆域沿革图谱五卷　（清）曾国荃修，王轩、杨笃等纂

  清光绪十三年（1887）刻山西通志单行本

  山师大图、人大图藏

如不及斋制艺　（清）吴鸿恩撰

  清光绪十三年（1887）晋省三元斋刻本

  长治图藏

汉书评林一百卷目录一卷　（明）凌稚隆辑评

  清光绪十四年（1888）山西濬文书局刻本　四十八册

晋政辑要四十卷　（清）刚毅修，安颐、张承雄等纂

  清光绪十四年（1888）刻本　三十二册

近思录辑注十四卷　（宋）朱熹撰（清）江永集注

  清光绪十四年（1888）山西濬文书局刻本　四册

圣谕广训一卷　（清）爱新觉罗·胤禛撰

  清光绪十四年（1888）山西抚署刻本　一册

史记评林一百三十卷首一卷　（明）凌稚隆辑

  清光绪十五年（1889）山西濬文书局刻本　三十六册

光绪己丑恩科山西乡试题名录　（清）豫山等编订

清光绪十五年（1889）刻本
北师大图藏

山右金石记十卷 （清）张煦修，杨笃纂
清光绪十五年（1889）刻《山西通志》单行本　六册

五种遗规不分卷 （清）陈宏谋辑
清光绪十五年（1889）山西濬文书局刻本　二十册

樗茧谱一卷 （清）郑珍纂，莫友芝注
清光绪十五年（1889）山西濬文书局刻本　一册

光绪辛卯科山西武乡试题名录 （清）奎俊编订
清光绪十七年（1891）写本
北师大图藏

山右同官录 （清）山西藩署编
清光绪十七年（1891）征信局活字印本
山大图藏

令德堂章程一卷
清光绪十七年（1891）刻本　一册

喉科得一录一卷 （清）董庆辑
清光绪十七年（1891）晋省北岳庙巷宝翰斋刻字铺刻本　一册

光绪十八年山右同官录不分卷 （清）山西藩署编
清光绪十八年（1892）征信局刻本
北师大图藏

山西疆域沿革图谱五卷 （清）曾国荃修，王轩、杨笃纂
清光绪十八年（1892）刻本　四册

山西通志金石记　（清）张煦修，王轩、杨笃纂
清光绪十八年（1892）刻本
山大图藏

太上感应篇图说　（清）黄正元注
清光绪十八年（1892）山西濬文书局石印本　八册

太上老君清静经图注　王道渊纂图，水精子增注
清光绪十八年（1892）山西三皇庙刻本
临猗图、新绛图藏

晋饥编二卷首一卷
清光绪十九年（1893）刻本　二册

光绪戊戌山西同官录　（清）山西藩署编
清光绪二十年（1894）刻本
山大图藏

令德堂肄业章程
清光绪二十二年（1896）刻本　一册

汉口山陕会馆志二卷　（清）汉口山陕会馆编
清光绪二十二年（1896）汉口山陕会馆石印本
省博图藏

经籍举要一卷　（清）龙启瑞撰，袁昶增订

清光绪二十四年（1898）山西使署刻本　一册

晋儒备考序论一卷濂洛书堂著述卷目一卷　（清）杨廷栋辑
　　清光绪二十四年（1898）山西广文斋刻本
　　临猗图藏

光绪二十四年山西同官录　（清）山西藩署编
　　清光绪二十四年（1898）刻本
　　山大图藏

劝学篇二卷　（清）张之洞撰
　　清光绪二十四年（1898）山西濬文书局刻本　一册

群经蒙求歌略一卷诸史蒙求歌略一卷　（清）黄焱编
　　清光绪二十四年（1898）山西濬文书局刻本　一册

慎疾刍言　（清）徐大春撰
　　清光绪二十四年（1898）山右乔氏石印本　一册

文庙祀位一卷　（清）刘廷琛编
　　清光绪二十五年（1899）山西濬文书局刻本　一册

光绪二十五年山右同官录不分卷　（清）山西藩署编
　　清光绪二十五年（1899）刻本
　　北师大图藏

山右校士录不分卷　（清）钱骏祥辑
　　清光绪二十五年（1899）晋省书业昌石印本　四册

各国度量权衡考一卷　（清）杨模编

清光绪二十五年(1899)山右武备学堂铅印本　一册

山右石刻丛编四十卷　(清)胡聘之编,胡延纂

清光绪二十五年(1899)稿本

南京大学图藏

胡延,四川成都人,受山西巡抚胡聘之之约,具体主持《丛编》事宜,至光绪二十五年(1899)始成此书。

光绪壬午科山西乡试朱卷一卷附同门姓氏　(清)韩昌年辑　**庚子恩科乡试朱卷一卷**

清光绪二十六年(1900)刻本　一册

古文辞类纂三编二十八卷　(清)姚鼐辑

清光绪二十六年(1900)晋省书业昌石印本

太谷图、山大图藏

秋实春华赋集八卷诗集七卷文集二十三卷首一卷　(清)张善勋选

清光绪二十六年(1900)山右德润堂刻本　十六册

光绪庚子辛丑恩正并科山西乡试同年齿录一卷

清光绪二十七年(1901)刻本　一册

另议中西大学堂改为山西大学堂西学专斋合同一卷

清光绪二十七年(1901)刻本　一册

山西学务汇编一卷　(清)山西学务处编

清光绪二十七年(1901)刻本　一册

山右石刻丛编四十卷　(清)胡聘之编

清光绪二十七年（1901）刻本 二十四册

御批历代通鉴辑览一百二十卷 （清）傅恒等编

清光绪二十八年（1902）山西书业德石印本 二十四册

纲鉴会纂三十九卷 （明）王世贞撰

清光绪二十八年（1902）山西书业德石印本

太原图藏

山西乡试闱墨 （清）杨曹鉴定

清光绪二十八年（1902）刻本

山大图藏

山西通省保甲捕盗章程一卷

清光绪二十八年（1902）刻本 一册

山西农务公牍六卷 （清）山西农工总局编

清光绪二十九年（1903）铅印本 三册

历代名将事略 （清）陈光宪撰

清光绪三十年（1904）山西陆军小学堂铅印本

太谷图藏

迈尔通史 （美国）迈尔著（民国）黄鼎、张在新译

清光绪三十一年（1905）上海山西大学堂译书院铅印本

浙江图藏

无机化学二卷首一卷末一卷 （清）徐鸿宝等编

清光绪三十一年（1905）山西大学堂活版部石印本

稷山图藏

克洛特加龙省天演学 （英）克洛特著（民国）黄鼎、范熙祥译述

清光绪三十一年（1905）上海山西大学堂译书院铅印本

天津图藏

初定山西中小学堂应用书目一卷

清光绪三十二年（1906）山西大学堂铅印本　一册

最新天文图志 （英）希特著（清）叶青译

清光绪三十二年（1906）上海山西大学译书院铅印本

省博图藏

宫闱艳集六卷 （清）唐桂辑

清光绪三十二年（1906）山西濬文书局铅印本　一册

山西师范学堂章程 山西师范学堂订

清光绪三十三年（1907）山西师范学堂铅印本　一册

植物学教科书 （日本）大渡忠太郎著，西师意译述（民国）许家惺校订

清光绪三十三年（1907）山西大学堂译书院铅印本

省博图藏

博物学一卷 （清）杜就田编译

清光绪三十三年（1907）山西师范学堂铅印本

临猗图藏

山西矿务档案　李庆芳编

　　清光绪三十三年（1907）日本东京山西同乡会事务所排印本
　　山大图藏

学部第一次审定高等小学暂同书目一卷

　　清光绪三十三年（1907）山西濬文书局铅印本　一册

东塾读书记二十五卷　（清）陈澧撰

　　清光绪三十四年（1908）山西师范学院铅印本　五册

俄国近史二十卷　（法）兰波著，苏本铫译述（民国）夏曾佑、许家惺校阅

　　清光绪三十四年（1908）上海山西大学堂译书院铅印本
　　浙江图、北大图、天津图藏

世界名人传略　（英国）张伯尔著（民国）窦安乐、黄鼎等译

　　清光绪三十四年（1908）上海山西大学堂译书院铅印本
　　省博图藏

山右同官录　（清）山西藩署编

　　清光绪三十四年（1908）山西濬文书局铅印本
　　省博图、太原图藏

富国策三卷　（美国）丁韪良撰（清）汪凤藻编译

　　清光绪三十四年（1908）山西大学堂西斋刻本　三册

井矿工程三卷　（英国）白尔捺辑，傅兰雅口译（清）王树善笔述

　　清光绪三十四年（1908）山西大学堂西斋刻本　二册

唐山旅行记五章 （清）王庆祚撰

清光绪三十四年（1908）山西大学堂西斋铅印本 一册

周礼节训六卷 （清）黄叔琳辑注

清光绪山西濬文书局铅印本 二册

春秋左传句解汇隽六卷 （清）韩荄重订

清光绪太原令德堂刻本

代县图藏

春秋谷梁传十二卷附校勘记 （晋）范宁集解（唐）陆德明音义

清光绪山西濬文书局刻本

代县图藏

光绪戊子科山西乡试朱卷一卷 （清）王汝桢撰

清光绪刻本 一册

光绪己丑恩科山西武乡试题名录

清光绪朱丝栏抄本

北师大图藏

大清刑律草案附律目考一编十七章二编三十六章 （清）沈家本编

清光绪山西濬文书局铅印本 三册

山西调查局法制科第一股调查条目

清光绪山西调查局铅印本 一册

可仪堂一百二十名家制义四十八卷 （清）俞长城辑

清光绪令德堂据可仪堂版重印本

祁县图、太原图藏

周官大义一卷 （清）段洙编
清宣统元年（1909）山西大学堂铅印本 一册

旅京晋学堂章程 （清）狄楼海撰
清宣统元年（1909）铅印本 一册

续增河东盐法备览三卷 （清）宝棻修，姚楷纂
清宣统元年（1909）刻本 三册

学部奏咨辑要续编四卷
清宣统元年（1909）山西濬文书局刻本
太谷图藏

奏定城镇乡地方自治并选举章程一卷 （清）奕劻拟定
清宣统元年（1909）山西谘议局铅印本 一册

山西文水县聚众滋事始末记一卷
清宣统二年（1910）山西濬文书局铅印本 一册

最近实验单级教授法 （日）朝仓政行撰，马光裕译
清宣统二年（1910）山西濬文书局铅印本 一册

山西谘议局第一届常年会议决案 （清）山西省谘议局编
清宣统二年（1910）石印本
山大图藏

求是斋公牍汇存八卷盐务六卷署梟公牍一卷附模范监狱章程一卷
（清）陈际唐撰

清宣统二年（1910）山西濬文书局排印本

河津图藏

二妙集　（金）段成己、段克己撰（清）段德谦编

清宣统二年（1910）山西濬文书局刻本

太原图藏

宣统三年山右同官录不分卷　（清）山西藩署编

清宣统三年（1911）山西濬文书局排印本

国图藏

山西全省财政说明书八种　（清）山西清理财政局编

清宣统三年（1911）铅印本

山大图、太原图藏

宣统三年山西岁出入预算总册表一卷

清宣统三年（1911）写本　一册

博物学讲义　（日本）箕作佳吉著，柯璜译

清宣统三年（1911）晋新书社铅印本

省博图藏

艺概六卷　（清）刘熙载撰

清宣统三年（1911）山西两级师范学堂铅印本　二册

霜红龛集四十卷附录三卷年谱一卷　（清）傅山撰，丁宝铨编

清宣统三年（1911）丁氏刻本　十二册

李菊圃先生遗文　（清）冯济川辑

清宣统三年（1911）晋新书社铅印本
山农大图藏

山西全省各府厅州县地方经理各款说明书 （清）山西清理财政局编

清宣统山西清理财政局铅印本
万荣图藏

四书章句集注十九卷 （宋）朱熹撰

清太原令德堂刻本
长治图藏

经书字音辨要九卷 （清）杨名飏辑

清太原令德堂刻本 二册

山西通省正印官员简明履历册一卷

清抄本
山东图藏

晋阳书院严申约束告示

清太原令德堂刻本
祁县民俗博藏

奏定京内官制全案一卷

清山西濬文书局铅印本 一册

天文地理歌略 （清）叶澜、叶瀚撰

清山西濬文书局刻本 一册

明夷待访录一卷 （清）黄宗羲撰
  清末山西大学堂印书局铅印本　一册

三字经　（宋）王应麟撰
  清山西濬文书局刻本
  太谷图藏

千字文　（梁）周兴嗣撰
  清山西濬文书局刻本
  太谷图藏

弟子规不分卷　（清）李子潜撰
  清晋文斋刻本
  稷山图藏

简易识字课本
  清山西官书局石印本
  祁县民俗博藏

傅青主女科二卷附产后编二卷　（清）傅山撰
  清山西兴文斋葛英繁刻本
  镇江市图藏

宋诗别裁八卷　（清）姚培谦辑
  清太原令德堂刻本　六册

古唐诗合解唐诗十二卷古诗四卷　（清）王尧衢注
  清太原令德堂刻本
  太谷图、稷山图藏

国初山右四家文抄十一卷 （清）刘飞辑
　　清晋阳书院刻本　六册

二妙集八卷逸文一卷 （金）段克己、段成己撰
　　清山西濬文书局铅印本
　　山大图藏

分类文腋八卷 （清）李桢选，李炜批注
　　清太原令德堂刻本　八册

古文快笔贯通解三卷 （清）杭永年评解
　　清太原令德堂刻本　四册

藜照堂临池新编四卷 （清）刘昭辑
　　清太原令德堂刻本
　　祁县中学藏

太原

金刚般若波罗蜜经 （后秦）释鸠摩罗什译
　　清顺治十一年（1654）傅山写本
　　太谷图藏

霜红龛家训一卷 （清）傅山撰
　　清顺治、康熙间稿本
　　中科院图藏

淮南子评注 （清）傅山撰
　　清顺治、康熙间稿本

省博图藏

傅征君真草墨迹 （清）傅山书
　　清顺治、康熙间稿本　二册

傅山真迹 （清）傅山书
　　清顺治、康熙间稿本　一册

太原段帖不分卷 （清）傅山撰
　　清顺治、康熙间稿本
　　省博图藏

傅青主先生稿本 （清）傅山撰
　　清顺治、康熙间稿本　一册

南华经 （战国）庄周撰
　　清顺治、康熙间傅山抄本
　　省博图藏

傅青主诗文稿一卷 （清）傅山撰
　　清顺治、康熙间稿本
　　省博图藏
　　有董寿平跋。

哭子诗一卷 （清）傅山撰
　　清顺治、康熙间稿本
　　省博图藏

西汉书姓名韵 （清）傅山撰

清阳曲傅眉、傅仁抄本

省博图藏

东汉书姓名韵 （清）傅山撰

清阳曲傅眉、傅仁抄本

省博图藏

集沙门不应拜俗等事六卷 （唐）释彦悰纂录 **十门辨惑论二卷**
（唐）释复礼撰 **破邪论二卷** （唐）释法琳撰

清康熙十四年（1675）阳曲王氏刻本 十册

斩鬼传五卷十回（又名第九才子书平鬼传） （清）刘璋撰

清康熙二十七年（1688）稿本

北大图藏

情中义传奇二卷 无名氏撰

清初太原王氏曲局写本

浙江图藏

天宫宝传奇二卷 无名氏撰

清初太原王氏曲局写本

浙江图藏

傅青主先生尺牍一卷 （清）傅山书 **傅眉手札** （清）傅眉书

清康熙、雍正、乾隆间稿本 一册

四书释地一卷续一卷又续二卷三续一卷 （清）阎若璩撰

清乾隆八年（1743）阎氏眷西堂刻本

省博图、国图、天津图、黑龙江图藏

尚书古文疏证八卷 （清）阎若璩撰 **朱子古文书疑一卷** （清）阎咏撰

  清乾隆十年（1745）阎学林眷西堂刻本　十二册

潜丘札记六卷 （清）阎若璩撰 **左汾近稿一卷** （清）阎咏撰

  清乾隆十年（1745）阎学林眷西堂刻本　六册

薛文清公读书录十卷 （明）薛瑄撰

  清乾隆十一年（1746）晋阳刻本

  临猗图藏

霜红龛集十二卷 （清）傅山撰 **我诗集六卷** （清）傅眉撰 **附录一卷** （清）袁继咸撰

  清乾隆十二年（1747）阳曲张耀先生生堂刻本　四册

我诗集六卷 （清）傅眉撰

  清乾隆十二年（1747）阳曲张耀先刻本　一册

刻天仙正理直论增注不分卷 （明）伍守阳撰并注，伍守虚注

  清康熙五十八年（1719）谢嗣芳等姑苏老君刻乾隆二十九年（1764）晋阳申兆定补刻本

  江西图藏

原李耳载二卷 （明）李中馥撰

  清乾隆三十二年（1767）太原李青房慎思堂刻本　一册

太原王氏家谱二十卷首一卷末一卷 （清）王奕组、王言廷纂修

  清乾隆三十六年（1771）家刻本

  国图藏

晋祠全景序晋祠八景诗　（清）杨二酉撰
　　清乾隆四十二年（1777）稿本
　　太谷图藏

折霄山稿一卷　（清）折遇兰撰，纪昀评
　　清乾隆四十九年（1784）阳曲折氏看云山房刻本　四册

四书释地一卷续一卷又续二卷三续一卷　（清）阎若璩撰
　　清乾隆五十二年（1787）眷西堂刻本　四册

杨二酉先生墨迹　（清）杨二酉书
　　清乾隆稿本　一册

增订敬信录图说一卷　（清）许啸亭辑
　　清嘉庆四年（1799）太原永兴斋刻本　一册

晋阳唐氏宗谱　（清）唐氏族人修
　　清嘉庆十一年（1806）写本
　　太原唐氏后人唐思辰藏

寄闲堂诗集八卷附东溪先生诗一卷东村先生诗一卷　（清）明德撰，法式善编
　　清嘉庆十三年（1808）清徐乔氏强恕堂刻本
　　山大图、国图藏

绘像丹桂籍　（宋）陈东撰
　　清嘉庆十五年（1810）太原文兴斋重刻本
　　省博图藏

看云山房诗草二卷 （清）折遇兰撰
    清嘉庆十七年（1812）阳曲折氏看云山房刻本　二册

琈玗山房诗稿四卷 （清）王志湉撰
    清嘉庆二十三年（1818）并州刻本
    省博图藏

文中子中说十卷 （隋）王通撰（宋）阮逸注
    清道光二年（1822）阳曲阎士骧力恕堂刻本　四册

鹤舫诗抄二卷 （清）张映宿撰
    清道光三年（1823）阳曲张氏刻本　一册

内经知要二卷 （清）李念茂辑
    清道光五年（1825）晋阳存心堂刻本
    临猗图藏

琈玗山房诗集八卷补遗一卷附唱和诗一卷 （清）王志湉撰
    清道光七年（1827）并州刻本
    省博图藏

槐堂杂咏一卷杂文一卷 （清）阎士骧撰
    清道光七年（1827）阳曲阎氏力恕堂刻本　一册

阴骘文诗
    清道光十二年（1832）太原靴巷街晋魁斋刻本
    临汾尧都图藏

赐绮堂诗集二卷续集二卷 （清）苏于沛撰

清道光二十年（1840）徐沟苏氏刻本　四册

农政全书六十卷　（明）徐光启撰

清道光二十三年（1843）太原王氏曙海楼刻本　二十四册

清源北营村王氏谱二卷　（清）清源王氏后裔修

清道光二十六年（1846）抄本

清徐王氏十六代孙王铸恭、王铁成藏

说文释例二十卷　（清）王筠撰

清道光二十八年（1848）安丘王筠徐沟刻本

山东图藏

赐绮堂续集二卷　（清）苏于沛撰

清道光晋阳刻本

临猗图藏

霜红龛手迹辑录　（清）傅山撰，张廷鉴辑抄

清道光阳曲张廷鉴抄本

太原图藏

论法指南不分卷　（清）宋海波等编

清咸丰二年（1852）晋太庆文斋刻本

临汾尧都图藏

太上感应篇集注

清咸丰七年（1857）太原合永兴斋刻本　一册

新镌文法反约四卷首一卷　（清）郝钟秀纂辑

清同治三年（1864）太原郝氏耕心书屋刻本　五册

一溉亭诗抄一卷附怡园诗抄一卷　（清）田锐撰

清同治十年（1871）太原田氏刻本

河津图藏

乔氏载记二卷　（清）乔松年撰

清同治十一年（1872）家刻本

国图藏

清源罗氏家谱　（清）罗九鼎等纂修

清同治十一年（1872）刻本

沁县个人藏

萝藦亭札记八卷　（清）乔松年撰

清同治十二年（1873）家刻本　五册

惜抱轩尺牍一卷　（清）姚鼐撰

清同治十二年（1873）并州刻本

阳城图藏

徐沟乔氏家谱　（清）乔人杰修，乔松年续修

清同治十三年（1874）乔松年写刻本

清徐县郝村乔氏后人藏

鹤侪诗存不分卷　（清）乔松年撰

清咸丰、同治年间稿本

国图藏

清代编　105

论语浅解四卷 （清）乔松年撰

　　清光绪三年（1877）徐沟乔氏强恕堂刻本　四册

纬捃十四卷 （清）乔松年辑

　　清光绪三年（1877）徐沟乔氏强恕堂刻本　八册

乔勤恪公全集 （清）乔松年撰

　　清光绪三年（1877）徐沟乔氏强恕堂刻本

　　国图藏

阳曲大方山吴氏家史 （清）吴世选续修

　　清光绪四年（1878）刻本

　　阳曲县志办藏

声调前谱一卷后谱一卷续谱一卷 （清）赵执信撰

　　清光绪四年（1878）太原文渊书社石印本　一册

十七史商榷一百卷 （清）王鸣盛撰

　　清光绪六年（1880）太原王氏刻本

　　山大图藏

雪虚声堂诗抄三卷 （清）杨深秀撰

　　清光绪七年（1881）太原刻本　一册

倚月楼词稿四卷 （清）周天麟撰　**月楼琴语一卷** （清）萧恒贞撰

　　清光绪七年（1881）并门（即并州）周氏刻本

　　太原图、山师大图藏

蕉窗呓语续集不分卷 （清）汪丙新撰

清光绪九年（1883）并州王氏刻本 二册

双红豆馆词抄四卷 （清）周惺然撰

清光绪九年（1883）晋阳刻本

山大图藏

史鉴节要便读六卷 （清）鲍东里撰

清光绪十年（1884）并垣毋自欺书屋刻本 二册

太原李氏家谱 （清）李锦修

清光绪十年（1884）写本

太原小店档藏

徐沟史家社村乔氏家谱 （清）乔氏后人修

清光绪十一年（1885）写本

清徐县史家社村乔万章藏

周易学一卷 （清）沈梦兰撰

清光绪十三年（1887）太原刻本

省博图藏

周礼学一卷 （清）沈梦兰撰

清光绪十三年（1887）太原刻本

省博图藏

五省沟洫图说一卷补录一卷 （清）沈梦兰撰

清光绪十三年（1887）太原刻本

省博图藏

数度衍二十三卷首三卷 （清）方中通撰
　　清光绪十六年（1890）太原王氏成都刻本　十二册

太原府阳曲县丈清地粮图说四卷首一卷
　　清光绪十八年（1892）阳曲县署刻本　四册

阳曲南社村郭氏家谱　（清）郭清修
　　清光绪十九年（1893）写本
　　阳曲县高村乡南社村郭忠和藏

山西乡试朱卷　（清）金应豫撰
　　清光绪十九年（1893）太原金氏刻本
　　省博图藏

成介愍公集一卷　（明）成德撰
　　清光绪十九年（1893）晋阳皖北石氏刻本　一册

太原傅科二卷　（清）傅山撰
　　清光绪二十年（1894）京都阳曲龙光斋穆氏刻本
　　中国中医科学院图藏

太上感应篇
　　清光绪二十年（1894）晋省剪子巷北口会文斋刻本
　　个人收藏

乙未公车日记四卷（清光绪二十一年一月二十二日至五月六日）
刘大鹏撰
　　清光绪二十一年（1895）稿本　二册

关帝明圣经一卷

  清光绪二十八年（1902）山西省城晋魁斋刻本　一册

高王观世音经

  清光绪二十八年（1902）晋省靴巷晋元斋刻字铺刻本

  山农大图藏

梓桥公车日记四卷（清光绪二十九年三月二十五日至四月十一日）
刘大鹏撰

  清光绪二十九年（1903）稿本　二册

徐沟集义村李氏家谱　撰人未详

  清光绪三十一年（1905）手抄本

  清徐县李氏后裔李学林藏

傅青主男女科　（清）傅山撰

  清光绪三十一年（1905）阳曲王氏刻本

  北医大图藏

晋祠志四十二卷首一卷　刘大鹏纂修

  清光绪三十二年（1906）稿本　十二册

游绵山记二卷　刘大鹏撰

  清光绪三十四年（1908）太原赤桥村刘氏稿本　一册

复初斋诗录　（清）翁方纲撰

  清光绪三十四年（1908）并州常赞春抄本　四册

阳曲郭氏家谱　（清）郭氏后裔修

清光绪写本

阳曲县泥屯镇白家社村郭文式藏

山西学务汇编一卷

清光绪太原活字印本 一册

百怍斋文集二卷 （清）朱镐撰

清宣统元年（1909）太原撷华石印馆石印本 一册

韩祖成仙宝传

清宣统三年（1911）晋阳德因堂刻本

新绛图藏

太原王氏家谱二十八卷首一卷末一卷 （清）王熙桂纂修

清宣统刻本 三十册

五经白文二十一卷

清阳曲县学附生马升豫抄本

太原图藏

虚字辑谈 常赞春撰

清太原文渊书社石印本

祁县图藏

太原郡王氏家谱 （清）王殿宰修

清抄本 一册

太原王氏族谱 （清）王成名等纂修

清太原堂木活字本

上海图藏

清源罗氏家谱 （清）罗树兰、罗其瑞修
清石印本
祁县民俗博藏

阳曲青龙镇南甲一支王氏族谱 （清）王氏族人修
清写本
阳曲县志办藏

阳曲张映宿行述 （清）张廷鉴述
清末刻本 一册

阳曲丈清地粮图册
清刻本 一册

农政全书六十卷 （明）徐光启撰
清上海太原氏刻本
万荣图藏
缺十五卷（卷一至十五），存四十五卷（卷十六至六十）。

张月斋急就章 （清）张穆书
清太原贾氏家塾刻本 一册

梵纲经 （后秦）鸠摩罗什译
清太原府瓜厂千寿寺刻本
偏关博藏

洞天奥旨十六卷附经络图 （清）陈士铎撰，陶式玉评

清太原成文斋石印本　六册

退想斋日记不分卷（清光绪十七年十二月三十一日至民国三十一年八月二十五日）　刘大鹏撰

清光绪至民国年间稿本　四十三册

缺光绪二十五至二十六年，宣统元年至三年，民国元年、九年、十三年、十四年、二十四年日记。

大同

恒岳志三卷　（清）张崇德纂修

清顺治十八年（1661）刻本

中科院图、上海图藏

恒山志五卷　（清）桂敬顺纂修

清乾隆二十八年（1763）刻本　五册

恒山志五卷　（清）桂敬顺纂修

清嘉庆二十四年（1819）刻本　五册

吕子遗书去伪斋集十卷呻吟语六卷实政录七卷附录一卷
（明）吕坤撰

清道光七年（1827）浑源栗毓美刻本

太原图藏

省图有残本。

道光乙未恩科顺天乡试朱卷　（清）栗燿撰

清道光十五年（1835）浑源栗氏刻本

五台张文达藏

栗恭勤公行述一卷（又名茂园行述） （清）栗烜、栗燿撰

清道光浑源栗氏家刻本

山大图、国图藏

太上感应篇

清咸丰八年（1858）大同鼓楼东街李刻字铺刻本 二册

恒山志四卷首一卷 （清）桂敬顺纂修 **恒山续志不分卷** （清）贺澍恩修

清光绪五年（1879）刻本 六册

农桑备要四卷附井利图说一卷 （清）刘青藜辑

清光绪二十一年（1895）三原知县大同李青藜刻、刘光贲重印本

山大图藏

无为斋诗集二卷词抄一卷 （清）张昭潜撰

清光绪三十三年（1907）平城李翰卿、韩晋昌、毛广孚济南刻本

山东图藏

阳泉

瀑音三卷 （清）苗蕃撰

清康熙四年（1665）平定苗氏自刻本

国图藏

清代编 113

存焚集不分卷 （清）张恩撰

　　清康熙五十年（1711）石艾（今平定县）张氏刻本　一册

王石和文七卷 （清）王珵撰

　　清雍正七年（1729）盂县王氏培风斋刻本

　　山大图、祁县图藏

王石和文八卷 （清）王珵撰

　　清雍正七年（1729）盂县王氏培风斋刻本乾隆二年（1737）补刻本

　　山师大图藏

王石和文九卷 （清）王珵撰

　　清雍正七年（1729）盂县王氏培风斋刻乾隆六年（1741）补刻本　四册

陆宣公翰苑集注二十四卷 （唐）陆贽撰

　　清乾隆张佩芳刻本民国重印本

　　山大图藏

平定南坳村冯氏家谱 （清）冯怀仁修，冯正华续修

　　清嘉庆八年（1803）写本

　　平定县南坳村冯建忠藏

平定刘氏族谱 （清）刘灿、刘得义纂修

　　清嘉庆十年（1805）刻本

　　人大图藏

平定陆氏家谱 （清）陆庆云、陆正光等纂修

清嘉庆十九年（1814）刻本

平定县志办藏

张月斋先生书册 （清）张穆书

清道光五年（1825）写本 一册

平定董氏族谱四卷附一卷 （清）董体元纂修

清道光十四年（1834）梦花草堂刻本

人大图藏

秘书监志 （清）张穆辑

清道光二十三年（1843）平定张穆抄本（抄自《永乐大典》）

上海图藏

先大父泗州府君事辑一卷 （清）张穆编

清道光二十六年（1846）张氏家刻本 一册

平定窦氏族谱 （清）窦开惠、窦峨续修

清道光二十七年（1847）刻本

平定县志办藏

希音堂集六卷 （清）张佩芳撰

清道光二十七年（1847）平定张氏刻本

国图藏

平定张氏族谱 （清）张文选纂修

清道光二十八年（1848）刻本

国图、人大图、辽宁图藏

清代编 115

道光己酉科山西选拔贡卷　（清）李德亨撰
　　清道光二十九年（1849）盂县李氏刻本
　　五台张文达藏

遗山先生文集四十卷附录一卷　（金）元好问撰（元）张德辉类次
　　清道光三十年（1850）张穆刻本之底本
　　祁县图藏
　　存三十六卷（卷六至四十，附录一卷）。半页十行，行二十字。粗黑口，左右双边。此书通书有张穆朱笔批校，卷十五前有浮签，朱笔题跋云："遗山先生集卷第十五／元张德辉颐斋类次、平定后学张穆硕州校梓／宏词／章宗皇帝。""宏词添一行／题皆低二格写／以下同。"书中批校多关改版之辞，考诸道光三十年张穆刻本，皆合，则为张氏刻元集之底本可知也。（参见祁县图书馆《第六批国家珍贵古籍名录申报书》）

元遗山先生全集四十卷首一卷新乐府四卷续夷坚志四卷　（金）元好问撰（元）张德辉类次　**附录一卷**　（清）储瓘辑　**补载一卷凌辑年谱二卷翁辑年谱一卷施辑年谱一卷**　（清）张穆校
　　清道光三十年（1850）平定张穆阳泉山庄刻本　十六册

元遗山先生年谱二卷　（清）凌廷堪编，张穆校
　　清道光平定张穆写本
　　中科院图藏

皇朝藩部要略十八卷　（清）祁韵士纂
　　清道光张穆抄改本

国图藏

汉石佚存表一卷 （清）张穆撰

清道光稿本

国图藏

张石州所藏书籍总目 （清）张穆编

清道光稿本

国图藏

张石州先生墨迹 （清）张穆书

清道光稿本 一册

秋涧先生大全文集一百卷 （元）王恽撰

清道光张穆家抄本

湖南图藏

存二十七卷。

平定潘氏合谱一卷 （清）潘祖耀等纂修

清咸丰七年（1857）刻本

人大图藏

平定张氏族谱 （清）张学鲁等修

清咸丰七年（1857）刻本

国图藏

平定陆氏家谱 （清）陆庆云、陆正光等纂修，后人续修

清咸丰十一年（1861）刻本

平定县陆氏后裔藏

清代编 117

平定蔡氏族谱 （清）蔡子壁纂修
　　清咸丰刻本
　　人大图藏

平定晋氏族谱 （清）晋荣如纂修
　　清同治八年（1869）刻本
　　人大图藏

青山书屋诗稿一卷 （清）曹汝愚撰
　　清同治八年（1869）平定曹氏家刻本　一册

同治庚午科山西乡试朱卷 （清）吴锡钊撰
　　清同治九年（1870）盂县吴氏刻本
　　五台张文达藏

勿斋自订年谱一卷 （清）陈士枚撰，陈荩章续录
　　清同治家刻本
　　国图藏

平定郗氏族谱 （清）郗缙、郗书秀纂修
　　清光绪二年（1876）郗氏抄本
　　平定县个人藏

光绪己丑恩科山西乡试朱卷 （清）吴养初撰
　　清光绪十五年（1889）盂县吴氏刻本
　　五台张文达藏

平定窦氏族谱 （清）窦志黔等纂修
　　清光绪二十三年（1897）刻本

人大图藏

阳泉张氏族谱 （清）张九章纂修
清光绪二十五年（1899）刻本
阳泉图藏

平定陆氏家谱 （清）陆庆云、陆正光等纂修
清稿本
平定县志办藏

长治

朱氏痘诊全书一卷 （明）朱禄撰 **痘科类编释意三卷** （明）翟良撰
清雍正十一年（1833）三晋武乡少尹署抄本
江西图藏

山海漫谈五卷 （明）任环撰
清乾隆二十二年（1757）长治庚玥乐天园刻本 三册

培凤集四卷首一卷 （清）沈德潜评定，任云锦辑
清乾隆二十五年（1760）上党宋溥渊刻本
山大图藏

吴诗集览二十卷吴诗补注二十卷谈薮二卷 （清）吴伟业撰，靳荣藩补注
清乾隆三十五年（1770）黎城靳氏凌云亭刻本
太原图、国图藏

吴诗谈薮二卷拾遗一卷　（清）吴伟业撰，靳荣藩辑
　　清乾隆三十五年（1770）黎城靳氏凌云亭刻本　一册

吴诗集览二十卷首一卷　（清）吴伟业撰，靳荣藩补注
　　清乾隆四十年（1775）黎城靳氏凌云亭刻本　十五册

绿溪诗四卷　（清）靳荣藩撰
　　清乾隆四十二年（1777）刻绿溪全集本　一册

咏史偶稿　（清）靳荣藩撰
　　清乾隆四十二年（1777）刻绿溪全集本　一册

吴诗集览二十卷吴诗补注二十卷谈薮二卷拾遗一卷　（清）吴伟业撰，靳荣藩补注
　　清乾隆四十六年（1781）黎城靳氏凌云亭刻本　二十四册

绿溪全集五种八卷　（清）靳荣藩撰
　　清乾隆十九年至四十九年（1754—1784）黎城靳氏凌云亭刻本
　　山大图、浙江图藏

五功释义一卷　（清）刘智纂述
　　清嘉庆十五年（1810）上党清真寺刻本　一册

乐山堂稿二卷　（清）王崧撰
　　清嘉庆十五年（1810）武乡李企英等刻本
　　云南图藏

乐山集三卷　（清）王崧撰

清嘉庆十九年（1814）武乡李企英等刻本

云南图藏

说纬一卷乐山集一卷 （清）王崧撰

清嘉庆二十三年（1818）武乡李企英刻本　二册

三立祠传二卷 （明）袁继咸撰（清）刘梅重辑，和其衷编

清嘉庆二十三年（1818）武乡李企英补刻本　四册

山海漫谈三卷附录二卷 （明）任环撰

清道光四年（1824）上党申瑶刻本

国图藏

程司空六子谱 （清）程林宗修纂

清道光五年（1825）武乡程氏麟趾堂刻本

武乡县河北村刘德柱藏

吴诗集览二十卷 （清）吴伟业撰，靳荣藩补注

清道光七年（1827）黎城靳氏凌云亭刻本　十二册

潞安诗抄前编四卷 （清）程之珆辑，常煜纂订

清道光十九年（1839）长治常氏寡过未能斋刻本　四册

潞安诗抄后编十二卷 （清）常煜辑

清道光十九年（1839）长治常氏寡过未能斋刻本　六册

介山文编二卷 （清）程林宗撰

清道光十九年（1839）武乡程氏麟趾堂刻本　二册

沁县东山赵氏家谱 （清）赵名世纂修

清道光二十一年（1841）抄本

沁县个人藏

惊邻诗草二卷 （清）程林宗撰

清道光二十六年（1846）武乡程氏麟趾堂刻本 二册

艳雪堂诗集四卷 （清）张晋撰

清咸丰元年（1851）长子县学署刻本 四册

倚云山房文集二卷试帖二卷南游吟草四卷 （清）王发越撰

清咸丰三年（1853）黎城王氏刻本 六册

读易易知三卷 （清）黄寅阶撰

清同治十二年（1873）长治常氏寡过未能斋刻本

临猗图藏

国朝三晋翰院谏院题名录不分卷 （清）梁中靖编，郭从矩补辑

清光绪四年（1878）长治郭从矩刻本

山大图藏

新镌韩祖成仙宝传二十四回

清光绪十九年（1893）壶关县东南乡罗东掌村杨广积堂刻本 一册

存十四回。

绿溪初稿一卷咏史偶稿一卷 （清）靳荣藩撰

清光绪二十三年（1897）黎城麦仓村靳氏后乐园刻本

运城盐湖图藏

救世金丹四卷
　　清光绪二十四年（1898）沁源葛氏印书局刻本　四册

崇祀汇编二卷　（清）范士熊辑，钮增垚补
　　稿本
　　国图藏

晋城

容安斋苏谭七卷　（明）白胤昌撰
　　清康熙元年（1662）阳城白胤谦刻本
　　国图、清华图藏

樃山大云寺志二卷　（清）张鎔辑
　　清康熙六年（1667）沁水刻本　二册

幔坡诗抄不分卷　（清）田六善撰
　　清康熙二十四年（1685）阳城田氏刻本　一册

青溪遗稿二十八卷　（清）程正揆撰
　　清康熙三十二年（1693）阳城吴琠刻本
　　中科院图、天津图藏

西北文集四卷　（清）毕振姬撰
　　清康熙三十三年（1694）之前高平牛兆捷刻本
　　祁县图藏
　　牛兆捷系毕振姬门生，牛兆捷病逝于康熙三十三年。

池北偶谈二十六卷　（清）王士禛撰

清康熙三十九年（1700）高都（今泽州县）王廷抡福建临汀郡署刻本

山东图、浙江图、宁波市图、嘉兴市图、浙江嵊州图、义乌市图藏

泊水斋文钞三卷　（明）张慎言撰

清康熙三十九年（1700）阳城张茂生刻本

祁县图藏

午亭文编五十卷　（清）陈廷敬撰，林佶辑录

清康熙四十七年（1708）林佶写刻康熙五十八年（1719）阳城陈壮履补刻乾隆四十年（1775）印本

祁县中学藏

赐书楼峣山集六卷　（清）田从典撰

清康熙六十一年（1722）阳城田懋赐书楼刻本　二册

五思集题词　（清）张茂生撰

清康熙阳城张氏稿本　一册

峣山集四卷补刻一卷两论学庸二卷诗集一卷　（清）田从典撰

清康熙、雍正间阳城田氏赐书楼刻本　五册

峣山集四卷　（清）田从典撰

清雍正九年（1731）阳城田懋赐书楼刻本　四册

赐书楼峣山集四卷诗集一卷补刻一卷　（清）田从典撰

清雍正九年（1731）阳城田懋赐书楼刻本　二册

毕坚毅先生文集六卷 （清）毕振姬撰

　　清雍正十三年（1735）高平司昌龄抄本

　　中科院图藏

毕坚毅先生四州文献四卷 （清）毕振姬撰

　　清雍正高平司昌龄摘抄本

　　北大图藏

郝文忠公陵川文集三十九卷首一卷 （元）郝经撰　**附录一卷**
（明）宋濂撰　**年谱一卷**　（清）张耆撰，王缪辑

　　清乾隆三年（1738）凤台王缪写刻本　十册

垂棘山房印谱不分卷 （清）梁登庸摹刻

　　清乾隆二十年（1755）高都（今泽州县）梁氏刻本　六册

慈悲道场忏法十卷 （南朝梁）释宝志撰

　　清乾隆二十年（1755）陵川龙岩寺刻本

　　临猗图藏

郝文忠公陵川文集三十九卷首一卷 （元）郝经撰（清）王缪辑

　　清乾隆三年（1738）凤台王缪写刻本嘉庆三年（1798）补刻印本

　　山师大图藏

葛端肃公家训二卷 （明）葛守礼撰

　　清嘉庆七年（1802）葛周玉长平（今高平市）官署刻本

　　国图藏

仪礼注疏五十卷 （汉）郑玄注（唐）贾公彦等疏

清嘉庆十一年（1806）阳城张敦仁刻本

复旦图、广西图藏

仪礼要义五十卷 （宋）魏了翁撰

清嘉庆十一年（1806）张敦仁家抄本

国图藏

清张敦仁校跋，并录严元照、顾广圻题识。

礼记二十卷抚本礼记郑注考异二卷 （汉）郑玄注（清）张敦仁考异

清嘉庆十一年（1806）阳城张氏影宋淳熙四年（1177）抚州公使库刻本　十二册

释拜一卷 （清）段玉裁撰

清嘉庆十二年（1807）阳城张敦仁刻本　一册

盐铁论十卷附考证 （汉）桓宽撰

清嘉庆十二年（1807）阳城张敦仁刻本

省委党校图藏

鸿爪集诗二卷词一卷文一卷书禀一卷附一卷 （清）郭维翰撰

清嘉庆十五年（1810）凤台李氏刻本

运城盐湖图藏

艳雪堂诗集四卷 （清）张晋撰

清嘉庆十六年（1811）阳城延君寿刻本

山大图藏

毛诗稽古编三十卷 （清）陈启源撰

清嘉庆张敦仁校抄本

国图藏

松溪诗稿一卷 （清）李毅撰

清嘉庆阳城延君寿六砚草堂刻本　一册

严永思先生通鉴补正略三卷 （明）严衍撰（清）张敦仁辑

清道光四年（1824）阳城张敦仁刻本　四册

六砚草堂诗集四卷 （清）延君寿撰

清道光六年（1826）之前阳城延氏稿本

晋城城区图藏

六砚草堂诗集四卷（又名樗园集） （清）延君寿撰

清道光六年（1826）阳城日新书社刻本　四册

傅青主女科二卷附产后篇二卷 （清）傅山撰，祁尔诚批注

清道光十一年（1831）泽州祁尔诚刻本

省中医院图、中国医学科学院图藏

祁顷奏稿一卷 （清）祁顷撰

清道光十一年（1831）高平祁氏稿本　一册

郝文忠公陵川文集三十九卷首一卷 （元）郝经撰　**附录一卷**（明）宋濂撰　**年谱一卷**（清）张斆撰，王缪辑

清乾隆三年（1738）凤台王缪写刻本道光十六年（1836）陵川郝氏祠堂补刻本

山师大图藏

朗陵诗集十二卷　（清）王士桓撰

　　清道光二十四年（1844）晋城王士桓半耕山房刻本　四册

鹤栖堂诗集十二卷　（清）李锡麟撰

　　清道光二十六年（1846）晋城王士桓半耕山房刻本　二册
　　存四卷。

古伴柳亭续稿六卷　（清）田秋撰

　　清道光二十七年（1847）阳城田氏刻本　六册

简斋小草一卷　（清）延彩撰

　　清道光、咸丰间阳城杨昱抄本
　　阳城博藏

享帚集四卷　（清）杨豫成撰

　　清同治三年（1864）陵川杨氏后人卧云书屋刻本　一册
　　存一卷（卷四）。

养真集二卷　（清）王士瑞撰

　　清同治六年（1867）高平三易氏刻本　一册

高平祁氏三世遗稿　（清）祁思元、祁思成辑

　　清光绪十七年（1891）石印本　四册

阳城白巷李氏族谱　（清）李衡纂修

　　清光绪三十二年（1906）手写本
　　山大图藏

谷梁传

清宣统元年（1909）高平焦作英抄本

阳城图藏

中国文字

清宣统元年（1909）高平焦作英抄本

阳城图藏

二十二子引端

清宣统元年（1909）高平焦作英抄本

阳城图藏

四书正解二十卷　（清）刘引之撰

清晋城刘氏稿本　一册

存十卷（卷十一至二十）。

阳城黄城村陈氏家谱　（清）陈法于修

清石印本

阳城档藏

庄靖先生遗集十卷　（金）李俊民撰

清陵川刻本　六册

朔州

道腴堂集十种六十五卷　（清）鲍钤撰

清雍正、乾隆间应县鲍氏自刻本

国图、山大图藏

应州马氏家谱　（清）马丙修

清咸丰十年（1860）手抄本

应县西辉村马氏族人藏

应州李氏家谱 （清）李翰才等纂修

清同治十一年（1872）手抄本

应县李世一藏

王赓荣墨迹 （清）王赓荣撰

清光绪十九年（1893）朔州王赓荣稿本　一册

应州鲍氏家谱 （清）鲍重光修

清抄本

大同县鲍恒政藏

地藏菩萨本愿经 （唐）释法灯译

清朔州无隐寺刻本

偏关博藏

晋中

晋四人诗四卷 （清）戴廷栻辑

清顺治、康熙间戴氏自刻本　四册

唐诗选三卷 （清）戴廷栻辑

清初戴廷栻辑稿本

祁县图藏

庄镜集不分卷 （清）田庄仪撰

清雍正五年（1727）介休田氏家刻本　一册

从祀录不分卷附先贤历履先儒历履　（清）程辙辑
　　清雍正六年（1728）介山尊经阁刻本　一册

古唐诗合解十二卷附古歌四卷　（清）王士禛选，王尧衢注
　　清雍正十年（1732）晋介书业堂刻本　八册

非水舟遗集二卷　（清）梁锡珩撰
　　清乾隆六年（1741）介休梁溶剑虹斋刻本
　　山大图、北大图、国图藏

御纂资治通鉴纲目三编二十卷　（清）张廷玉编
　　清乾隆十一年（1746）晋祁书业德刻本
　　定襄图藏

灵石陈氏家乘　（清）陈子壮、陈思贤纂修
　　清乾隆十七年（1752）手抄本
　　灵石县志办藏

鸳水丝声　（清）沈廷标撰
　　清乾隆十八年（1753）介休马氏刻本　一册

西斋语录四卷　（清）郭元镐撰
　　清乾隆二十四年（1759）介休郭氏嚆嚆堂刻本　四册

爱余书屋诗稿二卷　（清）任大廪撰
　　清乾隆二十四年（1759）介休董氏半壁山房刻本
　　山大图藏

绵上四山人诗集十卷　（清）董柴辑

清乾隆二十四年（1759）介休董氏半壁山房刻本　五册

如兰集二十卷　（清）董柴辑

清乾隆二十五年（1760）介休董氏半壁山房刻本　八册

崟余斋易象切要　（清）张维榘撰

清乾隆二十六年（1761）张氏门人马尔楷手录本
国图藏

绘像丹桂籍二篇　（清）黄正元辑

清乾隆三十一年（1766）太谷好善君子刻本　四册

瘦吟草二卷　（清）梁枢撰，周天益评点

清乾隆三十二年（1767）灵石梁元焘、梁元杰刻本
山大图藏

剑虹斋集十二卷　（清）梁濬撰

清乾隆三十六年（1771）介休梁本荣一亩园刻本
山大图、辽宁图、复旦图藏

瑆然集十六卷　（清）董柴辑

清乾隆三十六年（1771）董柴抄本
省博图藏

云林别墅新辑酬世锦囊书启合编初集八卷　（清）邹景扬辑

清乾隆三十六年（1771）晋介书业德刻本
介休图、保定市图藏

怡情集四卷　（清）颉焕章撰

清乾隆三十九年（1774）祁县颉氏松鹤堂刻本　二册

诗韵含英题解十卷　（清）甘兰友辑

清乾隆四十年（1775）晋祁书业堂刻本

祁县图藏

诗韵含英题解四卷　（清）甘兰友辑

清乾隆四十年（1775）晋祁书业德刻本　四册

经验广集四卷　（清）李文炳纂

清乾隆四十三年（1778）绵上李氏家刻本　四册

司马温公稽古录二十卷　（宋）司马光撰

清乾隆五十二年（1787）灵石梁元焘奉思堂刻本　四册

灵石王氏族谱二十卷　（清）王梦鹏、王中极纂修

清乾隆五十四年（1789）存原堂刻本

山大图藏

纲鉴会纂三十九卷　（明）王世贞、袁黄纂

清乾隆五十六年（1791）晋祁书业成刻本

太谷图、五台图藏

太谷武氏家谱　（清）武先慎修

清乾隆五十六年（1791）刻本

太谷图、太原图藏

第六才子书西厢记八卷　（元）王实甫撰（清）金圣叹评

清乾隆五十六年（1791）晋祁书业堂刻本

清代编　133

太原博藏

帷园尺牍四卷 （清）董棅撰
清乾隆绵上董氏稿本
国图藏

一亩园杂咏 （清）茹纶常撰
清乾隆写本 一册

如兰集二十卷 （清）董棅辑
清乾隆介休刻本 八册

雪籁集一卷 （清）宋廷魁撰
清乾隆介休宋氏稿本 一册

非水舟遗集二卷附梁府君小传 （清）梁锡珩撰，梁濬编
清乾隆介休梁濬剑虹斋刻本 一册

如兰集二十卷 （清）董棅辑
清乾隆介休刻嘉庆四年（1799）补刻本 八册

太谷孟氏家谱
清嘉庆六年（1801）稿本
太谷图藏

古文喈凤新编八卷 （清）汪基辑
清嘉庆六年（1801）晋祁书业堂刻本 八册

应试诗法浅说详解六卷 （清）叶葆评注 **诗品一卷** （唐）司空图撰

清嘉庆六年（1801）晋祁书业堂刻本

太原图、山师大图藏

七经精义 （清）黄淦撰

清嘉庆八年（1803）晋祁书业堂刻本　十四册

七经精义 （清）黄淦撰

清嘉庆八年（1803）太谷文会堂刻本

太谷图藏

资治通鉴纲目五十九卷 （宋）朱熹撰（明）陈仁锡评

清嘉庆九年（1804）晋介书业德刻本

大同博藏

任勇烈公遗集 （清）任举撰　**二峨草堂学稿一卷遗稿一卷**
（清）任承恩撰

清嘉庆九年（1804）介休范光复刻本　二册

诗经体注大全八卷 （清）高朝璎撰，范翔鉴定

清嘉庆十年（1805）晋祁书业堂刻本

临汾尧都图藏

方雪斋诗集十二卷 （清）何道生撰

清嘉庆十二年（1807）何熙绩、何耿绳刻本

南京图藏

慵岩诗稿四卷 （清）梁绘章撰

清嘉庆十六年（1811）灵石梁氏刻本　二册

鹤皋年谱一卷 （清）祁韵士编
　　清嘉庆二十年（1815）祁氏刻本　一册

砚北草堂诗稿不分卷 （清）祁寯藻撰
　　清嘉庆二十一年（1816）稿本
　　太原图藏

丰镐考信录八卷 （清）崔述撰
　　清嘉庆二十二年（1817）太谷县署刻本
　　山大图、浙江图藏

夏考信录二卷 （清）崔述撰
　　清嘉庆二十二年（1817）太谷县署刻本
　　省博图藏

周易四卷 （宋）程颐注
　　清嘉庆二十三年（1818）晋祁书业堂刻本　二册

易经四卷 （宋）朱熹传
　　清嘉庆二十三年（1818）晋祁书业堂刻本
　　祁县图藏

周官精义十二卷 （清）连山斗纂辑
　　清嘉庆二十三年（1818）晋介书业堂刻本
　　河津图藏

洙泗考信录四卷 （清）崔述撰
　　清嘉庆二十三年（1818）太谷益恭堂刻本　二册

诗经八卷 （宋）朱熹集传
　　清嘉庆二十四年（1819）晋祁书业堂刻本
　　灵石图藏

监本四书十九卷 （宋）朱熹集传
　　清嘉庆二十四年（1819）晋祁书业堂刻本
　　祁县中学、省博图、新绛图藏

闻式堂明文小题传薪八卷 （清）臧岳评释
　　清嘉庆二十四年（1819）晋祁书业堂刻本
　　文水图藏

祁县温氏家谱二卷 （清）温聚汾、温罗馨修
　　清嘉庆二十五年（1820）写本
　　祁县民俗博藏

状元四书 （宋）朱熹章句
　　清嘉庆晋祁书业堂刻本
　　祁县晋商博藏

定阳（介休）张氏族谱四卷 （清）张清谟等纂辑
　　清嘉庆刻本
　　山大图藏

书经六卷 （宋）蔡沈集传
　　清道光元年（1821）晋祁书业堂刻本　四册

诗经八卷 （宋）朱熹集传
　　清道光元年（1821）晋祁书业堂刻本　四册

清代编　137

双藤书屋诗集十二卷试帖二卷 （清）何道生撰

清道光元年（1821）灵石耿氏刻本 四册

应试诗法浅说详解 （清）叶葆评注

清道光元年（1821）晋祁书业成刻本 二册

易经体注汇解合参不分卷 （清）来尔绳纂辑

清道光二年（1822）晋祁书业堂刻本 二册

书经集传六卷 （宋）蔡沈集传

清道光二年（1822）晋祁书业堂刻本

稷山图藏

书经体注大全合参六卷 （清）范紫登鉴定，钱希祥纂辑

清道光二年（1822）晋祁书业堂刻本

祁县图、五台图藏

诗经体注图考大全八卷 （清）高朝璎撰，沈世楷辑，范翔鉴定

清道光三年（1823）晋祁书业成刻本

文水图、临汾尧都图藏

增订诗经体注图考八卷 （清）高朝璎撰，范翔鉴定

清道光四年（1824）晋祁书业成记刻本

太谷图藏

内经知要二卷 （明）李念莪辑

清道光五年（1825）太邑赵道南刻本

临猗图藏

周礼精华六卷 （清）陈龙标辑注

　　清嘉庆十一年（1806）刻道光六年（1826）晋祁书业德重刻本

　　潍坊市寒亭区文管所藏

汉碑录文四卷 （清）马邦玉辑

　　清道光六年（1826）灵石杨氏刻本

　　省委党校图藏

傅氏女科四卷 （清）傅山撰

　　清道光七年（1827）太邑友文堂刻套印本

　　太原图藏

礼记十卷 （元）陈澔集说

　　清道光八年（1828）晋祁聚锦文刻本　十册

吕子节录四卷补遗二卷 （明）吕坤撰（清）陈宏谋辑

　　清道光八年（1828）灵石梁塽刻本　四册

槐荫堂印谱不分卷 （清）孟介臣镌篆

　　清道光八年（1828）祁县孟氏钤印本

　　省博图藏

书业德重订古文释义新编八卷 （清）余诚评注，余芝虎参阅

　　清道光八年（1828）晋祁书业堂刻本

　　祁县图、太原图藏

方雪斋试帖一卷 （清）何元烺撰

　　清道光八年（1828）灵石何氏刻本　一册

清代编　139

书林阁自制三字经百家姓千字文四书十三经辑字　（清）罗增辑字，罗云龙校刊

　　清道光九年（1829）定阳（今介休市）书林阁刻本

　　个人收藏

双藤书屋诗集十二卷试帖二卷　（清）何道生撰　附月波舫遗稿一卷　（清）何熙绩撰

　　清道光元年（1821）至九年（1829）灵石何氏刻本

　　山师大图藏

读易入门便抄一卷　（清）樊锡贵撰

　　清道光十年（1830）阳邑（今太谷县）曹氏近思堂刻本　一册

仪礼选要一卷　（清）孔传性选编

　　清道光十年（1830）阳邑曹氏近思堂刻本　一册

远色篇

　　清道光十年（1830）祁邑（今祁县）敦伦堂刻本

　　祁县图藏

同寿录四卷　（清）项天瑞等辑

　　清道光十一年（1831）太谷文会堂刻本

　　省博图藏

寄傲山房塾课新增幼学故事琼林四卷首一卷　（清）程允升撰

　　清道光十二年（1832）晋祁书业堂刻本

　　省博图藏

张月斋先生词翰　（清）张穆撰

清道光十二年（1832）稿本

国图藏

书经六卷 （宋）蔡沈集传 **书经体注大全合参六卷** （清）钱希祥纂辑

清道光十三年（1833）晋祁书业堂刻本

山师大图藏

书经体注大全合参六卷 （宋）蔡沈集传（清）钱希祥纂辑

清道光十三年（1833）晋祁书业成记刻本

个人收藏

存四卷（卷一至四）。

礼记体注大全四卷 （清）范翔参订

清道光十三年（1833）晋祁书业堂刻本

内蒙古丰镇县一中藏

说文解字义证五十卷 （清）桂馥撰

清道光十三年（1833）灵石杨氏刻本

山大图藏

诗经八卷 （宋）朱熹集传

清道光十四年（1834）太谷文会堂刻本

长治图、省博图藏

灵石何氏族谱十卷首一卷末一卷 （清）何思忠等修

清道光十四年（1834）刻本

灵石县志办、人大图、中央民大图、日本东京国立博物馆藏

育正堂重订幼学须知句解四卷 （清）钱元龙纂辑
　　清道光十四年（1834）晋祁书业成记刻本
　　个人收藏

般若波罗蜜多心经一卷金刚经果报录一卷 （唐）释玄奘译（明）释宗泐、如玘注
　　清道光十四年（1834）阳邑员氏刻本　二册

岚溪诗抄二卷 （清）王如玉撰
　　清道光十四年（1834）灵石王氏刻本　二册

诗经体注图考大全八卷 （清）高朝璎撰
　　清道光十五年（1835）晋祁书业成刻本　四册

仪礼问津一卷 （清）孟先颖撰
　　清道光十五年（1835）太谷孟氏抄本
　　国图藏

西域释地一卷 （清）祁韵士撰
　　清道光十六年（1836）寿阳祁氏筠渌山房刻本　一册

忠孝小学集注六卷 （清）高愈纂注
　　清道光十六年（1836）晋祁书业堂刻本　三册

书经体注图考大全六卷 （清）范翔鉴定，钱希祥辑
　　清道光十七年（1837）晋祁书业兴记刻本
　　太谷图藏

监本诗经八卷 （宋）朱熹注

清道光十七年（1837）晋祁书业成刻本

省博图藏

新订四书补注备旨 （明）邓林撰

清道光十七年（1837）晋祁书业成记刻本

五台图、介休图藏

仙儒外纪十卷 （清）刘飞辑

清道光十七年（1837）寿阳五峰山刻本　二册

西陲要略四卷 （清）祁韵士撰

清道光十七年（1837）之前稿本

国图藏

西陲要略四卷 （清）祁韵士撰

清道光十七年（1837）寿阳祁氏筠渌山房刻本　一册

思复斋初稿一卷随笔五卷 （清）祁寯藻撰

清道光十四年至十七年（1834—1837）稿本

上海图藏

子史精华 （清）吴襄等撰

清道光十八年（1838）晋祁书业德刻本

山大图藏

说文解字系传四十卷 （南唐）徐锴撰　**校勘记三卷** （清）承培元等撰

清道光十九年（1839）祁寯藻刻本

山师大图、省委党校图、山东博、上海图、国图藏

小学六卷　（宋）朱熹撰

　　清道光十九年（1839）祁寯藻刻本　一册

读史纪略四卷　（清）萧㴶辑

　　清道光二十年（1840）灵石杨氏澹静斋刻本　一册

栗恭勤公墓志　（清）祁寯藻书

　　清道光二十年（1840）写本　一册

说文声订二十八卷　（清）苗夔撰

　　清道光二十一年（1841）寿阳祁氏汉砖亭刻本　四册

孙氏养正楼印存六卷　（清）孟介臣镌篆

　　清道光二十一年（1841）祁县孟氏钤印本　六册

明文小题传薪八卷　（清）臧岳撰

　　清道光二十二年（1842）晋祁书业德刻本

　　太原图藏

律赋聚星笺注二卷　（明）李琪等撰

　　清道光二十三年（1843）晋祁书业成记刻本

　　五台图藏

顾亭林先生年谱一卷　（清）张穆编

　　清道光二十四年（1844）寿阳祁氏刻本　一册

皇朝藩部要略十八卷附世系表四卷　（清）祁韵士纂

　　清道光二十六年（1846）寿阳祁氏筠渌山房刻本　八册

李烈妇诗一卷　（清）李季昌辑

清道光二十六年（1846）介邑瑞祥仁刻本　一册

祁大夫字说　（清）祁寯藻编

清道光二十七年（1847）馒岇亭刻本　一册

灵石陈氏家谱　（清）陈允中纂修

清道光二十七年（1847）刻本

人大图藏

顾亭林先生年谱一卷阎潜丘先生年谱一卷　（清）张穆编

清道光二十七年（1847）寿阳祁氏刻本　二册

阎潜丘先生年谱一卷　（清）张穆编

清道光二十七年（1847）寿阳祁氏刻本　一册

天花八阵编二卷　（清）王廷魁撰，罗映麟等校

清道光二十七年（1847）晋祁书业德刻本

祁县图藏

医林改错二卷　（清）王清任撰

清道光二十七年（1847）晋祁书业德记刻本　一册

镜镜伶痴五卷　（清）郑复光撰

清道光二十七年（1847）灵石杨氏刻本　二册

韵补五卷附录一卷　（宋）吴棫撰　**韵补正一卷**　（清）顾炎武撰

清道光二十八年（1848）灵石杨氏刻连筠簃丛书本　二册

寿阳太安村梁氏历代相传宗谱　（清）梁宏编

清道光二十八年（1848）写本

清代编　145

寿阳县太安村梁氏族人藏

己庚编二卷 （清）祁韵士辑纂
清道光二十八年（1848）寿阳祁氏筠渌山房刻本　二册

唐两京城坊考五卷 （清）徐松撰
清道光二十八年（1848）灵石杨氏刻连筠簃丛书本　二册

永乐大典目录六十卷 （明）姚广孝纂
清道光二十八年（1848）灵石杨氏刻连筠簃丛书本　二十册

勾股截积和较算术二卷 （清）罗士琳撰
清道光二十八年（1848）灵石杨氏刻本　一册

癸巳存稿十五卷 （清）俞正燮撰
清道光二十八年（1848）灵石杨墨林（即杨尚文）刻本
国图藏

落颿楼文稿四卷 （清）沈垚撰
清道光二十八年（1848）灵石杨氏刻连筠簃丛书本
国图藏

群书治要五十卷 （唐）魏征辑
清道光二十八年（1848）灵石杨氏刻连筠簃丛书校刻本
太原图藏

连筠簃丛书十五种 （清）杨尚文辑
清道光二十八年（1848）灵石杨氏刻本　三十六册

书经六卷 （宋）蔡沈集传

清道光二十九年（1849）晋祁书业堂刻本　四册

祁县古县村王氏第九支族谱　（清）王鼎梅重修，王光斗再修
  清道光三十年（1850）写本
  祁县民俗博藏

易图明辨十卷　（清）胡渭撰
  清道光张穆抄本
  太原晋祠博藏

历代地图五种　（清）张穆编
  清道光张氏刻朱印本（张穆墨笔填注）二十五册

奉使记一卷　（清）祁寯藻撰
  清道光稿本
  上海图藏

澹静斋印存　（清）杨尚文辑
  清道光灵石杨墨林鉴藏本
  国图藏

馒䬪亭诗草一卷　（清）祁寯藻撰
  清道光祁寯藻稿本　一册

馒䬪亭文稿一卷　（清）祁寯藻撰
  清道光稿本
  上海图藏

桂苑笔耕集二十卷　（朝鲜）崔致远撰

清道光灵石杨氏连筠簃丛书抄本

北大图藏

月斋书札诗稿不分卷 （清）张穆撰

清道光稿本

国图藏

毛诗昀订十卷 （清）苗夔撰

清咸丰元年（1851）寿阳祁氏汉砖亭刻本　三册

苗氏说文四种四十六卷 （清）苗夔撰

清咸丰元年（1851）寿阳祁氏汉砖亭刻本　八册

馎飥亭集三十二卷 （清）祁寯藻撰

清咸丰元年（1851）稿本

中科院图藏

郝步蟾墨迹 （清）郝步蟾撰

清咸丰六年（1856）寿阳郝步蟾稿本　一册

说文解字义证五十卷 （清）桂馥撰

清道光三十年至咸丰二年（1850—1852）灵石杨尚文刻本

国图藏

子问二卷 （清）刘沅撰

清咸丰二年（1852）平遥李氏刻本

太谷图藏

试帖青云集注释四卷 （清）杨逢春辑，沈品华注

清咸丰二年（1852）晋祁书业德刻本

太谷图、祁县图藏

小傅我诗集十卷 （清）傅眉撰 **白测鱼诗一卷** （清）白孕彩撰

胡畸人诗一卷 （清）胡庭撰

清咸丰三年（1853）平遥王晋荣刻本 二册

俗言一卷 （清）刘沅撰

清咸丰四年（1854）平遥李氏刻本

太谷图藏

痘疹慢惊秘诀二卷 （清）庄一夔撰

清咸丰四年（1854）汾州府介休县瑞祥仁刻字铺刻本

山大图藏

我诗集十一卷 （清）傅眉撰

清咸丰四年（1854）寿阳刘氏刻本 一册

存九卷。

我诗集十一卷仙儒外纪五卷 （清）傅眉撰，刘飞补辑

清咸丰四年（1854）寿阳王氏刻本 二册

霜红龛集四十卷 （清）傅山撰

清咸丰四年（1854）寿阳王行恕刻本

国图藏

霜红龛集四十卷 （清）傅山撰

清咸丰四年（1854）寿阳王行恕刻光绪三十三年（1907）补配铅印本

国图藏

霜红龛集四十卷 （清）傅山撰

　　清咸丰四年（1854）寿阳刘氏刻民国重印本

　　山大图藏

尺华斋试律存草一卷 （清）祁寯藻撰

　　清咸丰四年（1854）稿本

　　上海图藏

育正堂重订幼学须知句解四卷 （清）陈允升编

　　清咸丰五年（1855）晋祁书业德刻本

　　稷山图藏

马首农言 （清）祁寯藻撰

　　清咸丰五年（1855）寿阳祁氏刻本

　　国图、天津图、辽宁图、湖南图、重庆图、湖南社科院图藏

祁幼章行略一卷 （清）祁寯藻撰

　　清咸丰六年（1856）寿阳祁氏刻本　一册

馒飪亭集三十二卷 （清）祁寯藻撰

　　清咸丰六年（1856）寿阳祁氏家刻本

　　山师大图藏

馒飪亭集三十二卷后集十二卷 （清）祁寯藻撰

　　清咸丰六年（1856）寿阳祁氏家刻本七年（1857）祁氏补刻本

　　山师大图藏

帝王年系都邑便览六卷附帝王年世分合图一卷帝王分合总论一卷
（清）刘元一辑
　　清咸丰八年（1858）榆邑凤鸣书院刻本　二册

月斋文集八卷诗集四卷　（清）张穆撰，吴履敬编
　　清咸丰八年（1858）寿阳祁氏刻本　四册

律赋存稿一卷　（清）祁寯藻撰
　　清咸丰八年（1858）稿本
　　上海图藏

咸丰己未恩科山西乡试朱卷　（清）梁豫撰
　　清咸丰九年（1859）祁县梁氏刻本　一册

咸丰十年梁豫应殿试卷　（清）梁豫撰
　　清咸丰十年（1860）祁县梁豫写本
　　古中翱翔藏（来源于网上）

侍御吴公家传一卷　（清）金门诏撰
　　清咸丰寿阳刘飞刻本
　　山大图藏

灵石杨氏支谱八卷　（清）杨盛林、杨献箴、杨奉清纂修
　　清咸丰抄本
　　灵石县志办藏

祁寯藻日记一卷　（清）祁寯藻撰
　　清咸丰手稿本
　　上海图藏

清初山右四家文集四十八卷 （清）刘飞辑

清咸丰刻本 十一册

寿阳祁氏试卷汇抄一卷 （清）祁寯藻辑

清咸丰祁氏抄本

美国国会图藏

卷内钤有"寿阳祁氏藏书""寯藻""实父""黄羊大夫之裔""青宫太保致仕大学士""甲戌翰林""二十二通籍，三十八省亲归里，四十陈请乞养，四十二致仕"等印。

观我斋日记不分卷 （清）祁寯藻撰

清咸丰、同治间稿本 刘承干跋

国图藏

旧德记一卷 （清）祁寯藻撰

清咸丰、同治间稿本

南京图藏

枢廷载笔 （清）祁寯藻撰

清咸丰、同治间稿本

国图、南京图藏

甘肃查办全案不分卷 （清）祁寯藻撰

清咸丰、同治间蓝格抄本

国图藏

封面、卷末有祁寯藻题款钤印，扉页有翁斌孙题记钤印。

三姓山川记一卷 （清）祁寯藻撰

清咸丰、同治间稿本

国图藏

富克锦舆地略一卷 （清）祁寯藻撰

清咸丰、同治间稿本

国图藏

馒翁亭诗集 （清）祁寯藻撰

清咸丰、同治间稿本

南京图藏

馒翁亭诗草不分卷词草不分卷东巡扈从诗草一卷使吴吟草一卷
（清）祁寯藻撰

清咸丰、同治间稿本

南京图藏

观斋诗草不分卷 （清）祁寯藻撰

清咸丰、同治间稿本

南京图藏

劝学斋文草不分卷 （清）祁寯藻撰

清咸丰、同治间稿本

南京图藏

馒翁亭杂抄一卷 （清）祁寯藻撰

清咸丰、同治间稿本

上海图藏

馒翁亭文稿 （清）祁寯藻撰

清道光、咸丰、同治间稿本
　　国图藏

祁韵士等书札不分卷　（清）祁韵士、祁寯藻等撰
　　清道光、咸丰、同治间稿本
　　国图藏

类函骈语　（清）祁韵士编
　　清咸丰、同治间祁寯藻手摘抄本
　　国图藏

诗经说铃十二卷　（清）潘克溥撰
　　清同治元年（1862）晋祁书业德刻本　六册

筹防辑略一卷　（清）沈钟撰
　　清同治二年（1863）介邑文翰堂刻本　一册

静默斋日记一卷（又名祁寯藻太傅日记）　（清）祁寯藻撰
　　清同治三年（1864）手稿本
　　上海图藏

祁文端公自订年谱一卷　（清）祁寯藻编，祁世长续编
　　清同治五年（1866）祁氏刻本　一册

重订小学纂注六卷　（清）高愈纂注
　　清同治五年（1866）晋祁书业堂刻本
　　省博图、山师大图藏

蒙古游牧记十六卷　（清）张穆撰

清同治六年（1867）寿阳祁氏刻本　四册

柳渠文集六卷诗集六卷　（清）胡豹变撰

清同治七年（1868）榆邑胡氏燕翼楼刻本　四册

文昌帝君阴骘文图注　（清）颜正注，黄正元图

清同治十二年（1873）祁邑文和斋刻本

祁县图藏

退学斋诗集五卷　（清）何耿绳撰

清同治十二年（1873）灵石何氏之婿鲍子年刻本　一册

批点学文正法　（清）杨永康撰，张六翮评定

清同治十二年（1873）太邑庆文斋刻本

河津图藏

句解便蒙一卷心经句解便蒙一卷　（清）曹良弼集

清同治十三年（1874）太谷曹氏刻本　一册

任勇烈公遗诗一卷遗集一卷　（清）任举撰　**二峨草堂学稿一卷遗稿一卷**　（清）任承恩撰

清同治十三年（1874）灵石杨氏近文斋刻本　四册

张穆祁寯藻等书札不分卷　（清）张穆、祁寯藻撰

清同治之前稿本

国图藏

祁子禾先生日记二卷　（清）祁世长撰

清同治、光绪间手稿本

清代编　155

上海图藏

朗山杂记 （清）杨昉撰
清同治、光绪间手稿本
介休杨氏嫡孙杨光远藏

万卷精华楼藏书记一百四十六卷 （清）耿文光撰
清同治、光绪间稿本
国图藏

周易爻征广义六卷首一卷末一卷 （清）阎汝弼辑
清光绪元年（1875）寿阳阎氏家刻本　八册

祁文恪日记不分卷 （清）祁世长撰
清光绪元年（1875）稿本
江西图藏

金刚心经句解便蒙一卷
清光绪元年（1875）太谷曹氏刻本
太谷图藏

张百川先生塾课八卷 （清）张江撰，周汝调编次
清光绪二年（1876）晋介书业德刻本
太原图藏

百花千家诗合选四卷 （清）王相选
清光绪三年（1877）晋祁书业德刻本
个人藏

古芬阁书画记十八卷 （清）杜瑞联撰
  清光绪七年（1881）太谷杜氏刻本
  山大图藏

监本书经六卷 （宋）蔡沈集传
  清光绪十二年（1886）晋祁书业德刻本
  太谷图藏

四库全书简明目录 （清）爱新觉罗·永瑢等撰，何遵先订
  清光绪十二年（1886）祁县何氏对蒙轩刻本
  山大图藏

四库全书目录四十五卷 （清）何遵先编
  清光绪十二年（1886）祁县何氏对蒙轩刻本　八册

状元诗经八卷 （宋）朱熹集传
  清光绪十五年（1889）晋祁书业德刻本　四册

古文一隅三卷 （清）朱宗洛评选
  清光绪十五年（1889）祁县乔晋枬家塾刻本　二册

教童子法一卷 （清）王筠撰
  清光绪十六年（1890）平遥李氏刻本　一册

有融斋遗稿四卷时艺二卷补遗一卷 （清）乔超五撰
  清光绪十七年（1891）祁县刘氏刻本　五册

菱湖沈氏丛书四种附水北家训 （清）沈梦兰撰
  清光绪十七年（1891）祁县县署刻本　五册

晋韶吟草四卷 （清）管廷鹗撰
  清光绪十八年（1892）介休薛凤仪抄本　一册

增广新订四书补注备旨十卷 （明）邓林撰
  清光绪二十年（1894）晋祁书业德刻本　八册

目录学九卷 （清）耿文光撰
  清光绪二十年（1894）耿氏刻本　二册

苏溪渔隐读书谱四卷 （清）耿文光编
  清光绪二十年（1894）耿氏丛书本　一册

博弈争贤随录 （清）赵佃撰
  清光绪二十六年（1900）太谷赵氏稿本
  太谷图藏

读左补义五十卷首一卷 （清）姜炳璋辑
  清光绪二十七年（1901）晋祁书业德刻本　十六册

祁县古县镇蒲桑村戴氏家乘 （清）戴秉衡、戴秉成修
  清光绪二十九年（1903）刻本
  祁县民俗博藏

东莱博议四卷附增补虚字注释一卷 （宋）吕祖谦撰
  清光绪二十九年（1903）晋祁书业德刻本　四册

平遥冀氏宗谱四卷 （清）冀麟书纂修
  清光绪三十年（1904）公要堂刻本
  山大图藏

成仙佛录 （清）何子琴增删

    清光绪三十年（1904）祁邑何氏手抄本

    太原图藏

咳唾珠玉二卷 （清）傅山撰，张静生拾遗

    清光绪三十二年（1906）平遥王氏刻本　二册

半可集备存一卷 （清）戴廷栻撰

    清光绪三十二年（1906）戴氏家刻本

    南开图藏

霜红龛文四卷 （清）傅山撰

    清光绪三十三年（1907）平遥王氏刻本　一册

傅青主集七卷 （清）傅山撰，王晋荣注

    清光绪三十三年（1907）平遥王氏文蔚堂刻本

    省博图藏

王太史遗稿八卷附录一卷 （明）王邵撰（清）王恒辑

    清光绪祁县何遵先对蒙轩刻本

    山大图藏

榆石山樵诗草四卷 （清）宁述俞撰

    清光绪榆次宁氏家刻本

    省博图藏

耿氏丛书 （清）耿文光撰

    清光绪灵石耿氏刻本　三册

霜红龛笔记三卷补遗一卷附啬庐别集二卷 （清）傅山撰，王晋荣校

  清宣统元年（1909）平遥王氏重刻本

  太原图藏

啬庐杂著十二卷 （清）傅山撰

  清宣统元年（1909）平遥王氏重刻本

  太原图藏

绘图八宝仙传四卷

  清宣统二年（1910）祁县修善坛石印本

  太原图藏

霜红龛全集四十卷 （清）傅山撰

  清宣统二年（1910）平遥王氏刻本　十二册

霜红龛文补遗五卷 （清）傅山撰

  清宣统二年（1910）平遥王氏刻本

  太原图藏

周易爻征补义三卷 （清）阎汝弼撰

  清寿阳阎氏稿本

  省文史馆藏

礼记省度四卷 （清）彭颐纂

  清晋介书业德记朱墨套印本

  太谷图藏

左绣三十卷首一卷 （清）冯李骅、陆浩评辑

清晋祁书业堂刻本　十六册

寿阳马首村王氏家谱　（清）王道彰修
　　清抄本
　　寿阳县王承祥藏

寿阳祁氏世谱一卷　（清）祁韵士撰
　　清抄本　一册

寿阳祁氏世谱　（清）祁文汪修，祁寯藻、祁友直重修
　　清刻本
　　寿阳县平舒村祁承绪藏

和顺南安驿村杜氏族谱　（清）杜氏族人修
　　清写本
　　和顺县南安驿村杜氏后人藏

祁县岳氏家谱
　　清抄本
　　祁县图藏

和顺药氏家谱　（明）药济众修（清）药良重修
　　清写本
　　和顺县三奇村药始藏

祁县会善村温氏世谱　（清）崔振修
　　清刻本
　　祁县民俗博藏

超山书院试卷 （清）石鼎撰
  清平遥超山书院石鼎写本
  五台张文达藏

万里行程记一卷 （清）祁韵士编
  清寿阳祁氏刻本 一册

太谷至广东江西等地经商线路及沿线气候风俗稿一卷
  清太谷抄本
  太谷图藏

朱子格言
  清太谷长生堂刻本
  祁县民俗博藏

痘疹集要 （清）常龄撰
  清榆次常氏稿本
  太谷图藏

胎产心法三卷 （清）阎纯玺撰
  清晋祁书业德刻本
  五台图藏

金刚般若波罗蜜经一卷 （后秦）释鸠摩罗什译
  清汾州平遥阊门许氏刻本
  代县图藏

汇纂功过格十二卷首一卷末一卷
  清介邑刘世昌刻本 十册

宝训图书五卷
　　清祁邑文和斋刻本
　　祁县民俗博藏

敬灶全书
　　清祁邑文和斋刻本
　　祁县民俗博藏

徐松龛先生集辑　（清）徐润第撰
　　清介休白氏家塾抄读本
　　太原博藏

留影龛余草二卷　（清）阎南图撰
　　清太谷孙豫昌刻本　二册

石友山房集不分卷　（清）薛凤仪撰
　　清稿本　二十册

滋荃阁文存不分卷　（清）薛凤仪撰
　　清介休薛凤仪抄本　三册

运城

关圣类编六卷补编一卷　（清）黄希声辑
　　清顺治十三年（1656）稷山葛承讲刻本
　　浙江图藏

易学三述不分卷　（清）王含光撰
　　清顺治十七年（1660）临猗王含光自刻本

山大图藏

龙坞集五十五卷 （明）王时济撰
　　清顺治稷山王氏后人王震亨刻本
　　山大图、天津图藏

仰节堂集十四卷 （明）曹于汴撰
　　清康熙二年（1663）安邑吕崇烈刻本
　　北大图、北师大图、辽宁图藏

仰节堂集十四卷 （明）曹于汴撰
　　清康熙二年（1663）弘运书院刻本
　　太原图藏

闻喜刘氏家谱一卷 （清）刘辅重修
　　清康熙六年（1667）抄本　一册

裴氏世牒四卷 （清）翟凤翥纂修
　　清康熙七年（1668）佟寿民、安世鼎刻本
　　中科院图藏

新修河东运司志十卷 （清）冯达道纂修
　　清康熙十一年（1672）刻本
　　国图藏

有怀堂笔八卷 （清）王永命撰
　　清康熙十七年（1678）稷山葛有光刻本
　　山大图、河南图藏

朱少农年谱　（清）柴鼎铉撰，柴子昶参订
　　清康熙二十八年（1689）闻喜柴子昶刻本
　　运城盐湖图藏

河东盐政汇纂六卷　（清）苏昌臣撰
　　清康熙二十九年（1690）河东盐运司刻本
　　清华图藏

易图合说不分卷　（清）邵嗣尧撰
　　清康熙三十年（1691）河东邵氏刻本
　　运城盐湖图藏

存草二卷　（清）郭九会撰，卫既齐选
　　清康熙三十九年（1700）郇阳郭氏刻本　一册

慈悲三昧水忏法三卷　（唐）释知玄撰
　　清康熙四十一年（1702）蒲州猗氏峨嵋寺刻本
　　临猗图藏

东雍士女志二卷　（清）黄希声辑
　　清康熙四十四年（1705）绛州段洁然敦复斋刻本
　　国图藏

宋儒大文约二卷　（清）李毓秀辑
　　清康熙五十年（1711）绛州段洁然敦复斋刻本　二册

薛文清公年谱一卷　（明）杨鹤编
　　清康熙五十二年（1713）薛氏刻本　一册

读书续录十二卷 （明）薛瑄撰　**薛文清公年谱一卷** （明）杨鹤编

　　清康熙五十二年（1713）薛氏刻本　五册

覆甑集不分卷 （清）侯万岱撰

　　清康熙五十二年（1713）安邑侯氏刻本　一册

芮城刘氏家传 （明）刘良臣修（清）刘士锡重修

　　清康熙五十四年（1715）刻本

　　芮城图、河南图藏

四书说六卷 （明）辛全撰

　　清康熙绛州刻本

　　运城盐湖图藏

东雍耆旧传三卷后集一卷 （清）谢丕振撰

　　清康熙绛州刻本

　　国图藏

河东吕氏族谱十一卷 （清）吕鸣恭、吕懿历等纂修

　　清康熙刻本

　　国图藏

洪范九畴数三卷 （宋）蔡沈撰（明）熊宗立解

　　清雍正元年（1723）古绛（今绛县）张氏刻本

　　河南图藏

稷山下迪乡阳史村杨氏家谱 （清）杨秉孟修

　　清雍正四年（1726）写本

稷山县阳史村杨氏后裔藏

文清公薛先生文集二十四卷手稿一卷制义一卷行实录五卷读书录十一卷续录十二卷 （明）薛瑄撰，张鼎辑

清雍正十二年（1734）薛氏家刻本 二十六册

文清公薛先生文集二十四卷目录一卷 （明）薛瑄撰

清雍正十二年（1734）稷山葛振基刻本 十二册

薛文清公集二十四卷 （明）薛瑄撰

清雍正十二年（1734）薛敦俭等刻本

山大图、山师大图、浙江大学图、宁波市图藏

永济虞乡洗马村麻氏族谱 （清）麻氏族人修

清雍正十三年（1735）刻本

永济博藏

闻喜裴村宁氏家谱 （清）宁氏族人修

清雍正写本

闻喜档藏

文清公薛先生文集等七种三十四卷 （明）薛瑄撰

清康熙至乾隆间河津薛氏合族刻本

山师大图藏

仰节堂集十四卷 （明）曹于汴撰

清乾隆二年（1737）弘运书院刻本 八册

稷山小阳村段氏家谱 （清）段嘘云、段祗夔、段希旦修

清乾隆四年（1739）抄本

稷山县太阳乡小阳村段氏后裔藏

绛县郝庄乡西园村牛氏族谱

清乾隆七年（1742）重修本

闻喜档藏

求是斋四书集要 （清）赵常濂撰

清乾隆八年（1743）郇阳弦歌书院刻本

临猗图藏

四书正韵十九卷 （清）何始升撰

清乾隆九年（1744）河东亦乐堂刻本　十四册

河东令狐氏族谱 （清）令狐氏第八代孙重修

清乾隆九年（1744）刻本

大连市图藏

读书录十一卷续录十二卷 （明）薛瑄撰

清乾隆十一年（1746）河东薛天章刻本

介休图、山师大图藏

成均课讲周易 （清）崔纪撰

清乾隆二十年（1755）安邑宋氏刻本

山大图藏

关帝志四卷 （清）张镇辑

清乾隆二十一年（1756）解州刻本　四册

思居堂集十三卷 （清）乔于洞撰

  清乾隆二十一年（1756）猗氏景思费等校刻本　四册

青云洞遗书初刻九种十卷二刻六种六卷 （清）谢丕振辑

  清乾隆二十一年（1756）谢丕振门人绛州李养亨刻本

  北大图藏

见闻琐录三卷 （清）宋在诗撰

  清乾隆二十三年（1758）安邑宋氏刻本　一册

解郡南贾村席氏家谱一卷 （清）王润生修

  清乾隆二十四年（1759）席氏抄本　一册

读书录十一卷续录十二卷 （明）薛瑄撰

  清乾隆二十六年（1761）河东薛氏刻本

  山大图藏

怀古堂偶存诗稿二卷 （清）宋在诗撰

  清乾隆三十年（1765）安邑宋氏刻本　一册

野柏先生类稿十五卷 （清）宋在诗撰

  清乾隆三十年（1765）安邑宋氏刻本　八册

书经批六卷 （清）董懋极撰

  清乾隆三十一年（1766）稷山葛秀章梦花堂刻本

  河津图藏

近思录摘读 （清）令狐亦岱撰

  清乾隆三十二年（1767）猗氏令狐氏于缙云县五云官署刻本

临猗图藏

咫闻集 （清）郭为崃撰
　　清乾隆三十六年（1771）猗氏郭带淮（郭为崃子）刻本
　　大连市图藏

春谷小草二卷 （清）盛复初撰
　　清乾隆四十年（1775）稷山思文书院刻本
　　山大图藏

复古编二卷 （宋）张有撰　**校正一卷附录一卷** （清）葛鸣阳撰
　　清乾隆四十六年（1781）安邑葛鸣阳于京师琉璃厂刻本
　　人大图、浙江图、山师大图藏

曾乐轩稿一卷 （宋）张维撰
　　清乾隆四十六年（1781）安邑葛鸣阳刻本
　　北京文物局藏

安陆集一卷 （宋）张先撰
　　清乾隆四十六年（1781）安邑葛鸣阳于京师琉璃厂刻本
　　山师大图藏

读书录十一卷续录十二卷行实录五卷 （明）薛瑄撰
　　清乾隆五十一年（1786）河津薛氏刻本　十二册

河东盐法备览十二卷 （清）蒋兆奎辑
　　清乾隆五十四年（1789）稿本
　　复旦图藏

河东盐法备览十二卷 （清）蒋兆奎辑

清乾隆五十五年（1790）刻本　八册

河东盐法调剂纪恩录十四卷 （清）沈业富编

清乾隆五十五年（1790）河东盐运司刻本

山大图藏

闻喜蔡谢村曾氏家谱 （清）曾氏族人修

清乾隆写本

闻喜档藏

近思录十四卷 （宋）朱熹撰

清乾隆猗氏方麓书院刻本

临猗图、新绛图藏

仰节堂集十四卷 （明）曹于汴撰

清康熙二年（1663）安邑吕崇烈刻乾隆年间补修本

祁县图藏

适堂诗集四卷 （清）乔序撰

清乾隆平陆张氏抄本

省博图藏

闻喜河底乡孙村郭氏家谱 （清）郭嘉重修

清嘉庆五年（1800）手抄本

闻喜档藏

嘉庆辛酉恩科会试朱卷 （清）萧树本撰

清嘉庆六年（1801）芮城萧氏刻本

五台张文达藏

裴氏世谱十二卷首一卷末一卷 （清）翟凤翥、裴俸度修，裴宗锡续修

清嘉庆十年（1805）家刻本 十册

推步惟是四卷 （清）安清翘编

清嘉庆十六年（1811）垣曲安氏树人堂刻本 四册

数学五书十九卷 （清）安清翘编

清嘉庆二十三年（1818）垣曲安氏树人堂刻本 八册

河东路氏谱牒不分卷 （清）路文运续修

清嘉庆二十五年（1820）刻本

中科院图藏

澹粹轩诗草二卷 （清）王志瀜撰

清嘉庆二十五年（1820）绛州王氏守居斋刻本 二册

稷山下迪乡阳史村杨氏家谱 （清）杨清续修

清道光元年（1821）抄本

稷山县阳史村杨氏后裔藏

绛州陶氏家谱 （明）陶琰修（清）陶雁峰续修

清道光三年（1823）刻本

新绛县龙兴镇陶家巷陶若景藏

闻喜宋店刘氏家谱 （清）刘氏族人修

清道光七年（1827）写本

闻喜档藏

道光戊子科山西乡试朱卷　（清）范逑撰

清道光八年（1828）荣河范氏刻本

五台张文达藏

清露庭诗一卷　（清）陈德沅撰

清道光十二年（1832）稷山赵英繁刻本

山大图藏

闻喜河底乡孙村郭氏家谱　（清）郭嘉重修，后人续修

清道光十三年（1833）写本

闻喜档藏

四言杂字

清道光十三年（1833）绛州正兴斌刻本

个人藏

慕莱毛公遗录　（清）毛尔杰撰

清道光十五年（1835）毛氏子毛应观刻本　二册

弟子箴言二卷　（清）胡达源撰

清道光十五年（1835）解梁书院刻本

太原图藏

文中子中说十卷　（隋）王通撰（宋）阮逸注

清道光十六年（1836）万荣王氏敬忍居刻本

太原图藏

闻喜新仪张村李氏家乘　（清）李氏族人修

　　清道光十八年（1838）写本

　　闻喜档藏

绛州任氏家谱　（清）任宸枢修，任文焕重修

　　清道光二十年（1840）写本

　　新绛县龙兴镇西北区任疗昌藏

闻喜乔氏三支家谱　（清）乔晋芳创修

　　清道光二十九年（1849）刻本

　　闻喜档藏

道光己酉科山西乡试朱卷　（清）杜若椿撰

　　清道光二十九年（1849）稷山杜氏刻本

　　稷山图藏

国朝山左诗汇抄后集三十九卷　（清）余正酉辑

　　清道光二十九年（1849）山东余正酉于平陆官署刻本

　　山东图藏

周易参同契分章注解三卷　（汉）魏伯阳撰（元）陈致虚注解（清）傅金铨批

　　清道光三十年（1850）河东敦本堂刻本

　　代县图藏

绛州张氏家谱　（清）张克信修，张鉴重修

　　清道光三十年（1850）写本

　　新绛县东校村张子玉藏

绛州北池村杨氏家谱 （清）杨氏族人修
  清道光写本
  新绛县阳王镇北池村杨秀龙藏

闻喜下庄张氏家谱 （清）张氏族人修
  清道光写本
  闻喜档藏

吕子节录四卷续四卷附宗约歌一卷 （明）吕坤撰（清）陈宏谋辑 **身世准绳二卷** （清）李光迪辑 **六事箴言一卷** （清）李天锡撰
  清道光安邑李天锡刻本 五册

三益集 （清）李天锡撰
  清道光安邑李天锡刻本
  国图藏

临晋王氏族谱八卷首一卷 （清）王士焱等纂修
  清咸丰元年（1851）刻本
  上海图藏

文昌孝经十八章 （清）黄正元辑
  清咸丰元年（1851）猗氏县署刻本
  长治图藏

永济麻氏族谱 （清）麻凤鸣、麻维岗续修
  清咸丰二年（1852）刻本
  永济博藏

咸丰壬子恩科会试朱卷 （清）寻銮炜撰
　　清咸丰二年（1852）荣河寻氏刻本
　　五台张文达藏

绣像文昌化书四卷附文昌化书签二卷 （清）游士凤绘图
　　清咸丰二年（1852）稷山儒学尊经阁刻本
　　运城盐湖图、稷山图、新绛图藏

时文小题萃不分卷 （清）孙成基编
　　清咸丰五年（1855）稷山思文书院刻本
　　稷山图藏

易学启蒙一卷 （宋）朱熹撰
　　清咸丰六年（1856）解梁书院刻本
　　北大图藏

稷山管村乡王村王氏家谱 （清）王丕显、王丕光、王起凤修
　　清咸丰八年（1858）刻本
　　稷山县王村王氏后人藏

薛仁斋先生东游日程 （清）薛于瑛撰
　　清咸丰八年（1858）芮城薛于璜手抄本
　　芮城图藏

小学六卷 （宋）朱熹集注
　　清同治三年（1864）猗氏方麓书院刻本　一册

同治甲子科山西乡试朱卷 （清）王庆昌撰
　　清同治三年（1864）河津王氏刻本

五台张文达藏

司马温公文集八十二卷 （宋）司马光撰
　　清同治四年（1865）夏县刻本　二十四册

百花千家诗合选四卷 （清）王相选
　　清同治四年（1865）绛州翰兴斋刻本
　　新绛图藏

百花千家诗合选四卷 （清）王相选
　　清同治四年（1865）绛州诚意堂刻本
　　新绛图藏

同治戊辰科山西会试朱卷 （清）王文在撰
　　清同治七年（1868）稷山刻本
　　稷山图藏

同治庚午科山西乡试朱卷 （清）王庆镛撰
　　清同治九年（1870）河津王氏刻本
　　稷山图藏

安邑路氏族谱 （清）路生财、路有年纂修
　　清同治十年（1871）刻本
　　人大图藏

课子随笔二卷 （清）张师载撰
　　清同治十年（1871）解梁书院刻本　二册

享帚斋诗抄四卷 （清）周恩绶撰

清同治十年（1871）解梁官廨刻本　一册

茹古山房全集　（清）田依渠撰
清同治十一年（1872）稷山官署刻本
山大图、稷山图藏

闻喜裴社乡宋庄村谢氏家谱　（清）谢瀛续修
清同治十二年（1873）抄本
闻喜档藏

享帚斋诗抄四卷词抄二卷　（清）周恩授撰
清同治十二年（1873）解梁书院刻本
山大图藏

享帚斋词抄二卷　（清）周恩授撰
清同治十三年（1874）解梁官廨刻本
太原图藏

光绪乙亥恩科山西乡试朱卷　（清）李振家撰
清光绪元年（1875）河津李氏刻本
五台张文达藏

大意尊闻　（清）方东树撰
清光绪元年（1875）解梁书院刻本　一册

輶轩语七卷　（清）张之洞撰
清光绪元年（1875）解梁书院刻本　一册

双节堂庸训六卷　（清）汪辉祖纂

清光绪二年（1876）解梁书院刻本 一册

聪训斋语一卷 （清）张英撰

清光绪二年（1876）解梁书院刻本 一册

课子随笔二卷续编一卷 （清）张师载撰，徐桐辑 **聪训斋语一卷** （清）张英撰

清光绪二年（1876）解梁书院刻本 二册

裴氏世谱十二卷首一卷末一卷 （清）裴倬度修，裴宗锡续修

清光绪六年（1880）刻本

闻喜县个人藏

家范十卷 （宋）司马光撰

清光绪六年（1880）解梁书院刻本 二册

杂录一卷 （清）路德撰

清光绪七年（1881）解梁书院刻本

山大图藏

柽华馆文集六卷骈体文一卷诗集四卷杂录一卷 （清）路德撰

清光绪七年（1881）解梁书院刻本 十册

书仪十卷 （宋）司马光撰

清光绪八年（1882）解梁书院刻本 二册

雪虚声堂诗抄三卷 （清）杨深秀撰

清光绪八年（1882）闻喜杨氏刻本 一册

稽古录二十卷 （宋）司马光撰

清光绪九年（1883）解梁书院刻本　四册

内经知要二卷　（明）李念莪辑

清光绪九年（1883）河东薛生白刻本　二册

涑水记闻十六卷　（宋）司马光撰

清光绪九年（1883）解梁书院刻本　四册

稷山小阳村段氏家谱　（清）段自勇续修

清光绪十年（1884）写本

稷山县太阳乡小阳村段氏后裔藏

关帝志四卷　（清）张镇编辑

清光绪十年（1884）解梁大庙刻本

太原图藏

闻喜小堆后卢氏家谱　（清）卢氏族人修

清光绪十一年（1885）写本

闻喜档藏

党冰壑先生全书十三种十三卷　（清）党成撰

清光绪十一年（1885）绛州东雍书院乔佐洲刻本

介休图、太原图、国图藏

省图有残本。

增补剔弊五言元音二卷

清光绪十二年（1886）解梁书院刻本

太谷图藏

司马文正公传家集八十卷目录二卷附录一卷 （宋）司马光撰
年谱一卷 （清）陈宏谋撰

　　清光绪十二年（1886）解梁书院刻本

　　太谷图藏

　　省图存五卷。

资治通鉴二百九十四卷通鉴目录三十卷通鉴释文辨误十二卷通鉴外纪十卷通鉴外纪目录五卷 （宋）司马光撰（元）胡三省注

　　清光绪十三年（1887）解梁书院山长阎敬铭刻本

　　省博图、山大图藏

资治通鉴二百九十四卷目录三十卷释文辨误十二卷外纪十卷外纪目录五卷 （宋）司马光撰（元）胡三省注

　　清光绪十三年（1887）解梁书院石印本　一百二十册

养正俚吟七种 （清）薛于瑛撰

　　清光绪十四年（1888）夏县柴振家刻本　一册

有诸己斋格言十七种 （清）阎敬铭撰

　　清光绪十四年（1888）解梁书院刻本　十八册

课子随笔续编一卷 （清）徐桐编，黄贻辑

　　清光绪十四年（1888）解梁书院刻本

　　山农大图藏

春秋左传杜注补辑三十卷首一卷 （清）姚培谦撰

　　清光绪十五年（1889）解梁书院刻本　十二册

周易传义音训八卷首一卷末一卷 （宋）程颐传，朱熹本义，吕

祖谦音训
>清光绪十六年（1890）解梁书院刻本 七册

大学中庸引端增补燕说不分卷 （清）刘忠辑
>清光绪十六年（1890）解州吉庆堂刻本
>稷山图藏

垣曲古城村张氏家谱 （明）张鹏翼修（清）张金录等续修
>清光绪十七年（1891）写本
>垣曲县古城村张氏后裔藏

新刻五七言千家诗辑抄四卷 （清）解梁吉庆堂辑
>清光绪十七年（1891）解梁吉庆堂刻本
>运城学院图藏

三字经句解旁训 （清）阎敬铭批点
>清光绪十八年（1892）解梁吉庆堂刻本
>运城学院图藏

薛文清公读书录类编二十卷 （明）薛瑄撰，侯鹤龄编
>清光绪十九年（1893）解梁书院刻本 八册

薛文清公读书录类编二十卷 （明）薛瑄撰，侯鹤龄编
>清光绪十九年（1893）河津柴氏家塾刻本
>省博图藏

垣曲杨氏西门家谱 （清）杨朝选修
>清光绪二十一年（1895）写本
>垣曲县古城村杨光辉藏

河津樊村堡任氏西户家谱 （清）任氏族人修

清光绪二十三年（1897）写本

河津市樊村堡任氏后裔藏

小学集注六卷 （宋）朱熹撰（明）陈选集注

清光绪二十三年（1897）解州居易堂刻本　四册

选择掟要不分卷 （清）贺汝田纂

清光绪二十三年（1897）绛州宝善堂刻本

稷山图藏

诗经八卷 （宋）朱熹集传

清光绪二十四年（1898）解州居易堂刻本

稷山图藏

大意尊闻一卷 （清）方东树撰

清光绪二十五年（1899）解梁书院刻本

太谷图藏

普通学歌诀七卷 （清）张一鹏撰

清光绪二十六年（1900）解州吉庆堂铅印本

稷山图藏

正香簃吟草四卷 （清）康奉珏撰

清光绪二十六年（1900）万泉县署刻本　一册

历朝捷录史鉴总论四卷 （清）张之洞音注

清光绪二十七年（1901）解州吉庆堂刻本

山农大图藏

光绪庚子辛丑恩正并科山西乡试墨卷 （清）薛登道撰

清光绪二十七年（1901）稷山刻本

稷山图藏

吕新吾先生呻吟语四卷 （明）吕坤撰

清光绪二十七年（1901）山右龙门敬慎堂刻本

河津图、省博图藏

垣曲谢村车氏家乘 （明）车见齐、吕士芳修（清）车西颜、车天眷重修，车锡田再修

清光绪二十九年（1903）写本

垣曲县谢村车氏后裔藏

光绪癸卯恩科山西乡试朱卷 （清）孟森立撰

清光绪二十九年（1903）永济孟氏刻本

五台张文达藏

史鉴节要便读六卷 （清）鲍东里撰

清光绪三十一年（1905）河东道署刻本

临猗图、稷山图、新绛图藏

垣曲姚氏宗谱四卷 （清）姚宪虞修，姚宗孟等续修

清光绪三十一年（1905）写本

垣曲县古城村姚氏后裔藏

重订地理歌略一卷 （清）叶澜撰

清光绪三十一年（1905）解州易德堂刻本

夏县图藏

重订天文歌略二章地理歌略二十七章　（清）叶澜、叶瀚撰，晋明小学重订

　　清光绪三十一年（1905）河东道刻本

　　阳城图、新绛图、河津图藏

增注地球韵言四卷　（清）张士瀛编

　　清光绪三十一年（1905）河东道刻本

　　新绛图藏

慈生篇　（清）绛县慈光寺编

　　清光绪三十一年（1905）绛县大交镇慈光寺刻本

　　洪洞县文联张根年藏

芮城县公立陌南高等小学堂章程一卷　（清）景耀月撰

　　清光绪三十二年（1906）铅印本　一册

耻言一卷　（明）徐祯稷撰　**荆园小语一卷进语一卷**　（明）申涵光撰　**张杨园初学备忘一卷**　（清）张履祥撰

　　清光绪三十二年（1906）解梁书院正本堂刻本　一册

明夷待访录一卷　（清）黄宗羲撰

　　清光绪三十二年（1906）河东中学堂刻本　一册

蚕桑简易法一卷

　　清光绪三十三年（1907）解州解梁书院刻河东道署重印本　一册

河津任氏家谱　（清）任氏族人修

　　清光绪三十四年（1908）抄本

河津县小停村任海法藏

劝世真言

清光绪三十四年（1908）绛州绛县刻本

浮山博藏

六艺纲目二卷附字原一卷札记一卷 （元）舒天民撰，舒恭注（明）赵宜中附注

清光绪解梁书院刻本 二册

易说六卷 （宋）司马光撰

清光绪解梁书院刻本 二册

书经集传六卷 （宋）蔡沈集传

清光绪解州吉庆堂刻本

隰县图藏

春秋左传杜注二十一卷 （清）姚培谦撰

清光绪解梁书院刻本

永济图藏

孟子七卷 （宋）朱熹集注

清光绪解州吉庆堂刻本 二册

唐鉴十二卷 （宋）范祖禹撰，吕祖谦注

清光绪解梁书院刻本 四册

司马文正公年谱一卷 （清）陈宏谋撰

清光绪解梁书院刻本 一册

圣祖仁皇帝庭训格言一卷 （清）爱新觉罗·玄烨撰
　　清光绪解梁书院刻本　一册

增注地球韵言四卷 （清）张士瀛编
　　清光绪解州吉庆书局影印本
　　阳城图、隰县图、河津图藏

朱子语类日抄五卷 （清）陈澧撰
　　清光绪解梁书院刻本
　　太谷图藏

呻吟语节录二卷 （明）吕坤撰（清）陈宏谋辑
　　清光绪解梁书院刻本
　　运城盐湖图藏

弟子箴言二卷 （清）胡达源撰
　　清光绪解梁书院刻本
　　太谷图藏

求阙斋语摘录一卷 （清）曾国藩撰
　　清光绪解梁书院刻本　一册

教谕语四卷 （清）谢金銮撰
　　清光绪解梁书院刻本　一册

弟子规一卷 （清）李毓秀撰，贾存仁重订
　　清光绪解梁书院刻本　一册

小学韵语一卷 （清）罗泽南撰

清光绪解梁书院刻本　一册

二语摘读四言
　　清光绪解梁书院刻本　一册

闻喜小堆后张氏家谱　（清）张氏族人修
　　清宣统二年（1910）写本
　　闻喜档藏

河津通化村庞氏家谱　（清）庞全中续修
　　清宣统三年（1911）抄本
　　河津市通化村庞印全藏

解郡南贾村席氏家谱一卷　（清）王际泰修
　　清宣统三年（1911）续抄本　一册

诗经八卷　（宋）朱熹集传
　　清解州同善堂刻本
　　河津图藏

太原王氏绛县支谱（续）　（清）王运荣等续修
　　清刻本
　　绛县县志办藏

闻喜上吕村牛氏族谱　（清）牛氏族人修
　　清写本
　　闻喜档藏

闻喜寺底村冯氏家谱　（清）冯氏族人修

清写本
闻喜档藏

闻喜东罗庄李氏家谱 （清）李氏族人修
清写本
闻喜档藏

闻喜小罗庄李氏家谱 （清）李氏族人修
清写本
闻喜档藏

闻喜堡尔头李氏家谱 （清）李氏族人修
清写本
闻喜档藏

闻喜李家房李氏家谱 （清）李氏族人修
清写本
闻喜档藏

闻喜郎家凹张氏家谱 （清）张氏族人修
清写本
闻喜档藏

绛县柳庄张氏家谱 （清）张爱桐修，张文选、张健续修
清写本
绛县县志办藏

绛县陈氏家谱 （清）陈英才、陈延景续修
清写本

绛县县志办藏

闻喜东郝庄殷氏家谱 （清）殷氏族人修
　　清写本
　　闻喜档藏

解州李氏家谱 （清）李应奎修
　　清抄本　一册

稷山小阳村杨氏宗谱不分卷 （清）杨含章等纂修
　　清抄本
　　上海图藏

闻喜仪张村刘氏家谱 （清）刘氏族人修
　　清末写本
　　闻喜档藏

闻喜东郝庄董氏家谱 （清）董氏族人修
　　清末写本
　　闻喜档藏

稷山书院试卷 （清）宁遇康撰
　　清稷山书院宁遇康写本
　　五台张文达藏

明心宝鉴二卷
　　清绛州翰兴斋刻本
　　晋城城区图藏

明心宝鉴二卷
    清绛州秀山堂刻本
    古瘿陶书屋藏（来源于网上资料）

观音劝善文
    清末解州刻本
    隰县图藏

文清公薛先生文集二十四卷　（明）薛瑄撰，张鼎辑
    清解梁侯腹心刻本
    运城盐湖图藏

岩溪诗草一卷　（清）毛同升撰
    清平陆毛享衢抄本　一册

谷口集七卷　（清）王含光撰
    清河东刻本
    祁县图藏

薛仁斋先生遗稿　（清）薛于瑛撰
    清芮城薛氏稿本　三册

刘玉郎思家中状元团圆十二卷
    清绛州永兴堂刻本
    山西大学原教授李裕民藏

忻州

春秋大成三十一卷　（清）冯如京汇纂

清顺治十一年（1654）代县冯如京刻本

代县图、省博图、哈佛燕京图书馆藏

省图有残本一册。

鲁斋遗书十二卷补遗一卷　（宋）王柏撰

清顺治十一年（1654）代县冯如京刻本

北大图、国图藏

柳待制文集二十卷附录一卷　（元）柳贯撰（明）柳寅东编

清顺治十一年（1654）代县冯如京等刻本

山大图藏

柳待制文集二十卷附录一卷　（元）柳贯撰（明）柳寅东编

清顺治十一年(1654)代县冯如京等刻本康熙五十年(1711)、六十一年（1722）重修本

山师大图、上海图藏

古今雁字诗选五卷　（清）冯如京编

清顺治十一年（1654）代县冯如京秋水阁刻本

首都图藏

观心约一卷　（明）邹森撰

清顺治十二年（1655）代县冯如京刻本

清华图藏

傅文恪公初集八卷　（明）傅新德撰

清顺治十四年（1657）代县冯如京刻本

北大图藏

白谷山人诗抄二卷 （明）孙传庭撰

清顺治十七年（1660）代县孙世瑞、孙世宁（孙传庭子）刻本 一册

九原杨氏族谱 （清）杨烶述纂修

清康熙六年（1667）写本
忻州市高城村杨春圃藏

王二弥文集不分卷 （明）王邵撰（清）王恒辑

清康熙八年（1669）保德州王恒（王邵之孙）抄本 二册

太原王二弥先生存稿十卷附传记一卷 （明）王邵撰（清）王恒辑

清康熙十八年（1679）王岱刻本
北京文物局藏

雁门集六卷 （元）萨都剌撰

清康熙十九年（1680）萨氏半野轩刻本 六册

清凉山新志十卷 （清）丹巴纂修

清康熙四十年（1701）刻本 四册

秋水集十六卷 （清）冯如京撰

清乾隆五年（1740）代县冯如京孙冯钦、冯鉴于武林清晖堂刻本 八册

翠滴楼诗集六卷 （清）冯云骕撰

清乾隆五年（1740）代县冯如京孙冯钦、冯鉴于武林清晖堂刻本 一册

遗山先生年谱二卷 （清）凌廷堪编

　　清嘉庆元年（1796）忻州读书山房刻本　一册

雁门集十四卷 （元）萨都剌撰　**倡和录一卷** （清）萨龙光辑

　　清嘉庆十二年（1807）萨氏刻本　八册

元遗山先生全集八卷续夷坚志四卷年谱一卷 （金）元好问撰

　　清嘉庆十三年（1808）忻州读书山房刻本

　　代县图藏

代县崔氏世谱二卷 （清）崔漳、崔文炳修

　　清嘉庆二十四年（1819）抄本

　　代县东关村崔俊魁藏

五台徐氏本支叙传 （清）徐继畲撰

　　清嘉庆刻本

　　山大图藏

五台徐润第墨迹 （清）徐润第书

　　清嘉庆、道光间写本　二册

见庵锦官录八种三十卷 （清）李锡书撰

　　清嘉庆至道光年间静乐李锡书写刻本　十二册

　　八种书子目：周官图说六卷，河洛图说四卷，释地图考三卷，释星图考一卷，四书臆说十二卷，圜海图考四卷，见庵杂著一卷，制义一卷。

王月潭先生小传 （清）徐润第撰并书

　　清道光二年（1822）稿本　一册

退密斋时文 （清）徐继畬撰

清道光五年（1825）五台徐氏刻本　四册

敦艮斋遗书十七卷 （清）徐润第撰

清道光十一年（1831）五台徐继畬刻本

太谷图藏

繁峙王氏族谱 撰人未详

清道光十三年（1833）刻本

繁峙县志办藏

道光丙申恩科会试朱卷 （清）张棣撰

清道光十六年（1836）崞县张氏刻本

五台张文达藏

繁峙魏氏家谱一卷 撰人未详

清道光十八年（1838）写本

繁峙县志办藏

瀛环考略二卷 （清）徐继畬撰

清道光二十四年（1844）稿本

台北"中央图书馆"藏

耘皋老人古文遗集一卷 （清）张健撰，张棣辑

清道光二十五年（1845）崞县张棣刻本

山大图藏

崞县张氏先哲遗著五种 （清）张棣辑

清道光二十五年（1845）张氏刻本

山大图藏

代州杨氏族谱十二卷 （清）杨茂林修

清道光二十七年（1847）刻本　八册

遗山集四十卷附录一卷 （金）元好问撰

清道光二十七年（1847）定襄李氏刻本　十二册

瀛环志略十卷 （清）徐继畬撰

清道光二十八年（1848）之前誊清修改稿本

国图藏

瀛环志略十卷 （清）徐继畬撰

清道光二十八年（1848）徐氏福州抚署刻本　六册

敦艮斋遗书十七卷 （清）徐润第撰

清道光二十八年（1848）徐继畬福州刻本　五册

退密斋时文四卷补编一卷 （清）徐继畬撰

清道光二十九年（1849）五台徐氏刻本　五册

敦艮斋时文不分卷 （清）徐润第撰，徐继畤、徐继谷辑

清道光三十年（1850）徐氏家塾刻本　六册

汉赵氏孟子章指复编一卷附论一卷 （清）萨玉衡撰

清道光、咸丰间稿本

福建图藏

忻州李氏家谱四卷 （清）李瀼续修

清咸丰四年（1854）刻本

忻州忻府图藏

飞鸿书屋文稿二卷 （清）赵晒撰

清咸丰五年（1855）崞阳（今原平）武访畴西安府署刻本 一册

个人藏

纪九行气炼形图 （清）张天斗撰

清咸丰七年（1857）忻州董岫云刻本

忻州忻府图藏

退密斋时文不分卷补编不分卷 （清）徐继畬撰

清咸丰七年（1857）徐氏家塾刻本 四册

五台徐氏本支叙传一卷 （清）徐继畬编

清咸丰十年（1860）刻本 一册

敬学堂诗抄一卷 （清）冯廷丞撰 **勖斋诗抄四卷** （清）冯戚撰

清咸丰十年（1860）代县冯焯刻本 一册

忻州解原村张氏族谱 （清）张之纲修

清咸丰抄本

忻州市解原村张必毅藏

超山书院课程

清道光、咸丰、同治间五台徐氏退密斋刻本 一册

两汉幽并凉三州今地考略 （清）徐继畬撰

清道光、咸丰、同治间稿本

中央党校图藏

使蜀纪程 （清）徐继畬撰
　　清道光、咸丰、同治间稿本
　　中央党校图藏

汉石佚存表一卷 （清）徐继畬撰
　　清道光、咸丰、同治间稿本
　　国图藏

徐继畬书挽豫莘辞 （清）徐继畬书
　　清道光、咸丰、同治间写本　一册

五台卢氏家谱 （清）卢经世纂修
　　清同治三年（1864）敦伦堂刻本
　　五台县个人藏

微尚斋诗集初编四卷续集一卷 （清）冯志沂撰
　　清同治三年（1864）冯氏庐州官署刻本　二册

金刚般若波罗蜜经详解全集 （清）姚秉华注
　　清同治六年（1867）五台姚氏刻民国十二年（1923）寿宁寺补印本　一册

五台西头村白氏宗谱 （清）白元善纂修
　　清同治九年（1870）写本
　　五台县西头村白氏后裔藏

同治庚午科山西乡试朱卷 （清）李彦棠撰

清同治九年（1870）崞县李氏刻本
五台张文达藏

清凉山志十卷 （明）释镇澄修（清）释阿王老藏重修
清同治九年（1870）刻本
应县图藏

寄魂谷诗草十二卷 （清）王锡畴撰
清同治九年（1870）忻州王氏刻本 六册

桐溪文集十卷 （清）李徽撰
清同治九年（1870）崞县公美堂刻本 四册

书带草堂诗稿一卷 （清）刘溥元撰
清同治九年（1870）五台刘溥元孙刘升瑛等刻本
五台张文达藏

桐溪文集十卷补遗一卷 （清）李徽撰
清同治九年（1870）崞县梁尊德等校刻同治十三年（1874）补刻本
山大图、省博图藏

同治癸酉科山西乡试朱卷 （清）董廷麟撰
清同治十二年（1873）代县董氏刻本
五台张文达藏

崞县阳武村武氏宗谱四卷 （清）武访畴纂修
清同治刻本
原平市上大林村武巨前藏

清代编 199

拾遗集九卷 （清）吴德光辑
  清光绪元年（1875）定襄集贤楼刻本　八册

元遗山志四卷 （清）樊焕章辑
  清光绪元年（1875）定襄集贤楼刻本　一册

广元遗山年谱二卷 （清）李光廷编
  清光绪七年（1881）忻州读书山房刻本　二册

元遗山先生全集四十卷首一卷末一卷乐府四卷续夷坚志四卷 （金）元好问撰 考证三卷 （清）赵培因撰 凌辑年谱二卷翁辑年谱一卷施辑年谱一卷 （清）张穆订
  清光绪七年（1881）忻州读书山房刻本　十五册

中州集十卷首一卷中州乐府一卷 （金）元好问辑
  清光绪七年（1881）忻州读书山房刻本　十一册

中州乐府 （金）元好问编
  清光绪九年（1883）忻州读书山房刻本　一册

光绪丙戌科会试朱卷 （清）渠纶阁撰
  清光绪十二年（1886）五台渠氏刻本
  五台张文达藏

五台徐氏宗谱八卷 （清）徐实甫纂修
  清光绪十三年（1887）石印本
  河北大学图藏

曾太仆左夫人诗稿合刻十一卷 （清）曾咏、左锡嘉撰

清光绪十七年（1891）定襄官署刻本

省博图藏

奇门汇参 （清）王文政撰

清光绪十九年（1893）雁门王氏稿本

代县图藏

山西宁武府忠义孝弟祠观法录 （清）吴鸿恩辑

清光绪二十四年（1898）同善堂刻本

临猗图藏

颐养诠要四卷 （清）冯曦辑

清光绪二十四年（1898）代州冯氏蒙香室刻本

太原图藏

白华楼诗钞四卷焚余稿一卷 （清）萨玉衡撰

清光绪二十九年（1903）福州萨氏刻本

辽宁图藏

荔影堂诗钞二卷 （清）萨大文撰　**荔影堂诗钞二卷** （清）萨大年撰

清光绪二十九年（1903）福建萨氏刻本

贵州图、福建图、国图藏

代州杨氏族谱 （清）杨清涟续修

清光绪三十三年（1907）刻本

代县鹿蹄涧杨家祠堂藏

遗山先生文集四十卷附录一卷 （金）元好问撰

清光绪秀容书院刻本
太原图藏

雁门集六卷　（元）萨都剌撰
清宣统二年（1910）萨嘉曦仿清康熙十九年（1680）萨氏半野轩刻本
山师大图藏

珠光集四卷　（清）萨察伦撰
清宣统二年（1910）福州萨嘉曦刻本
国图、福建图、首都图藏

湘南吟草一卷　（清）萨龙田撰
清宣统二年（1910）福州萨氏刻本
国图、福建图藏

望云精舍诗钞一卷　（清）萨大滋撰
清宣统二年（1910）萨嘉榘莳花吟馆刻本
福建图、国图藏

孟子章指一卷　（清）萨玉衡编
清宣统三年（1911）萨氏莳花吟馆刻"敦孝堂丛书"本
福建图藏

代州冯大君墓表家传行略　（清）冯志沂辑
清代州冯氏刻本
太原图藏

忻郡杨氏家乘六卷　（清）杨嘉枬续修

清手抄本

忻州市忻府区西街社区杨珺琳藏

繁峙下茹越侯氏族谱六卷

清写本

繁峙图藏

斗山书院试卷 （清）高文光撰

清代县斗山书院高文光写本

五台张文达藏

崞阳书院试卷 （清）刘文蔚撰

清崞县崞阳书院刘文蔚写本

五台张文达藏

山西五台县古迹图一卷

清刻本

国图藏

瑜伽焰口施食

清宁武府东乡龙泉寺刻本

偏关博藏

应酬尺牍 （清）王文政撰

清雁门王氏稿本

代县图藏

临汾

寄园藏稿不分卷 （清）卫周胤撰
  清顺治十年（1653）稿本　二册

通雅五十二卷首三卷 （清）方以智撰
  清康熙五年（1666）姚文燮浮山此藏轩刻本　十六册

三晋诗选十四卷晋诗二集十六卷 （清）范鄗鼎辑
  清康熙十二年（1673）洪洞范氏五经堂刻本　九册

三晋语录十卷 （清）范鄗鼎辑
  清康熙十三年（1674）洪洞范氏五经堂刻本　五册

乡宁余凹村王氏家谱 （清）成佰英修
  清康熙十五年（1676）手抄本
  乡宁县志办藏

慎修堂集二十卷 （明）亢思谦撰
  清康熙十五年（1676）临汾亢宗瑗刻本
  山大图藏

三晋诗选十四卷 （清）范鄗鼎辑
  清康熙十七年（1678）洪洞范氏五经堂刻本　五册

三晋语录十卷二集五卷 （清）范鄗鼎辑
  清康熙二十一年（1682）洪洞范氏五经堂刻本　六册

晋国垂棘一卷续垂棘编初集六卷二集十卷三集十卷四集九卷

（明）范弘嗣辑（清）范鄗鼎重订

  清康熙十一年至二十三年（1672—1684）洪洞范氏五经堂刻本

  祁县图、省博图藏

读书录全集十七卷 （明）薛瑄撰（清）范鄗鼎笺

  清康熙二十五年（1686）洪洞范氏五经堂刻本 六册

理学备考三十四卷 （清）范鄗鼎编，范翼校录

  清康熙三十四年（1695）洪洞范氏五经堂刻本

  临汾尧都图、省博图藏

晋国垂棘一卷续垂棘编初集六卷二集十卷三集十卷四集九卷

（明）范弘嗣辑（清）范鄗鼎重订

  清康熙三十四年（1695）洪洞范氏五经堂刻本

  省博图、中山大学图藏

理学备考三十四卷 （清）范鄗鼎编

  清康熙四十二年（1703）洪洞范氏五经堂刻本 十四册

渔洋诗话二卷 （清）王士禛撰

  清康熙四十九年（1710）临汾蒋仁锡刻本

  山东图藏

五经堂合集不分卷文集五卷语录一卷 （清）范鄗鼎撰

  清康熙五十二年（1713）洪洞范氏五经堂刻本

  运城盐湖图藏

绛山髯夫四书答问六十卷 （清）卫蒿撰

清康熙五十四年（1715）曲沃绛山书院刻本　四十册

洪洞刘氏宗谱八卷首一卷末一卷　（清）刘镇、刘志纂修
清康熙五十四年（1715）刻本
人大图藏

晋国垂棘一卷续晋国垂棘编六卷二集十卷三集十卷四集九卷
（明）范弘嗣辑（清）范鄗鼎重订
清康熙五十七年（1718）洪洞范氏五经堂刻本　十八册

古夫于亭杂录五卷　（清）王士禛撰
清康熙临汾蒋仁锡刻本
山东图藏

王槐溪先生文集五卷　（明）王三接撰
清雍正八年（1730）洪洞王氏家刻本　五册

韩忠定公集四卷　（明）韩文撰，乔因羽编
清乾隆三年（1738）韩氏九世孙韩宗藩刻本
祁县图、复旦图、宁波天一阁藏

洪洞苏堡刘氏宗谱　（清）刘南沚纂修
清乾隆五年（1740）刻本
河北大学图藏

针灸大成十卷　（明）杨继洲撰（清）章廷珪重修
清乾隆六年（1741）翼城李本修刻本
个人藏

司马文正公集八十二卷目录二卷首一卷　（宋）司马光撰
  清乾隆九年（1744）临汾刘氏百禄堂刻本　二十四册

旭华堂文集十四卷补遗一卷　（清）王奂曾撰
  清乾隆十二年（1747）太平赵熟典刻本
  山大图藏

南园倡和集一卷　（清）刘㯺撰，沈德潜批点
  清乾隆十三年（1748）临汾刘组曾刻套印本
  国图藏

家范十卷　（宋）司马光撰
  清乾隆十四年（1749）临汾刘组曾刻本
  清华图藏

莲洋集十二卷　（清）吴雯撰
  清乾隆十五年（1750）临汾刘组曾梦鹤草堂刻本
  山大图、太原图藏

旭华堂文集十四卷补遗一卷续编一卷　（清）王奂曾撰，何百可辑
  清乾隆十六年（1751）太平赵熟典刻本　六册

莲洋集十二卷补遗一卷附录一卷　（清）吴雯撰，王士禛评
  清乾隆十五年（1750）临汾刘组曾梦鹤草堂刻乾隆十七年（1752）增修本　六册

韩忠定公集四卷　（明）韩文撰，乔因羽编
  清乾隆三年（1738）韩氏九世孙韩宗藩刻乾隆十七年（1752）韩氏后裔补刻本

天津图、陕西图藏

王黄州小畜集三十卷 （宋）王禹偁撰

清乾隆二十五年（1760）太平赵熟典爱日堂刻本

国图、清华图藏

惺村杂草二十三卷 （清）李奇观撰

清乾隆三十年（1765）太平李印濂（李奇观子）抄本　八册

碧天霞传奇二卷 （清）徐昆撰

清乾隆三十一年（1766）徐氏贮书楼刻本

首都图藏

傅征君霜红龛诗抄 （清）傅山撰

清乾隆三十二年（1767）太平刘赞仰止轩刻本

省博图、国图、太原图藏

吴征君莲洋诗抄不分卷 （清）吴雯撰

清乾隆三十二年（1767）苏尔诒、刘赞（太平人）校刻本

临猗图、山大图、山师大图、太原图、河南图藏

晴莲阁诗一卷丰毡庐诗一卷（又名吴天绮先生诗集） （清）吴霞撰

清乾隆三十三年（1768）太平赵熟典刻本

山大图藏

松阳抄存二卷 （清）陆陇其撰，杨开基编

清乾隆三十三年（1768）太平赵熟典刻本　一册

思诚堂集二卷附祠堂记四首 （清）吴琪撰

　　　　清乾隆三十四年（1769）太平赵熟典刻本　二册

昆仑山房诗集残稿　　（清）张笃庆撰
　　　　清乾隆三十四年（1769）临汾蒋仁锡校刻本
　　　　山东图藏

莲洋集十二卷附录一卷　　（清）吴雯撰　**年谱一卷**　　（清）翁方纲撰
　　　　清乾隆三十九年（1774）浮山荆圃草堂刻本　八册

姑射山人吟稿二卷　　（明）王体复撰（清）赵熟典校
　　　　清乾隆四十年（1775）太平赵熟典刻本　一册

旭华堂诗集二卷　　（清）王奂曾撰
　　　　清乾隆四十年（1775）太平赵熟典依竹轩刻本　一册

洗桐居士文集四卷诗四卷　　（清）王玮撰
　　　　清乾隆四十年（1775）太平赵熟典刻本
　　　　山大图藏

廉立堂文集十二卷　　（清）卫既齐撰
　　　　清乾隆四十年（1775）太平赵熟典刻本
　　　　临猗图、山大图藏

午亭文编五十卷　　（清）陈廷敬撰
　　　　清乾隆四十三年（1778）平阳府学刻本　十六册

午亭文编五十卷午亭山人第二集三卷　　（清）陈廷敬撰，林佶辑
　　　　清乾隆四十三年（1778）徐昆刻本

省博图藏

述职吟二卷 （清）刘秉恬撰

清乾隆四十九年（1784）洪洞刘秉恬云南刻本

云南图藏

竹轩诗稿四卷 （清）刘秉恬撰

清乾隆五十一年（1786）洪洞刘氏滇南官署刻本

祁县图藏

今文粹编八卷二编二卷 （清）赵熟典辑

清乾隆五十一年（1786）太平赵熟典刻本　十六册

莲洋集选十二卷 （清）吴雯撰，王士禛评

清乾隆十七年（1752）临汾刘组曾梦鹤草堂刻乾隆五十五年（1790）临汾徐昆补刻本　六册

柳崖外编十六卷 （清）徐昆撰

清乾隆五十七年（1792）徐氏家刻本

国图藏

闻见瓣香录十卷 （清）秦武域撰

清乾隆五十八年（1793）曲沃秦氏笑竹书屋刻本　六册

洪洞刘氏宗谱不分卷 （清）刘志等纂

清乾隆刻本

北大图藏

三字经家训补缀 （清）李奇观撰

清乾隆李氏门生许敬端刻本
资料来源于网上（2018年3月2日）

梦鹤草堂集一卷　（清）刘组曾撰

清乾隆临汾刘组曾梦鹤草堂刻本
四川大学图藏

春花秋月词一卷　（清）徐昆撰

清乾隆稿本
国图藏

雨花台传奇二卷　（清）徐昆撰

清乾隆临汾徐氏贮书楼刻本　二册

藐雪山房全集　（清）范鹤年撰

清嘉庆元年（1796）洪洞范氏刻本　八册

新琵琶四卷　（清）张锦撰

清嘉庆四年（1799）临汾徐昆贮书楼刻本
大连市图藏

洪洞刘氏宗谱六卷首一卷　（清）刘大哲纂修

清嘉庆十五年（1810）刻本
人大图藏

三立祠传二卷　（明）袁继咸撰（清）刘梅重辑，和其衷编

清乾隆太平刘贽刻嘉庆十八年（1813）续刻本　四册

洪洞韩氏重修家谱二卷　（清）韩有庆等纂修

清嘉庆二十年（1815）刻本

人大图藏

洪洞薄村十甲王氏族谱二十七卷 （清）王肃纂

清嘉庆刻本

洪洞档藏

国朝理学备考三十四卷 （清）范鄗鼎编

清道光五年（1825）五经堂据康熙本补刻本

祁县图、省委党校图、浙江图藏

水屋剩稿二卷 （清）张道渥撰

清道光八年（1828）浮山张氏梦觉草堂刻本 二册

万里吟一卷 （清）马毓林撰

清道光九年（1829）曲沃马毓林丽江府署刻本

云南图藏

无逸集六卷首一卷 （清）靳之隆撰

清道光十年（1830）洪洞靳氏忠恕堂刻本 四册

洪洞万安镇陈氏宗谱不分卷 （清）陈汝楫等纂修

清道光十三年（1833）木活字本

上海图藏

山右通志人物咏史诗略四卷 （清）卫济世辑

清道光十九年（1839）平阳书院刻本 一册

括囊集二卷 （清）刘星纂、朱穆录

清道光十九年（1839）平水李得润精抄本

山师大图藏

赤臣诗存一卷 （清）张炜撰

清道光二十三年（1843）临汾王耀辰刻本 一册

正字略定本一卷 （清）王筠撰

清道光二十五年（1845）安丘王筠乡宁县署刻本 一册

乡宁崔窑高氏家谱 （清）高明纂修

清道光二十五年（1845）抄本

乡宁县高仰道藏

正字略定本一卷 （清）王筠撰

清道光二十六年（1846）曲沃刻本 一册

文字蒙求四卷 （清）王筠撰

清道光二十六年（1846）安丘王筠乡宁县署刻本

济南市图藏

三立祠传二卷 （明）袁继咸撰（清）刘梅重辑，和其衷编

清乾隆太平刘赟刻嘉庆、道光递修本 四册

大清通礼品官士庶仪纂六卷 （清）刘师陆撰

清道光洪洞刘氏家刻本

国图藏

说文释例补正二十卷 （清）王筠撰

清咸丰二年（1852）安丘王筠乡宁县署补刻本

山东图藏

咸丰壬子科山西乡试朱卷 （清）宋洪业撰
　　清咸丰二年（1852）曲沃宋氏自刻本
　　五台张文达藏

念复堂诗抄一卷 （清）王蔚青撰
　　清咸丰二年（1852）安丘王筠乡宁县署刻本
　　山东图藏

松亭诗抄一卷 （清）王志超撰
　　清咸丰二年（1852）安丘王筠乡宁县署刻本
　　山东图藏

菊逸先生诗存一卷 （清）王克笃撰
　　清咸丰二年（1852）安丘王筠乡宁县署刻本
　　山东图藏

暗室灯二卷 （清）深山居士撰
　　清咸丰四年（1854）曲沃许国刻本
　　河津图藏

勾股图解四卷 （清）焦腾凤撰
　　清咸丰四年（1854）曲沃馨宜斋刻本
　　山大图藏

勾股图解四卷 （清）焦腾凤撰
　　清咸丰四年（1854）曲沃艺成堂刻本　二册

岳阳刘氏宗谱四卷 （清）刘三楷、刘三重增修
  清咸丰五年（1855）手抄本
  古县刘氏后人刘国英藏

洪洞韩氏家谱 （清）韩殿魁等纂修
  清咸丰七年（1857）刻本
  中科院图藏

乡宁石涧村杨氏家谱 （清）杨笃纂修
  清咸丰九年（1859）刻本
  乡宁县石涧村杨天章藏

蛾术录要不分卷 （清）董文焕辑
  清咸丰十年（1860）董文焕抄本　一册

玉溪生诗选一卷 （唐）李商隐撰（清）董文焕选
  清咸丰十年（1860）董文焕抄本　一册

西昆集选录一卷 （宋）杨亿撰（清）董文焕选
  清咸丰十年（1860）董文焕抄本　一册

西隃山房集四卷 （清）冯志沂撰
  清咸丰十一年（1861）洪洞董氏刻本
  太谷图藏

秋怀唱和诗一卷 （清）董文焕辑
  清咸丰十一年（1861）岘樵山房刻本　一册

杜诗字评十八卷 （清）董文焕辑

清代编　215

清咸丰、同治间稿本

　　福建图藏

　　存十六卷（卷一至七，卷十至十八）。

声调四谱图说十二卷首一卷末一卷　（清）董文焕撰

　　清同治三年（1864）洪洞董氏刻本　六册

岘樵山房诗草不分卷　（清）董文焕撰

　　清同治四年（1865）稿本

　　省博图藏

金陵收复志喜一百韵一卷　（清）董文焕撰

　　清同治五年（1866）董氏刻本　一册

十八叠山房唱和草一卷　（清）王轩撰

　　清同治六年（1867）洪洞王氏刻本　一册

岘樵山房诗集八卷续二卷　（清）董文焕撰

　　清同治七年（1868）洪洞董氏刻本

　　山大图藏

孟诗评选　（清）李少鹤评，董文焕校

　　清同治七年（1868）洪洞董氏刻本

　　山大图藏

孟诗补遗二卷　（清）董文焕辑补

　　清同治七年（1868）洪洞董氏刻本

　　临猗图藏

西崦山房集八卷 （清）冯志沂撰

　　清同治八年（1869）洪洞董氏刻本　五册

适适斋文集二卷 （清）冯志沂撰

　　清同治八年（1869）洪洞董氏刻本　一册

微尚斋诗集初编四卷续集二卷适适斋文集二卷 （清）冯志沂撰

　　清同治八年（1869）洪洞董氏刻本　二册

西山游草 （清）王轩撰

　　清同治八年（1869）洪洞王氏刻本　一册

岘樵山房诗集初编八卷续编七卷岘樵山房诗草一卷 （清）董文焕撰

　　清咸丰二年至同治十一年（1852—1872）稿本　七册

水屋剩稿二卷 （清）张道渥撰

　　清同治十一年（1872）浮山知县庆钟刻本　二册

集韵编雅一卷 （清）董文焕辑注

　　清同治十二年（1873）之前董文焕稿本　一册

集韵编雅十卷 （清）董文焕辑注

　　清同治十二年（1873）洪洞董氏刻本　五册

洪洞董氏族谱 （清）董麟修

　　清同治十二年（1873）刻本

　　原由洪洞县董氏后人董寿平藏

秋湄诗钞一卷 （清）杨笃撰

清同治十二年（1873）杨笃于直隶西宁宏州书院刻本　一册

耨经庐诗集初编八卷　（清）王轩撰

清同治十三年（1874）洪洞董氏刻本　二册

芸龛日记不分卷　（清）董文灿撰

清同治稿本　五册

观阜山房日记不分卷　（清）董麟撰

清同治稿本　一册

岘樵山房日记不分卷（清同治元年至光绪元年十一月三十日）　（清）董文焕撰

清同治、光绪稿本　十八册

佩芸日记不分卷　（清）冯琬琳撰

清同治、光绪间稿本　四册

墨余便录不分卷　（清）董文焕辑

清同治、光绪间董文焕稿本　一册

藐姑射山房诗集三卷　（清）董文焕撰

清咸丰、同治、光绪间稿本　二册

养一斋诗选一卷　（清）潘德舆撰

清咸丰、同治、光绪间董文焕抄本　一册

明七律便抄一卷五代七律补抄一卷　（清）董文焕录

清咸丰、同治、光绪间董文焕抄本　一册

联语不分卷 （清）董文焕辑
　　清咸丰、同治、光绪间董氏稿本　一册

岘樵山房倡和诗存二卷 （清）董文焕、翁同龢等撰
　　清咸丰、同治、光绪间稿本　二册

宋四六选分类摘句一卷 （清）董文焕辑
　　清咸丰、同治、光绪间董文焕抄本　一册

聊自娱斋诗草二卷附研农山房试帖 （清）冯嘉谟撰
　　清光绪八年（1882）洪洞董氏刻本　一册

榆石山樵诗草一卷源池小草一卷随意吟草一卷晚香亭词草一卷
（清）宁述俞撰
　　清光绪十一年（1885）襄汾崔皆平永宝斋书局刻本　四册

山西米粮歌 （清）梁培才编
　　清光绪十二年（1886）洪洞顺生堂刻本
　　浮山博藏

芸香书屋诗草二卷 （清）董文灿撰
　　清光绪十三年（1887）冯婉琳刻本　一册

山右金石存略二十一卷 （清）宋琦辑
　　清光绪十七年（1891）稿本
　　新绛文化馆藏

山右金石存略目录摘要 （清）宋琦辑
　　清光绪二十年（1894）平郡宋宅刻本　一册

洪洞刘氏宗谱 （清）刘殿凤纂修

　　清光绪二十三年（1897）刻本

　　河北大学图藏

洪洞刘氏宗谱 （清）刘胜莲续修

　　清光绪二十六年（1900）刻本

　　河北大学图藏

洪洞刘氏宗谱二十卷首二卷末一卷像赞一卷祖训一卷 （清）刘殿凤、刘胜莲纂修

　　清光绪二十七年（1901）洪洞刘氏刻本　十六册

孝思堂全集十卷序一卷 （清）侯七乘撰

　　清光绪二十八年（1902）汾西知县程长椿刻本

　　山大图藏

佛语真言度劫文

　　清光绪三十一年（1905）赵城刻本

　　浮山博藏

小眷西堂近体诗抄 （清）苏晋撰

　　清光绪三十三年（1907）曲沃苏氏铅印本　一册

安泽常氏家谱

　　清光绪抄本

　　安泽县石渠村常自立藏

忘适适斋日记不分卷 （清）董麟撰

　　清光绪稿本　一册

鄦斋日记不分卷 （清）董文灿撰

清光绪稿本 一册

王轩日记 （清）王轩撰

清光绪手稿本

洪洞县张根年藏

顾斋日记不分卷 （清）王轩撰

清光绪手稿本

山师大图藏

鄦斋钟鼎文字不分卷 （清）董文灿撰

清光绪稿本 一册

耨经庐诗集续编十三卷 （清）王轩撰

清光绪乡宁杨氏刻本 二册

救劫危言八卷

清宣统元年（1909）平阳府广济坛铅印本 四册

状元诗经 （宋）朱熹集注

清宣统二年（1910）洪洞荣益堂刻本

襄汾博藏

临汾孟氏家谱

清抄本 三册

汾城李氏家谱

清抄本 一册

百马驼仙传
   清太平县史威村普净寺刻本
   襄汾博藏

新刊铜人针灸经七卷新编西方子明堂灸经八卷
   清平阳府刻本
   山西职工医图藏

海客诗抄六卷　（朝鲜）李容肃等撰
   清洪洞董氏抄本　三册

吕梁

朱太史先生新纂四书主意会宗十五卷　（清）朱之俊撰
   清顺治十五年（1658）汾阳朱氏碧山草堂刻本　五册

春秋纂　（清）朱之俊撰
   清康熙三十七年（1698）朱士弘（朱之俊孙）刻本
   山大图藏
   山西巡抚采进本。

于清端公政书八卷首编一卷外集一卷　（清）于成龙撰，蔡方炳、诸匡鼎编次
   清康熙四十六年（1707）于准刻本　十册

永宁于氏宗谱五卷　（清）于准纂修
   清康熙家刻本
   国图藏

先儒正修录三卷齐治录三卷 （清）于准辑

　　清康熙家刻本

　　浙江图藏

龙山志四卷 （清）释德睿撰

　　清雍正四年（1726）刻本

　　宁武文化馆藏

　　龙山即山西孝义市西文龙山。

四书约旨十七卷 （清）任启运撰

　　清乾隆五年（1740）汾阳耿毓孝刻本　八册

御选唐宋文醇五十八卷 （清）爱新觉罗·允禄等辑

　　清乾隆六年（1741）孙嘉淦进呈本

　　省博图藏

交城房氏家谱一卷 （清）房浩修

　　清乾隆二十一年（1756）写本

　　交城县田瑞藏

于清端公政书八卷首编一卷外集一卷 （清）于成龙撰，蔡方炳、诸匡鼎编次　**续集一卷** （清）金岳撰，于大桭辑

　　清康熙四十六年（1707）江苏抚署于准刻乾隆二十六年（1761）于大桭（于成龙曾孙）补刻汇印本　十一册

孔文谷诗集四卷 （明）孔天胤撰

　　清乾隆三十九年（1774）中阳温德端抄本

　　山大图藏

清代编　223

河汾诸老诗集八卷　（元）房祺辑（清）曹学闵补传

清乾隆四十三年（1778）汾阳曹学闵敬翼堂刻本　一册

午亭山人第二集三卷　（清）陈廷敬撰

清乾隆四十三年（1778）于大梴写刻本　一册

古文辞类纂七十四卷　（清）姚鼐撰

清乾隆四十四年（1779）合河（今兴县）康氏家塾刻本

临汾尧都图藏

萤窗草集八卷　（清）朱瑶撰

清乾隆五十三年（1788）汾州朱氏玉衡堂刻本　八册

霞荫堂文抄不分卷　（清）康基渊撰

清乾隆合河康氏霞荫堂刻本

北大图藏

翠微山房自订年谱一卷　（清）曹锡龄纂

清乾隆、嘉庆间汾阳曹氏稿本

国图藏

合河纪闻十四卷　（清）康基田撰

清嘉庆三年（1798）合河康氏霞荫堂刻本　六册

留梦阁诗抄　（清）康惠兰撰

清嘉庆三年（1798）合河康氏霞荫堂刻本　一册

汾阳曹氏志传合刻一卷　（清）曹锡龄、曹祝龄辑，曹树谷补辑

清嘉庆六年（1801）曹氏刻同治元年（1862）补刻本

山大图、国图藏

家塾蒙求五卷 （清）康基渊撰

清嘉庆七年（1802）合河康氏霞荫堂刻本　二册

河渠纪闻三十一卷 （清）康基田撰

清嘉庆九年（1804）合河康氏霞荫堂刻本　二十五册

玉海二百卷辞学指南四卷附刻十三种 （宋）王应麟编

清嘉庆十一年（1806）合河康基田江宁藩署刻本　一百二十册

附刻十三种为：诗考一卷，诗地理考六卷，汉艺文志考证十卷，通鉴地理通释十四卷，周书王会补注一卷，汉制考四卷，践阼篇集解一卷，急就篇补注四卷，小学绀珠十卷，姓氏急就篇二卷，六经天文篇二卷，周易郑康成注一卷，通鉴答问五卷。

紫云山房文抄一卷 （清）曹学闵撰

清嘉庆十四年（1809）汾阳曹氏刻本　一册

牧爱堂编十二卷 （清）赵吉士撰

清康熙十二年（1673）交城刻本嘉庆十五年（1810）补刻本

山大图藏

晋乘搜略三十二卷 （清）康基田撰

清嘉庆十六年（1811）合河康氏霞荫堂刻本　三十五册

交城下关街白氏家谱 （清）白龙锡修

清嘉庆二十四年（1819）写本

交城县下关街白建铉藏

元配王恭人行略一卷悼亡诗一卷 （清）康亮钧撰　**红暇吟草一卷**　（清）王素瑜撰

　　清嘉庆合河康氏刻本　一册

七十家赋抄六卷　（清）张惠言辑

　　清道光元年（1821）合河康氏刻本　四册

古文辞类纂七十四卷　（清）姚鼐辑

　　清道光元年（1821）合河康氏家塾刻本　十二册

河汾诸老诗集八卷　（元）房祺辑

　　清乾隆四十三年（1778）汾阳曹氏敬翼堂刻道光五年（1825）曹氏补刻本

　　辽宁图藏

霞荫堂诗集二卷茂园自撰年谱二卷　（清）康基田撰

　　清道光七年（1827）合河康氏霞荫堂刻本　一册

河汾诸老诗集八卷　（元）房祺辑

　　清乾隆四十三年（1778）汾阳曹氏敬翼堂刻道光十五年（1835）曹树谷增刻本　二册

交城西营村薛氏家谱一卷　（清）薛致吉修

　　清道光二十一年（1841）写本

　　交城县西营村薛氏后人藏

皇甫府君碑　（清）崔炳文书

　　清道光二十二年（1842）离石崔炳文临本　一册

道光癸卯科山西乡试朱卷 （清）王新楷撰

清道光二十三年（1843）汾阳王氏刻本

稷山图藏

道光己酉科山西乡试朱卷 （清）王新荣撰

清道光二十九年（1849）汾阳王氏刻本

五台张文达藏

求己笔记一卷 （清）宋其沅撰

清道光二十九年（1849）汾阳宋氏家刻本

国图藏

古文辞类纂七十四卷 （清）姚鼐撰

清道光合河康氏家塾刻本

中山大学图、浙江大学图、温州市图藏

浙江大学图藏本有清瑞安孙衣言批，并录清龙翰臣、梅曾亮批点并跋。

汾州府考卷

清咸丰二年（1852）秀山堂刻本

运城河东博藏

定轩古文豹斑集四卷 （清）杨国泰撰

清咸丰二年（1852）离石王象辰刻本　四册

梅花书屋诗一卷文一卷 （清）宋其沅撰

清咸丰二年（1852）汾阳宋成樾刻本　二册

汾阳韩氏支谱一卷 （清）韩鋡修

清咸丰九年（1859）福荫堂刻本
社科院历史所藏

求益斋试帖不分卷 （清）武访畴撰
清咸丰十年（1860）汾州西河书院刻本
原平市温峰著藏

骈体文抄三十一卷 （清）李兆洛辑
清同治六年（1867）合河康氏家塾刻本　十二册

骈体文抄三十一卷 （清）李兆洛辑
清光绪八年（1882）合河荣氏刻本
山农大图藏

汾阳韩氏支谱四卷 （清）韩镇岳、韩幼芸纂
清光绪十年（1884）恭寿堂木活字印本
社科院历史所、山师大图藏

石渠余纪六卷 （清）王庆云撰
清光绪十四年（1888）宁乡（今中阳县）黄氏刻本
省博图藏

趋庭遗草二卷 （清）康志儒撰
清光绪二十年（1894）合河康氏刻本　二册

增补宋名臣狄武襄公功行录三卷 （明）王中丞辑（清）申季庄补辑
清光绪二十一年（1895）西河（即汾阳）申氏刻本　一册

光绪乙未科会试朱卷 （清）成连增撰

  清光绪二十一年（1895）文水成氏刻本

  五台张文达藏

深柳堂未定草一卷 （清）徐玉照撰

  清光绪二十一年（1895）柳林刻本光绪三十四年（1908）峨眉续刻本

  采山楼藏

临县李氏宗谱 （清）李廉相修，李生井补修

  清光绪二十五年（1899）手写本

  临县城李荣棠、李百贵藏

南溪草初集一卷 （清）胡绍撰

  清宣统元年（1909）文水铅印本　一册

交城房氏宗谱一卷 （清）房灏修

  清抄本　一册

三字经一卷 （宋）王应麟编

  清汾阳府贡院西双盛合刻本

  汾阳博藏

千字文一卷 （南朝梁）周兴嗣编

  清汾阳府贡院西双盛合刻本

  汾阳博藏

方志编

省志

〔成化〕山西通志十七卷　（明）李侃修，胡谧纂

　　明成化十一年（1475）刻本

　　国图藏

〔嘉靖〕山西通志三十二卷　（明）杨宗气修，周斯盛纂

　　明嘉靖四十三年（1564）刻本　十二册

　　匡高22.7厘米，广16.8厘米。半页十行，行二十字，小字双行，行字同。白口，四周双边。入选第二批《国家珍贵古籍名录》。

〔万历〕山西通志三十卷　（明）李维祯纂修

　　明崇祯二年（1629）刻本

　　省博图藏

　　卷二十二、三十配抄本。半页十行，行二十字，小字双行，行字同。白口，四周双边。

〔康熙〕山西通志三十二卷　（清）穆尔赛修，刘梅、温敞纂

　　清康熙二十一年（1682）刻本　三十六册

〔雍正〕山西通志二百三十卷　（清）觉罗石麟修，储大文纂

清雍正十二年（1734）山西抚署刻本

国图、北师大图、天津图、民族文化官图、南开图、保定市图、温州市图、暨南大学图、湖南图、陕西图、芮城图藏

芮城县图存十一卷。

〔乾隆〕山西志辑要十卷首一卷清凉山志辑要二卷　（清）雅德修，汪本直纂

清乾隆四十五年（1780）晋抚署刻本　十二册

〔雍正〕山西通志二百三十卷　（清）觉罗石麟修，储大文纂

清嘉庆十六年（1811）山西巡抚衡龄校刻本　一百册

〔光绪〕山西通志一百八十四卷首一卷　（清）曾国荃、张煦修，王轩、杨笃纂

清光绪十八年（1892）刻本　九十六册

山西乡土志不分卷　（清）冯济川编

清宣统二年（1910）抄本

民族文化官图藏

太原

〔万历〕太原府志二十六卷　（明）关廷访修，张慎言纂

明万历四十年（1612）刻本

国图、内蒙古图藏

匡高20.2厘米，广15.3厘米。半页九行，行十八字，小字双行，行字同。白口，四周双边。

〔万历〕太原府志二十六卷　（明）关廷访修，张慎言纂　〔顺治〕太原府志四卷　（清）佚名纂

明万历四十年（1612）刻清顺治十一年（1654）续刻本十二册

匡高20.2厘米，广15.3厘米。半页九行，行十八字，小字双行，行字同。白口，四周双边。入选第二批《山西省珍贵古籍名录》。

〔乾隆〕太原府志六十卷　（清）沈树声纂修

清乾隆四十八年（1783）刻本　十二册

存三十二卷。

〔嘉靖〕太原县志六卷　（明）高汝行纂

明嘉靖三十年（1551）刻本

宁波天一阁、东北师大图藏

东北师大图存二卷（卷二、卷六）。匡高21厘米，广15厘米。半页八行，行十八字。白口，四周单边。

〔天启〕太原县志六卷　（明）高汝行纂，屈钟岳增修

明天启六年（1626）刻本

山大图、南京地理所藏

山大图存一卷（卷六）。

〔雍正〕太原县志十六卷　（清）沈继贤纂修

清雍正九年（1731）刻本

太原图藏

〔雍正〕重修太原县志十六卷　（清）龚新、沈继贤修，高若岐纂

清雍正九年（1731）刻乾隆二十年（1755）补刻本

省博图、山大图藏

〔道光〕太原县志十八卷图一卷　（清）员佩兰修，杨国泰纂
　　清道光六年（1826）刻本　六册

〔光绪〕续太原县志二卷　（清）薛元钊修，王效尊纂
　　清光绪八年（1882）刻本　二册

〔万历〕徐沟县志二卷　（明）杨国桢纂修，王敷学续修
　　明万历四十年（1612）刻本
　　上海图藏
　　存一卷（卷一）。

〔顺治〕清源县志二卷　（清）和羹修，王灏儒纂
　　清顺治十八年（1661）刻本　二册

〔康熙〕徐沟县志四卷　（清）王嘉谟纂修
　　清康熙五十一年（1712）刻本　四册

〔光绪〕清源乡志十八卷首一卷　（清）王勋祥修，王效尊纂
　　清光绪七年（1881）梗阳书院刻本　六册

〔光绪〕补修徐沟县志六卷　（清）王勋祥修，秦宪纂
　　清光绪八年（1882）刻朱印本　六册

〔康熙〕阳曲县志十四卷首一卷　（清）戴梦熊修，李方蓁、李方芃纂
　　清康熙二十一年（1682）刻本　八册

〔道光〕阳曲县志十六卷　（清）李培谦修，阎士骧、郑起昌纂

清道光二十三年（1843）葛英繁刻本　十册

大同

〔正德〕大同府志十八卷　（明）张钦修纂

明正德十年（1515）刻嘉靖增刻本

宁波天一阁藏

存十四卷（卷五至十八）。匡高21厘米，广15厘米。半页十行，行十八字。黑口，四周双边。

〔乾隆〕大同府志三十二卷　（清）吴辅宏修，王飞藻纂

清乾隆四十七年（1782）刻本　十六册

〔顺治〕云中郡志十四卷　（清）胡文烨纂修

清顺治九年（1652）刻本

左云文化馆、国图藏

〔雍正〕阳高县志六卷　（清）房裔兰修，苏之芬纂

清雍正七年（1729）刻本　四册

〔乾隆〕天镇县志八卷　（清）胡元朗纂修

清乾隆四年（1739）刻本

国图、中科院图藏

〔乾隆〕天镇县志八卷　（清）张坊纂修

清乾隆十九年（1754）刻本

天镇档、中科院图、天津图藏

〔光绪〕天镇县志四卷首一卷　（清）洪汝霖、鲁彦光修，杨笃纂

清光绪十六年（1890）刻本　四册

〔康熙〕广灵县志十卷　（清）李焕斗修，王五鼎纂
清康熙二十四年（1685）刻本
国图藏

〔乾隆〕广灵县志十卷　（清）郭磊纂修
清乾隆十九年（1754）刻本　四册

〔乾隆〕广灵县志十卷首一卷末一卷　（清）郭磊纂修　〔光绪〕广灵县补志十卷首一卷末一卷　（清）杨亦铭纂修
清乾隆十九年（1754）刻光绪七年（1881）续刻本　六册

〔顺治〕灵丘县志四卷　（清）宋起凤纂修
清顺治十七年（1660）抄本
台北故宫藏

〔康熙〕灵丘县志四卷　（清）宋起凤纂修，岳宏誉增修
清康熙二十三年（1684）刻本　四册

〔光绪〕灵丘县补志十卷　（清）雷棣荣修，陆泰元纂
清光绪七年（1881）刻本　三册
存八卷。

〔弘治〕浑源州志五卷　（明）董锡修，杨大雍纂
明弘治六年（1493）刻本
宁波天一阁藏
存一卷（卷五）。匡高21.8厘米，广14.2厘米。半页十行，行二十二字。黑口，四周双边。

方志编　235

〔万历〕浑源州志二卷　（明）赵之韩修，王瀠初纂

明万历四十年（1612）刻本

国图藏

存一卷（卷一）。半页十行，行二十字。白口，左右双边。

〔顺治〕浑源州志二卷　（清）张崇德纂修

清顺治十八年（1661）刻本　二册

〔乾隆〕浑源州志十卷　（清）桂敬顺纂修

清乾隆二十八年（1763）刻本　五册

〔乾隆〕浑源州志十卷　（清）桂敬顺纂修

清乾隆二十八年（1763）刻同治九年（1870）孔广培补刻本　五册

〔光绪〕浑源州续志十卷附恒山续志一卷　（清）贺澍恩修，程绩等纂

清光绪七年（1881）刻本　六册

〔道光〕大同县志二十卷首一卷末一卷　（清）崔允昭修，黎中辅纂

清道光十年（1830）刻本　八册

阳泉

〔万历〕平定州志十二卷　（明）宋沛修，延论纂

明万历二十三年（1595）刻本

国图藏

存二卷（卷十一至十二）。半页九行，行十八字。白口，四周双边。

〔乾隆〕平定州志八卷　（清）王祖庚纂修
　　清乾隆十四年（1749）刻本
　　武汉大学图藏

〔乾隆〕平定州志十卷　（清）陶易、姚学瑛修，龚敬身、沈荣勋纂
　　清乾隆三十四年（1769）刻本　十二册

〔乾隆〕平定州志十卷图一卷　（清）金明源、窦忻、张佩芳纂
　　清乾隆五十五年（1790）涌云楼刻本　十册

〔光绪〕平定州志十六卷首一卷　（清）赖昌期、张彬纂修
　　清光绪八年（1882）刻本　十六册

〔光绪〕平定州志补一卷　（清）葛士达纂修
　　清光绪十八年（1892）刻本
　　国图、首图、北大图藏

〔嘉靖〕盂县志十三卷　（明）万鉴修，张淑誉纂
　　明嘉靖三十四年（1555）刻万历十三年（1585）补刻本
　　国图藏
　　半页八行，行二十字，小字双行，行字同。白口，四周双边。

〔光绪〕盂县志二十二卷首一卷末一卷　（清）张岚奇、刘鸿达修，武缵绪、刘懋功纂
　　清光绪七年（1881）刻本　十一册

长治

〔弘治〕潞州志十二卷 （明）马暾纂修
　　明弘治八年（1495）刻本
　　国图藏
　　半页十行，行二十字。黑口，四周双边。

〔万历〕潞安府志二十卷 （明）周一梧纂修
　　明万历四十年（1612）刻本
　　美国国会图藏

〔顺治〕潞安府志二十卷 （清）杨㕷修，李中白、周再勋纂
　　清顺治十六年（1659）刻本　十册

〔乾隆〕潞安府志四十卷 （清）张淑渠、姚学瑛修，姚学甲纂
　　清乾隆三十五年（1770）刻本　二十四册

〔康熙〕长治县志八卷 （清）姜恒修，于公胤纂
　　清康熙十二年（1673）刻本
　　南京大学图藏

〔乾隆〕长治县志二十八卷首一卷末一卷 （清）吴九龄修，蔡履豫纂
　　清乾隆二十八年（1763）荣晖堂刻本　十册

〔光绪〕长治县志八卷首一卷 （清）李桢、马鉴修，杨笃纂
　　清光绪二十年（1894）刻本　十册

〔万历〕襄垣县志八卷　（明）王立爱纂修

明万历四十四年（1616）刻本

国图藏

〔康熙〕重修襄垣县志十卷　（清）袁良修，杨彬、刘濩纂

清康熙四十五年（1706）刻康熙五十年（1711）增刻本

国图、南京地理所藏

〔乾隆〕襄垣县志八卷　（清）李廷芳修，陈于廷纂

清乾隆四十七年（1782）刻本

浙江图藏

〔乾隆〕襄垣县志八卷　（清）李廷芳修，陈于廷纂　〔光绪〕襄垣县续志二卷　（清）李汝霖修

清乾隆四十七年（1782）刻光绪六年（1880）增修本　十册

〔康熙〕屯留县志四卷　（清）屠直纂修

清康熙十四年（1675）刻本

日本内阁文库藏

〔雍正〕屯留县志四卷　（清）甄尔节修，孙肯获、徐道源等纂

清雍正八年（1730）刻本

屯留图、省博图藏

〔光绪〕屯留县志八卷首一卷　（清）刘钟麟修，杨笃纂

清光绪六年（1880）刻光绪十一年（1885）续修本　八册

〔康熙〕平顺县志十卷　（清）村之昂修，路跻垣纂

清康熙三十二年（1693）刻本　四册

〔康熙〕黎城县志四卷　（清）程大夏修，李吉等纂

　　清康熙二十一年（1682）刻本　四册

〔光绪〕黎城县续志四卷　（清）郑灏修，杨恩树纂

　　清光绪九年（1883）刻本　四册

〔康熙〕壶关县志四卷　（清）章经纂修

　　清康熙二十年（1681）刻本

　　国图藏

〔乾隆〕壶关县志十八卷　（清）杨宸、秦元炳修，冯文至、王极纂

　　清乾隆三十五年（1770）刻本

　　省博图藏

〔道光〕壶关县志十卷　（清）茹金修，申瑶纂

　　清道光十四年（1834）刻本　六册

〔道光〕壶关县志十卷　（清）茹金修，申瑶纂　〔光绪〕壶关县续志二卷　（清）胡燕昌续修，杨笃续纂

　　清道光十四年（1834）刻光绪七年（1881）续修本　八册

〔正德〕长子县志二卷　（明）王希贤等纂修

　　明正德八年（1513）刻本

　　国图藏

　　存一卷（卷二）。半页十行，行二十字。黑口，四周双边。

〔康熙〕长子县志六卷　（清）郭守邦修，霍燡纂，徐飏廷增修，徐介增纂

清康熙四十四年（1705）刻本

国图藏

〔乾隆〕长子县志二十卷首一卷　（清）纪在谱修，黄立世纂

清乾隆四十三年（1778）刻本

国图、北大图、故宫图藏

〔嘉庆〕长子县志二十一卷首一卷　（清）刘樾修，樊兑纂

清嘉庆二十一年（1816）刻本　八册

〔光绪〕长子县志十二卷首一卷　（清）豫谦修，杨笃纂

清光绪八年（1882）刻本　八册

〔康熙〕武乡县志六卷　（清）高锐修，宋苍林纂

清康熙三十一年（1692）刻本

国图、上海图藏

〔乾隆〕武乡县志六卷首一卷　（清）白鹤修，史传远纂

清乾隆五十五年（1790）刻本　六册

〔乾隆〕武乡县志六卷首一卷　（清）白鹤修，史传远纂　〔光绪〕武乡县续志四卷　（清）吴匡修，钮增垚纂

清乾隆五十五年（1790）刻光绪五年（1879）续修本　十册

〔光绪〕武乡县续志四卷　（清）吴匡修，钮增垚纂

清光绪五年（1879）刻本　五册

〔雍正〕沁州志十卷首一卷　（清）叶士宽、雷畅修，吴正纂

清乾隆六年（1741）刻本

省博图藏

〔乾隆〕沁州志十卷首一卷 （清）姚学瑛续修，姚学甲续纂
清乾隆三十六年（1771）刻本 十册

〔乾隆〕沁州志十卷首一卷 （清）姚学瑛续修，姚学甲续纂
〔光绪〕沁州复续志四卷 （清）吴承恩纂修
清乾隆三十六年（1771）刻光绪六年（1880）续修本 十二册

〔光绪〕沁州复续志四卷 （清）吴承恩纂修
清光绪六年（1880）刻本 四册

〔万历〕沁源县志 （明）王纯修
明万历三十六年（1608）刻本
日本东洋文库藏

〔雍正〕沁源县志十卷首一卷 （清）韩瑛修，王廷抡纂
清雍正八年（1730）刻本 四册

〔雍正〕沁源县志十卷首一卷 （清）韩瑛修，王廷抡纂 〔光绪〕沁源县续志四卷 （清）董余三修，郭维诚纂
清雍正八年（1730）刻光绪七年（1881）续修本 八册

〔康熙〕潞城县志八卷 （清）张士浩修，申伯纂
清康熙四十五年（1706）刻本
祁县图、浙江图藏

〔光绪〕潞城县志四卷首一卷 （清）崔晓然、曾云章修，杨笃纂

清光绪十年（1884）刻本　八册

晋城

〔万历〕泽州志十八卷　（明）傅淑训、郑际明修，阎期寿纂
　　明万历三十九年（1611）刻本
　　台北故宫藏

〔康熙〕重修泽州志三十卷　（清）陶自悦纂修
　　清康熙四十五年（1706）刻本
　　国图藏

〔雍正〕泽州府志五十二卷　（清）朱樟修，田嘉穀纂
　　清雍正十三年（1735）刻本　十六册

〔康熙〕沁水县志十卷　（清）赵凤诏纂修
　　清乾隆三十六年（1771）刻本
　　国图藏

〔嘉庆〕重修沁水县志十二卷首一卷　（清）徐品山修，张心至纂
　　清嘉庆七年（1802）刻本
　　国图藏

〔光绪〕沁水县志十二卷首一卷　（清）秦丙煃修，李畴纂
　　清光绪七年（1881）刻本　八册

〔顺治〕阳城县志十卷　（清）陈国珍修，白象颗纂
　　清顺治十六年（1659）刻本
　　国图藏

〔康熙〕阳城县志八卷　（清）项龙章修，田六善纂
　　清康熙二十六年（1687）刻本　八册

〔乾隆〕阳城县志十六卷　（清）杨善庆修，田懋纂
　　清乾隆二十年（1755）刻本　八册

〔同治〕阳城县志十八卷首一卷　（清）赖昌期修，谭沄、卢廷棻纂
　　清同治十三年（1874）刻本　八册

〔康熙〕陵川县志八卷　（清）孙必振纂修
　　清康熙十九年（1680）刻本
　　陵川档藏

〔乾隆〕重修陵川县志二十八卷　（清）雷正修，景象元、姚德亮纂
　　清乾隆五年（1740）刻本
　　国图藏

〔光绪〕陵川县志三十卷首一卷　（清）徐炍修，梁寅纂
　　清光绪八年（1882）刻本　十二册

〔乾隆〕凤台县志二十卷首一卷　（清）林荔修，姚学甲纂　〔光绪〕凤台县续志四卷首一卷　（清）张贻琯修，郭维垣纂
　　清乾隆四十九年（1784）刻光绪八年（1882）续修本　十六册

〔乾隆〕凤台县志二十卷首一卷　（清）林荔修，姚学甲纂
　　清乾隆四十九年（1784）刻本　十三册

〔光绪〕凤台县续志四卷首一卷 （清）张贻琯修，郭维垣纂

清光绪八年（1882）刻本 四册

〔顺治〕高平县志十卷 （清）范绳祖修，庞太朴纂

清康熙五年（1666）补刻本

国图、天津图藏

〔乾隆〕泫志拾遗八卷 （清）司昌龄纂

清乾隆张承纶抄本

国图藏

〔乾隆〕高平县志二十二卷末一卷 （清）傅德宜修，戴纯纂

清乾隆三十九年（1774）刻本 八册

〔同治〕高平县志八卷 （清）龙汝霖纂

清同治六年（1867）刻本

北大图藏

〔光绪〕续高平县志十六卷 （清）陈学富修，李廷一纂

清光绪六年（1880）刻本 四册

朔州

〔康熙〕朔州志六卷 （清）侯树屏修，方叔裔续修

清康熙十二年（1673）刻本

国图藏

〔雍正〕朔平府志十二卷 （清）刘士铭修，王霨纂

清雍正十一年（1733）刻本 十册

〔雍正〕朔州志十二卷　（清）汪嗣圣修，王霨纂

　　清雍正十三年（1735）刻本　十册

〔万历〕马邑县志二卷　（明）宋子质修，王继文纂

　　明万历三十六年（1608）刻本

　　国图藏

　　半页十行，行二十一字。白口，四周双边。

〔康熙〕马邑县志五卷　（清）秦擴修，霍燡纂

　　清嘉庆二十四年（1819）刻本　五册

〔崇祯〕山阴县志六卷　（明）刘以守纂修

　　明崇祯二年（1629）刻清递修本　一册

〔弘治〕应州志　（明）薛敬之修

　　明弘治刻本

　　大同市文物局、宁波天一阁藏

〔万历〕应州志六卷　（明）王有容修，田蕙纂

　　明万历二十七年（1599）刻本

　　国图、天津图藏

　　半页九行，行二十字。白口，四周单边。

〔雍正〕应州志十卷　（清）萧纲修，高师孔等纂

　　清雍正刻本

　　国图藏

〔乾隆〕应州续志十卷首一卷　（清）吴炳纂修　〔光绪〕应州再续志二卷　（清）汤学治纂修

清乾隆三十四年（1769）刻光绪八年（1882）续修本　五册

〔雍正〕右玉县志四卷　（清）陈有年修，王蠮纂
清抄本
右玉档藏

〔嘉庆〕右玉县志四卷首一卷　（清）袁大选修，李翼圣纂
清嘉庆八年（1803）抄本
北大图藏

〔万历〕怀仁县志二卷　（明）杨守介纂修
明万历二十九年（1601）刻清康熙二十八年（1689）补印本
美国国会图藏

〔光绪〕怀仁县新志十二卷首一卷续刻一卷　（清）李长华修，姜利仁纂，江大浣续修，马蕃续纂
清光绪九年（1883）刻光绪三十一年（1905）增修本　四册

晋中

〔万历〕榆次县志十卷　（明）张鹤腾修，褚铁纂
明万历三十七年（1609）刻本
天津图藏
半页九行，行十九字，小字双行，行字同。白口，四周双边。

〔万历〕榆次县志十卷　（明）张鹤腾修，褚铁纂，王应楫续修
明万历刻本

国图藏

半页九行，行十九字。

〔康熙〕榆次县续志十四卷首一卷　（清）刘星修，王介石纂

清康熙刻本

芮城图藏

存三卷（卷九至卷十一）。

〔乾隆〕榆次县志十四卷首一卷　（清）钱之青修，张天泽、王系纂

清乾隆十五年（1750）刻本　五册

〔同治〕榆次县志十六卷首一卷末一卷　（清）俞世铨、陶良骏修，王平格、王序宾纂

清同治二年（1863）凤鸣书院刻本　八册

〔同治〕榆次县志十六卷首一卷末一卷　（清）俞世铨、陶良骏修，王平格、王序宾纂　〔光绪〕榆次县续志四卷　（清）吴师祁等修，黄汝梅等纂

清同治二年（1863）凤鸣书院刻光绪十一年（1885）续修本　十册

〔康熙〕榆社县志十卷　（清）佟国弘修，王凤翔纂

清康熙十三年（1674）刻本

国图藏

〔乾隆〕榆社县志十二卷　（清）费映奎修，孟涛纂

清乾隆八年（1743）刻本

省文史馆藏

〔光绪〕榆社县志十卷首一卷末一卷 （清）王家坊修，葛士达纂
清光绪七年（1881）刻本 四册

〔康熙〕辽州志八卷 （清）杨天锡修，侯维泰、薄言震纂
清康熙十二年（1673）刻本
国图藏

〔雍正〕辽州志八卷 （清）徐三俊修，刘沄、马永寿纂
清雍正十一年（1733）刻本 四册

〔光绪〕重修辽州志八卷首一卷 （清）陈栋修，刘鹤翔纂
清光绪十六年（1890）刻民国十八年（1929）印本 八册

〔康熙〕和顺县志四卷 （清）邓宪璋纂修
清康熙十四年（1675）刻本
国图藏

〔乾隆〕和顺县志八卷首一卷 （清）黄玉衡修，贾讱纂
清乾隆三十三年（1768）刻本 四册

〔光绪〕重修和顺县志十卷首一卷末一卷 （清）陈守中修，岳宜兴纂
清光绪十一年（1885）刻本 八册

〔康熙〕乐平县志八卷 （清）王祚永修，王基昌纂
清康熙十一年（1672）刻本
国图藏

〔乾隆〕乐平县志八卷　（清）李榕纂修

　　清乾隆十八年（1753）刻本

　　上海图、南京图藏

〔乾隆〕乐平县志八卷　（清）李早荣修，薛彭寿、张鹤云纂

　　清乾隆四十二年（1777）刻本

　　故宫藏

〔康熙〕寿阳县志八卷　（清）吴祚昌修，李敦续修

　　清康熙十一年（1672）刻康熙五十六年（1717）补刻本

　　国图藏

〔乾隆〕寿阳县志十卷首一卷　（清）龚导江纂修

　　清乾隆三十六年（1771）刻本　四册

〔光绪〕寿阳县志十三卷首一卷　（清）马家鼎修，祁世长、张嘉言纂

　　清光绪八年（1882）受川书院刻本　六册

〔万历〕太谷县志十卷　（明）乔允升修，寇嘉会纂

　　明万历二十四年（1596）刻顺治九年（1652）修补本

　　中科院图藏

〔顺治〕太谷县续志二卷　（清）郝应第纂修

　　清顺治十二年（1655）刻本

　　国图藏

〔乾隆〕太谷县志六卷　（清）高继允修，姚孔硕、涂逢豫纂

　　清乾隆三十年（1765）刻本

上海图藏

〔乾隆〕太谷县志八卷　（清）郭晋修，管粤秀纂
　　清乾隆六十年（1795）刻本　八册

〔咸丰〕太谷县志八卷首一卷末一卷　（清）章青选、汪和修，章嗣衡纂
　　清咸丰五年（1855）刻本　八册

〔光绪〕太谷县志八卷首一卷末一卷　（清）恩浚修，王效尊纂
　　清光绪十二年（1886）凤山书院刻本　八册

〔康熙〕祁县志八卷　（清）郭霶修，周纪芳纂
　　清康熙六年（1667）刻本
　　芮城档藏

〔康熙〕祁县志八卷　（清）郭霶修，朱珵续修
　　清康熙六年（1667）刻康熙四十五年（1706）增修本
　　国图藏

〔乾隆〕祁县志十六卷　（清）陈时纂修
　　清乾隆四十五年（1780）刻本　八册

〔光绪〕祁县志十六卷　（清）刘发岏修，李芬纂
　　清光绪八年（1882）刻本　十册

〔康熙〕重修平遥县志二卷　（清）陈以恂修，梁雉翔纂
　　清康熙十二年（1673）刻本
　　国图藏

〔康熙〕重修平遥县志八卷　（清）王绶修，康乃心纂

　　清康熙四十六年（1707）刻本　四册

〔乾隆〕平遥县志六卷　（清）德贵修，雷仁育纂

　　清乾隆三十五年（1770）刻本

　　故宫图藏

〔光绪〕平遥县志十二卷首一卷　（清）恩端修，武达才、王舒萼纂

　　清光绪九年（1883）刻本　八册

〔万历〕灵石县志四卷　（明）路一麟纂修

　　明万历二十九年（1601）刻本

　　国图藏

　　半页十行，行二十字。白口，四周双边。

〔康熙〕灵石县志四卷　（清）侯荣圭纂修

　　清康熙十一年（1672）刻本

　　国图藏

〔嘉庆〕灵石县志十二卷　（清）王志瀜修，黄宪臣纂

　　清嘉庆二十二年（1817）刻本　六册

〔嘉庆〕灵石县志十二卷　（清）王志瀜修，黄宪臣纂　〔光绪〕续修灵石县志二卷　（清）谢均修，白星炜纂

　　清嘉庆二十二年（1817）刻光绪元年（1875）续修本　八册

〔光绪〕灵石县志续编二卷　（清）谢均、白星炜纂修

清光绪元年（1875）刻本

太原博藏

〔光绪〕灵石县志不分卷　（清）赵冠卿、何庆澜纂修

清抄本

国图藏

〔康熙〕介休县志八卷　（清）王埴、王之舟纂修

清康熙三十五年（1696）刻本　四册

〔乾隆〕介休县志十四卷　（清）王谋文纂修

清乾隆三十五年（1770）刻本　八册

〔嘉庆〕介休县志十四卷　（清）徐品山修，熊兆占、陆元鐩纂

清嘉庆二十四年（1819）刻本　八册

〔光绪〕介休县志三卷　（清）卢寿昌修，李敦愚纂

清稿本

介休市志办藏

运城

〔康熙〕解州志十卷　（清）陈士性修，马淑援纂

清康熙十二年（1673）刻康熙四十年（1701）补刻本

运城档藏

〔康熙〕解州全志二十二卷首一卷　（清）陈时修，介孝璠纂

清康熙五十八年（1719）刻本

运城档、南京地理所藏

〔乾隆〕解州全志十八卷首一卷　（清）言如泗修，吕滫纂
　　清乾隆二十九年（1764）刻本　六册

〔咸丰〕解州全志十六卷　（清）叶桂芬纂修
　　清咸丰刻本
　　日本静嘉堂文库藏

〔光绪〕解州志十八卷首一卷　（清）马丕瑶、魏象乾修，张承熊纂
　　清光绪七年（1881）刻本　六册

〔万历〕安邑县志十卷　（明）耿启修，曹于汴纂
　　明万历四十六年（1618）刻崇祯年间增刻本　十册
　　存八卷。

〔康熙〕安邑县志十一卷　（清）赵增修，冯台星、相斗南等纂
　　清康熙十一年（1672）刻本
　　山大图藏

新修河东运司志十卷　（清）冯达道纂修
　　清康熙十一年（1672）刻本
　　国图藏

〔乾隆〕安邑县运城志十六卷首一卷　（清）言如泗修，熊名相、吕滫纂
　　清乾隆二十九年（1764）刻本
　　国图藏

〔乾隆〕解州安邑县志十六卷首一卷　（清）言如泗修，吕滫纂

清乾隆二十九年（1764）刻本　四册

〔乾隆〕解州安邑县志十六卷首一卷　（清）言如泗修，吕瀺、郑必阳纂　〔光绪〕安邑县续志六卷首一卷　（清）赵辅堂修，张承熊纂

清乾隆二十九年（1764）刻光绪六年（1880）重修本　十册

〔光绪〕安邑县续志六卷首一卷　（清）赵辅堂修，张承熊纂

清光绪六年（1880）刻本　四册

〔万历〕猗氏县志九卷　（明）马孔昭纂修

明万历四十二年（1614）刻本

国图藏

〔康熙〕猗氏县志十卷　（清）陈一魁修，卫既齐纂

清康熙十二年（1673）刻本

国图藏

〔雍正〕猗氏县志八卷　（清）潘钺修，宋之树纂

清雍正七年（1729）刻本　四册

〔雍正〕猗氏县志八卷　（清）潘钺修，宋之树纂　〔同治〕续修猗氏县志四卷　（清）周之桢修，崔曾颐纂

清雍正七年（1729）刻同治六年（1867）续修本　六册

〔雍正〕猗氏县志八卷　（清）潘钺修，宋之树纂　〔同治〕续修猗氏县志四卷　（清）周之桢修，崔曾颐纂　〔光绪〕续猗氏县志二卷　（清）徐浩修，潘梦龙纂

清雍正七年（1729）刻同治、光绪续修本　八册

方志编　255

〔同治〕猗氏县乡土志不分卷 （清）佚名纂

清同治抄本

北师大图藏

〔康熙〕临晋县志十卷首一卷 （清）齐以治修，王恭先纂

清康熙二十五年（1686）刻本

国图、北大图、中科院图藏

〔乾隆〕临晋县志八卷 （清）王正茂纂修

清乾隆三十八年（1773）刻本 八册

〔乾隆〕临晋县志八卷 （清）王正茂纂修 〔光绪〕续修临晋县志二卷 （清）艾绍濂、吴曾荣修，姚东济纂

清乾隆三十八年（1773）刻光绪六年（1880）增修本 六册

〔康熙〕万泉县志八卷 （清）瞿亮邦纂修

清康熙四十七年（1708）刻本

上海图藏

〔乾隆〕万泉县志八卷 （清）毕宿焘修，张史笔纂

清乾隆二十三年（1758）刻本 四册

〔康熙〕荣河县志八卷 （清）李长庚修，张殿珠纂

清康熙十二年（1673）刻本

国图藏

〔光绪〕荣河县志十四卷首一卷 （清）马鉴、王希濂修，寻銮炜纂

清光绪七年（1881）刻本　六册

〔顺治〕闻喜县志七卷　　（清）苏本眉修，王体言纂
　　清顺治十一年（1654）刻本
　　国图藏

〔康熙〕闻喜县志续编不分卷　　（清）沈光瑀修，杨永宁纂
　　清康熙十一年（1672）刻本
　　国图藏

〔乾隆〕闻喜县志十二卷首一卷　　（清）李遵唐修，王肇书纂
　　清乾隆三十一年（1766）刻本　六册

〔乾隆〕闻喜县志十二卷首一卷　　（清）李遵唐修，王肇书纂
〔光绪〕闻喜县志补四卷续四卷　　（清）陈作哲修，杨深秀纂
　　清乾隆年刻光绪六年（1880）重修本　十册

〔万历〕稷山县志八卷　　（明）张思恭修，郑宣纂
　　明万历四十年（1612）刻本
　　上海图、国图藏

〔康熙〕稷山县志八卷　　（清）顾涑初纂修
　　清康熙十二年（1673）刻本
　　国图藏

〔乾隆〕稷山县志十卷　　（清）韦之瑗纂修
　　清乾隆三十一年（1766）刻本
　　国图、故宫图、北大图藏

〔嘉庆〕稷山县志十卷　（清）张应辰修，王墀纂

　　清嘉庆二十一年（1816）刻本

　　祁县图、国图藏

〔同治〕稷山县志十卷　（清）沈凤翔修，邓嘉绅纂

　　清同治四年（1865）刻本

　　稷山图藏

〔同治〕稷山县志十卷　（清）沈凤翔修，邓嘉绅纂　〔光绪〕续修稷山县志二卷　（清）马家鼎修，武光曷纂

　　清同治四年（1865）刻光绪十一年（1885）续修本　十册

〔正德〕绛州志七卷　（明）李文洁、吕经修，王珂纂

　　明嘉靖四十二年（1563）刻本

　　上海图藏

〔万历〕绛州志八卷　（明）方立诚纂修

　　明万历三十八年（1610）刻本

　　中科院图藏

〔康熙〕绛州志四卷　（清）刘显第修，陶用曙纂

　　清康熙九年（1670）刻本

　　国图、中科院图、南京地理所藏

〔乾隆〕直隶绛州志二十卷首一卷　（清）张成德修，李友洙、张我观纂

　　清乾隆三十年（1765）刻本　八册

〔光绪〕直隶绛州志二十卷首一卷　（清）李焕扬修，张于铸纂

清光绪五年（1879）刻本　十册

〔顺治〕绛县志五卷　　（清）赵士弘修，陈所性纂

清顺治年刻康熙、雍正年间递补本

国图、中科院图、上海图藏

〔乾隆〕绛县志十四卷　　（清）拉昌阿修，王本智纂

清乾隆三十年（1765）刻本　四册

〔光绪〕续修绛县志十四卷　　（清）刘斌修，张于铸纂

清光绪六年（1880）刻本　六册

〔光绪〕绛县志二十一卷　　（清）胡延纂

清光绪二十五年（1899）刻本　四册

〔康熙〕垣曲县志十六卷　　（清）纪宏谟修，马佐等纂

清康熙十一年（1672）刻本

国图藏

〔乾隆〕垣曲县志十四卷　　（清）汤登泗修，张岳拱、安清乾纂

清乾隆三十年（1765）刻本

省博图藏

〔光绪〕垣曲县志十四卷　　（清）薛元钊修，张于铸纂

清光绪六年（1880）刻本　八册

〔康熙〕夏县志四卷　　（清）蒋起龙纂修

清康熙四十七年（1708）刻本

中科院图、上海辞书社藏

〔乾隆〕解州夏县志十六卷 （清）李遵唐纂修
　　清乾隆二十九年（1764）刻本　四册

〔光绪〕夏县志十卷首一卷 （清）黄晋荣、万启钧修，张承熊纂
　　清光绪六年（1880）刻本　四册

〔康熙〕平陆县志八卷 （清）柴应辰纂修
　　清康熙五十二年（1713）刻本
　　浙江图藏

〔乾隆〕解州平陆县志十六卷首一卷 （清）言如泗修，韩夔典等纂
　　清乾隆二十九年（1764）刻本　四册

〔乾隆〕解州平陆县志十六卷首一卷 （清）言如泗修，韩夔典等纂 〔光绪〕平陆县续志二卷首一卷末一卷 （清）刘鸿逵修，沈承恩纂
　　清乾隆二十九年（1764）刻光绪六年（1880）重修本　七册

〔光绪〕平陆县续志二卷首一卷末一卷 （清）刘鸿逵修，沈承恩纂
　　清光绪六年（1880）刻本　二册

〔隆庆〕芮城县志 （明）李斗修，刘良臣纂，薛一鹗重纂
　　明隆庆五年（1571）刻本
　　芮城档、国图藏

〔康熙〕芮城县志四卷首一卷 （清）毕盛赞修，王舜民纂
　　清康熙十一年（1672）刻康熙二十三年（1684）补刻本

国图藏

〔乾隆〕解州芮城县志十六卷首一卷　（清）言如泗修，莫溥等纂

　　清乾隆二十九年（1764）刻光绪七年（1881）印本　四册

〔乾隆〕解州芮城县志十六卷首一卷　（清）言如泗修，莫溥等纂　〔光绪〕芮城县续志四卷首一卷　（清）马丕瑶修，万启钧、张承熊纂

　　清乾隆二十九年（1764）刻光绪六年（1880）续修本　四册

〔咸丰〕芮城县志十七卷　（清）叶桂芬修，丁树勋增纂

　　清咸丰九年（1859）刻本

　　北大图藏

〔光绪〕芮城县续志四卷首一卷　（清）马丕瑶修，万启钧、张承熊纂

　　清光绪六年（1880）刻本　二册

〔嘉靖〕蒲州志三卷　（明）边像纂修

　　明嘉靖三十八年（1559）刻本

　　国图藏

　　半页九行，行二十一字。白口，四周单边。

〔康熙〕蒲州志十二卷　（清）侯康民修，贾潆纂

　　清康熙九年（1670）刻本

　　芮城图藏

〔乾隆〕蒲州府志二十四卷图一卷　（清）周景柱纂修

　　清乾隆二十年（1755）蒲州府署刻本

方志编　261

万荣图、永济图、芮城图藏

〔乾隆〕蒲州府志二十四卷图一卷　（清）周景柱纂修
　　清乾隆二十年（1755）刻光绪二十九年（1903）补版重印本十册

〔乾隆〕虞乡县志十二卷　（清）周大儒修，尚云章纂
　　清乾隆五十五年（1790）刻本
　　永济图、国图、中科院图、浙江图藏

〔光绪〕虞乡县志十二卷　（清）崔铸善修，金谋愃、陈鼎隆纂
　　清光绪十二年（1886）刻本　四册

〔光绪〕永济县志二十四卷　（清）李荣和、刘钟麟修，胡仰廷纂
　　清光绪十二年（1886）刻本　十四册

〔康熙〕河津县志八卷　（清）马光远修，刘梁嵩纂
　　清康熙十一年（1672）刻本
　　国图、美国国会图藏

〔乾隆〕河津县志十二卷　（清）黄鹤龄修，乔集鹓纂
　　清乾隆四十八年（1783）刻本
　　故宫图、南京图藏

〔嘉庆〕河津县志十二卷　（清）沈千鉴修，王政、牛述贤纂
　　清嘉庆二十年（1815）刻本
　　国图、中科院图、南京地理所藏

〔同治〕河津县志十四卷　（清）汪和修，王麟祥、石青元纂

清同治五年（1866）刻本

上海图藏

〔光绪〕河津县志十四卷首一卷 （清）茅丕熙、杨汉章修，韩秉钧、程象濂纂

清光绪六年（1880）刻本 十册

忻州

〔万历〕忻州志四卷 （明）杨维岳纂修

明万历三十二年（1604）刻本

国图藏

存三卷（卷一，卷三至四）。半页九行，行二十一字。白口，四周单边。

〔乾隆〕忻州志六卷 （清）周人龙原本，窦容邃纂修

清乾隆十二年（1747）刻本 六册

〔光绪〕忻州志四十二卷 （清）方戊昌修，方渊如纂

清光绪六年（1880）刻本 八册

〔万历〕定襄县志八卷 （明）安嘉士修，刘绍先纂，王立爱增修，刘国治增纂

明万历四十四年（1616）刻本

国图藏

〔康熙〕定襄县志八卷 （清）王时烱修，牛翰垣纂

清康熙五十一年（1712）刻本

国图藏

〔雍正〕**定襄县志八卷首一卷** （清）王时炯原本，王会隆增修
　　清雍正五年（1727）增修本　四册

〔光绪〕**定襄县补志十三卷** （清）郑继修修，邢澍田纂
　　清光绪六年（1880）刻本　八册

〔康熙〕**五台县志八卷首一卷** （清）周三进纂修
　　清康熙二十六年（1687）刻本　六册

〔乾隆〕**五台县志八卷** （清）王秉韬修
　　清乾隆四十五年（1780）刻本　四册

〔光绪〕**五台新志四卷首一卷** （清）徐继畬原辑，孙汝明、王步墀修，杨笃续纂
　　清光绪九年（1883）五台崇实书院刻本　四册

〔万历〕**代州志二卷** （明）周弘禴纂修
　　明万历十四年（1586）刻本
　　国图藏
　　半页九行，行二十二字。白口，四周双边。

〔乾隆〕**直隶代州志六卷** （清）吴重光修，方应清纂
　　清乾隆四十九年（1784）代州斗山书院刻本
　　代县图、山西日报社藏

〔光绪〕**代州志十二卷首一卷** （清）俞廉三修，杨笃纂
　　清光绪八年（1882）斗山书院刻本　六册

现存山西刻书总目　264

〔道光〕繁峙县志六卷 （清）吴其均纂修
　　清道光十六年（1836）刻本　六册

〔光绪〕繁峙县志四卷首一卷 （清）何才价修，杨笃纂
　　清光绪七年（1881）刻本　四册

〔乾隆〕宁武府志十二卷首一卷 （清）魏元枢、周景柱纂修
　　清乾隆十五年（1750）刻本　六册

〔乾隆〕宁武府志十二卷首一卷 （清）魏元枢、周景柱纂修
〔咸丰〕续宁武府志不分卷 （清）常文遴纂修
　　清乾隆十五年（1750）刻咸丰七年（1857）续修本　七册

〔康熙〕静乐县志十卷 （清）黄图昌纂修
　　清康熙三十九年（1700）刻本　四册

〔康熙〕静乐县志十卷 （清）黄图昌纂修
　　清抄本　八册

〔雍正〕续静乐县志十卷 （清）梅廷谟修，俎夏鼎纂
　　清雍正八年（1730）刻本
　　上海图藏

〔同治〕静乐县续志十卷 （清）张朝玮纂修
　　清同治五年（1866）刻本　二册

〔乾隆〕五寨县志二卷 （清）秦雄褒纂修，朱青选增修
　　清乾隆十六年（1751）居安堂刻嘉庆十四年（1809）增刻本　二册

〔康熙〕岢岚州志四卷 （清）何显祖修，袁锵珩纂
　　清康熙十一年（1672）刻本
　　国图藏

〔光绪〕续修岢岚州志十二卷 （清）吴光熊修，史文炳纂
　　清光绪十年（1884）刻本　四册

〔顺治〕河曲县志四卷 （清）马云举纂修，田思孔续修
　　清顺治七年（1650）刻康熙八年（1669）增刻本
　　国图藏

〔道光〕河曲县志四卷 （清）曹春晓纂修
　　清道光十年（1830）刻本
　　国图、湖南图藏

〔道光〕河曲县志四卷 （清）曹春晓纂修
　　清道光十年（1830）刻道光十九年（1839）增刻本
　　河曲县志办藏

〔道光〕河曲县志采遗四卷 （清）黄宅中纂
　　清道光二十三年（1843）刻本
　　国图、贵州图藏

〔同治〕河曲县志八卷 （清）金福增修，金钟彦、张兆魁纂
　　清同治十一年（1872）河曲县署刻本　八册

河曲县乡土志 （清）吴大猷编纂
　　清光绪三十三年（1907）铅印本
　　国图藏

〔康熙〕保德州志十二卷首一卷 （清）王克昌修，殷梦高纂
　　清康熙五十二年（1713）刻本
　　国图、中科院图藏

〔乾隆〕保德州志十二卷首一卷 （清）王克昌修，王秉韬增纂
　　清乾隆五十年（1785）刻本 十册

〔嘉靖〕崞县志八卷 （明）尹际可修，徐麟趾纂
　　明嘉靖四十五年（1566）刻本
　　国图藏
　　半页八行，行二十字。白口，四周双边。

〔乾隆〕崞县志八卷 （清）邵丰锾、顾弼修，贾瀛纂
　　清乾隆二十二年（1757）刻本 四册

〔光绪〕续修崞县志八卷 （清）赵冠卿、龙朝言修，潘肯堂纂
　　清光绪八年（1882）刻本 八册

〔光绪〕崞县乡土志 （清）章同编
　　清光绪三十四年（1908）抄本
　　中科院图藏

临汾

〔洪武〕平阳志 （明）张昌修纂
　　明洪武十五年（1382）刻本
　　国图藏
　　存九卷（卷一至九）。包背装。匡高30厘米，广19.6厘米。

半页十行，行二十字。黑口，四周双边。入选第二批《国家珍贵古籍名录》。

〔正德〕平阳志　（明）闵槐纂修
　　明正德十四年（1519）刻本
　　国图藏

〔万历〕平阳府志　（明）傅淑训修，曹树声纂
　　明万历刻本
　　国图藏

〔康熙〕平阳府志三十六卷　（清）刘棨修，孔尚任、高寿本等纂
　　清康熙四十七年（1708）刻康熙四十九年（1710）补刻本
　　北大图藏

〔乾隆〕平阳府志三十六卷　（清）章廷珪修，范安治纂
　　清乾隆元年（1736）刻本　十八册

〔万历〕临汾县志九卷　（明）邢云路纂修
　　明万历十九年（1591）刻本
　　国图藏
　　半页十行，行二十字。白口，四周双边。

〔康熙〕临汾县志九卷　（明）邢云路原本（清）林弘化续修
　　清康熙十二年（1673）刻本
　　国图藏

〔康熙〕临汾县志八卷　（清）宫懋言纂修
　　清康熙五十七年（1718）刻本

北大图、上海图藏

〔雍正〕**临汾县志八卷**　（清）徐三俊修，陈献可纂

　　清雍正八年（1730）刻本

　　国图藏

〔乾隆〕**临汾县志十卷首一卷末一卷**　（清）高嶟、吴士淳修，吕淙、吴克元纂

　　清乾隆四十四年（1779）刻本　七册

〔嘉靖〕**曲沃县志五卷**　（明）刘鲁生修，李廷宝纂

　　明嘉靖三十年（1551）刻本

　　宁波天一阁、国图藏

　　匡高21.5厘米，广15厘米。半页九行，行十八字。白口，四周双边。

〔万历〕**沃史二十六卷**　（明）赵彦复纂修

　　明万历四十年（1612）刻本

　　天津图藏

〔康熙〕**沃史二十五卷**　（清）范印心修，张奇勋纂

　　清康熙七年（1668）刻康熙二十年（1681）补刻本

　　国图藏

〔康熙〕**曲沃县志三十卷**　（清）潘锦修

　　清康熙四十四年（1705）刻本

　　代县图藏

　　存十九卷（卷一至十七，卷二十九至三十）。

方志编　269

〔乾隆〕曲沃县志四十卷　（清）张坊纂修

清乾隆二十三年（1758）刻本　八册

〔嘉庆〕续修曲沃县志八卷　（清）侯长熺修，王安恭纂

清嘉庆二年（1797）刻本　四册

〔道光〕新修曲沃县志十二卷　（清）张兆衡纂修

清道光二十二年（1842）刻本

国图藏

〔光绪〕续修曲沃县志三十二卷　（清）张鸿逵修，韩子泰纂

清光绪六年（1880）刻本　六册

〔嘉靖〕翼城县志六卷　（明）鄢桂枝修，杨汝江纂

明嘉靖二十七年（1548）刻本

南京图、宁波天一阁藏

匡高20.3厘米，广14.3厘米。半页十行，行二十四字。白口，四周双边。

〔康熙〕翼乘十二卷　（清）陈应富纂修

清康熙二十七年（1688）刻本

国图藏

〔乾隆〕翼城县志二十八卷　（清）李居颐、王昇纂修

清乾隆二年（1737）刻本

浙江图藏

〔乾隆〕翼城县志二十八卷　（清）李居颐纂修

清乾隆二年（1737）刻乾隆七年（1742）补刻本

国图、中科院图、北大图藏

〔乾隆〕翼城县志二十八卷　（清）许崇楷纂修
　　清乾隆三十六年（1771）刻本　六册
　　存五卷。

〔光绪〕翼城县志二十八卷　（清）王耀章、龚履坦纂修
　　清光绪七年（1881）刻本　八册

〔隆庆〕襄陵县志十二卷　（明）宋之韩修，吕调元纂
　　明隆庆二年（1568）刻本
　　国图藏
　　半页十行，行二十字。黑口，四周双边。

〔康熙〕襄陵县志八卷　（清）谢国杰修，崔瀛纂
　　清康熙十二年（1673）刻本
　　上海图藏

〔雍正〕襄陵县志二十四卷　（清）卢秉纯纂修
　　清雍正十年（1732）刻本　四册

〔光绪〕襄陵县志二十四卷　（清）钱墉修，郝登云纂
　　清光绪七年（1881）刻本　八册

〔万历〕太平县志八卷　（明）王体复修
　　明万历二十九年（1601）刻清顺治初年补刻本
　　南京地理所藏

〔雍正〕太平县志八卷　（清）吴轸、张学都、刘崇元修，张枚

等纂

　　清康熙六十一年（1722）刻雍正三年（1725）补刻本

　　国图藏

〔乾隆〕太平县志十卷　　（清）张钟秀纂修

　　清乾隆四十年（1775）刻本

　　山大图藏

〔道光〕太平县志十六卷首一卷　　（清）李炳彦修，梁棲鸾纂

　　清道光五年（1825）刻本　　八册

〔光绪〕太平县志十四卷首一卷　　（清）劳文庆、朱光绶修，娄道南纂

　　清光绪八年（1882）刻本　　十册

〔万历〕洪洞县志八卷　　（明）乔因羽修，晋朝臣纂

　　明万历十九年（1591）刻本

　　国图、北大图藏

〔顺治〕洪洞续志不分卷　　（清）赵三长修，晋承柱纂

　　清顺治十七年（1660）刻本

　　国图、北大图、天津图藏

〔康熙〕洪洞县续志不分卷　　（清）邵琳修，王泽溥纂

　　清康熙十二年（1673）刻本

　　国图藏

〔雍正〕洪洞县志九卷　　（清）余世堂修，蔡行仁纂

　　清雍正八年（1730）刻本　　八册

〔雍正〕洪洞县志九卷 （清）余世堂修，蔡行仁纂
　　清雍正八年（1730）刻同治十一年（1872）补刻本
　　洪洞博藏

〔光绪〕洪洞县志稿十六卷首一卷 （清）王轩纂修
　　清光绪八年至十三年（1882—1887）稿本
　　南京地理所藏

〔顺治〕赵城县志八卷 （清）安锡祚修，刘复鼎纂
　　清顺治十六年（1659）刻本
　　国图、天津图、南京地理所藏

〔乾隆〕赵城县志二十四卷首一卷末一卷 （清）李升阶纂修
　　清乾隆二十五年（1760）刻本　八册

〔道光〕赵城县志三十七卷首一卷附图一幅 （清）杨延亮纂修
　　清道光七年（1827）刻本　八册

〔康熙〕岳阳县志 （清）李子实修，李梦辰、鲍奇纂
　　清康熙元年（1662）刻本
　　国图藏

〔雍正〕岳阳县志十卷 （清）赵温修，常逊纂
　　清雍正十二年（1734）刻本
　　山西日报社藏

〔嘉靖〕浮山县志 （明）许安纂修
　　明嘉靖十一年（1532）刻本
　　国图藏

〔**嘉靖**〕浮山县志　（明）许安纂修

　　明嘉靖三十七年（1558）刻本

　　国图藏

〔**康熙**〕浮山县志四卷　（清）潘廷侯修，秦绍襄纂

　　清康熙十二年（1673）刻本

　　上海图藏

〔**乾隆**〕浮山县志三十七卷　（清）贾酉、张乾元修，张华、皇甫奎纂

　　清乾隆十年（1745）刻本　六册

〔**光绪**〕浮山县志三十四卷　（清）鹿学典修，武克明纂

　　清光绪六年（1880）刻本　八册

〔**康熙**〕吉州志二卷　（清）南鹏修，曹执衡纂

　　清康熙十二年（1673）刻本

　　山大图藏

〔**乾隆**〕吉州志八卷　（清）甘士瑛纂修

　　清乾隆元年（1736）刻本

　　故宫图藏

〔**光绪**〕吉州全志八卷　（清）吴葵之修，裴国苞纂

　　清光绪抄本　四册

〔**光绪**〕吉州乡土志　（清）佚名修

　　清末抄本

　　国图藏

〔万历〕乡宁县志六卷　（明）焦守己纂修
　　明万历二十年（1592）刻本
　　国图藏

〔顺治〕乡宁县志六卷　（明）焦守己纂修，侯世爵续修
　　清顺治七年（1650）刻本
　　国图藏

〔康熙〕乡宁县志六卷　（清）张联箕修，王调鼎纂
　　清康熙十二年（1673）刻本
　　国图藏

〔乾隆〕乡宁县志十五卷　（清）葛清纂修　〔光绪〕乡宁县续志十五卷　（清）冯安澜修
　　清乾隆四十九年（1784）刻光绪七年（1881）续修本　六册

〔康熙〕大宁县志八卷　（清）刘芳永修，曹续祖、刘而介纂
　　清康熙二十九年（1690）刻本
　　国图藏

〔雍正〕大宁县志八卷　（清）刘源涑纂
　　清雍正八年（1730）刻本
　　国图、北大图藏

〔道光〕大宁县志八卷　（清）杜棠修，郭屏纂
　　清道光二十五年（1845）刻本
　　中科院图

〔光绪〕大宁县志八卷　（清）崔同绂修，李华棠纂

方志编　275

清光绪九年（1883）刻本　四册

〔康熙〕隰州志二十四卷　　（清）钱以垲纂修

清康熙四十九年（1710）刻本　四册

〔康熙〕隰州志二十四卷　　（清）钱以垲纂修　〔光绪〕续修隰州志四卷　（清）崔澄寰修，王嘉会纂

清康熙四十九年（1710）刻光绪二十四年（1898）续修本八册

〔光绪〕续修隰州志四卷　　（清）崔澄寰修，王嘉会纂

清光绪二十四年（1898）刻本　八册

〔康熙〕永和县志二十四卷　　（清）王士仪纂修

清康熙四十九年（1710）刻本　四册

缺一卷。

〔康熙〕蒲县新志八卷　　（清）胡必蕃修，曹丕振、贺友范纂

清康熙十二年（1673）刻本

国图藏

〔乾隆〕蒲县志十卷首一卷　　（清）巫慧修，王居正纂

清乾隆十八年（1753）刻本

浙江图藏

〔乾隆〕蒲县志十卷首一卷　　（清）巫慧修，王居正纂　〔光绪〕蒲县续志　（清）托克托欢修，罗良桂纂

清乾隆十八年（1753）刻光绪六年（1880）续修本　六册

〔康熙〕汾西县志八卷首一卷 　（清）蒋鸣龙修，傅南宫纂
　　清康熙十三年（1674）刻本
　　国图、故宫图、上海图藏

〔光绪〕汾西县志八卷首一卷 　（清）曹宪修，周桐轩纂
　　清光绪八年（1882）刻本　四册

〔嘉靖〕霍州志八卷 　（明）褚相修，刘熙、杨枢纂
　　明嘉靖三十七年（1558）刻本
　　国图藏

〔康熙〕重修霍州志十卷 　（清）黄复生修，黄翊圣纂
　　清康熙十二年（1673）刻本
　　国图藏

〔道光〕直隶霍州志二十五卷首一卷 　（清）崔允昭修，李培谦纂
　　清道光六年（1826）刻本　十册

〔道光〕直隶霍州志二十五卷首一卷 　（清）崔允昭修，李培谦纂　〔光绪〕续刻直隶霍州志二卷 　（清）杨立旭修，白天章纂
　　清道光六年（1826）刻光绪六年（1880）续修本　十二册

吕梁

〔顺治〕永宁州志不分卷 　（清）胡朝宾修，高首标纂
　　清顺治十三年（1656）刻本
　　国图藏

〔康熙〕永宁州志八卷 　（清）谢汝霖修，朱铃、张永清纂

清康熙四十一年（1702）刻本

国图藏

〔光绪〕永宁州志三十二卷首一卷　（清）姚启瑞修，方渊如、刘子俊纂

清光绪七年（1881）刻本　六册

〔天启〕文水县志十卷　（明）米世发修，郑宗周纂

明天启五年（1625）刻本

北大图藏

〔康熙〕文水县志十卷　（清）傅星修，郑立功纂

清康熙十二年（1673）刻本

省博图藏

〔光绪〕文水县志十二卷首一卷末一卷　（清）范启堃、王炜修，阴步霞纂

清光绪九年（1883）刻本　六册

文水乡土志　成连编纂

清宣统元年（1909）晋阳公报社排印本

山大图藏

〔康熙〕交城县志八卷首一卷　（清）赵吉士修，武攀龙、李之奇纂

清康熙九年（1670）刻本

国图藏

〔康熙〕交城县志十八卷首一卷　（清）洪璟纂修

清康熙四十八年（1709）刻本　四册

〔光绪〕交城县志十卷首一卷　（清）夏肇庸修，许惺南纂

清光绪八年（1882）刻本　八册

〔万历〕兴县志二卷　（明）朱学介修，缑纯纂

明万历五年（1577）刻本

国图藏

半页八行，行二十六字。白口，四周单边。

〔乾隆〕兴县志十八卷　（清）程云修，蓝山增修　〔光绪〕兴县续志二卷　（清）张启蕴修，孙福昌、温亮珠纂

清乾隆年刻光绪六年（1880）张启蕴永兴斋续修本　五册

〔康熙〕临县志八卷首一卷　（清）杨飞熊修，崔鹤龄、李思豫纂

清康熙五十七年（1718）刻本　四册

〔康熙〕石楼县志　（清）周士章纂

清康熙初年刻本

国图藏

〔雍正〕石楼县志八卷首一卷　（清）袁学谟修，秦燮等纂

清雍正八年（1730）刻本　八册

〔雍正〕重修岚县志十六卷　（清）沈继贤修，常大升纂

清雍正八年（1730）刻本　二册

〔康熙〕宁乡县志十卷首一卷　（清）吕履恒纂修

清康熙四十一年（1702）刻本　二册

〔雍正〕孝义县志十八卷 （清）方士谟纂修
清雍正四年（1726）刻本
中科院图藏

〔乾隆〕孝义县志二十卷 （清）邓必安修，邓常纂
清乾隆三十五年（1770）刻本 六册

〔乾隆〕孝义县志二十卷 （清）邓必安修，邓常纂 〔光绪〕孝义县续志二卷首一卷末一卷 （清）孔广熙修，何之煌纂
清乾隆三十五年（1770）刻光绪六年（1880）续修本 六册

〔万历〕汾州府志十六卷 （明）王道一修，王景符纂
明万历三十七年（1609）刻本 六册
匡高22.8厘米，广15.8厘米。半页九行，行十八字，小字双行，行字同。白口，四周双边。入选第二批《山西省珍贵古籍名录》。

〔乾隆〕汾州府志三十四卷首一卷 （清）孙和相修，戴震纂
清乾隆三十六年（1771）刻本 十六册

〔顺治〕汾阳县志四卷 （清）吴世英修，刘文德纂
清顺治十四年（1657）刻本
国图藏

〔康熙〕汾阳县志八卷首一卷 （清）周超修，赵日昌、邢秉诚纂
清康熙六十年（1721）刻本
国图藏

〔乾隆〕汾阳县志十四卷首一卷 （清）李文起修，戴震纂
清乾隆三十七年（1772）刻本 八册

〔道光〕汾阳县志十四卷首一卷　（清）周贻䌨、曹文锦纂修

清道光三十二年（1852）刻咸丰元年（1851）续修本 八册

〔咸丰〕汾阳县志十四卷首一卷　（清）周贻䌨修，曹树谷纂

清咸丰元年（1851）稷山葛鲁川刻本　八册

〔光绪〕汾阳县志十四卷首一卷　（清）方家驹、庆文修，王文员纂

清光绪十年（1884）刻本　十册

附录一：书名索引

（按首字笔画排序）

一画

一亩园杂咏

一溉亭诗抄一卷附怡园诗抄一卷

乙未公车日记四卷

二画

二十二子引端

二妙集八卷

二妙集八卷逸文一卷

二语摘读四言

二峨草堂学稿一卷遗稿一卷

二程子抄释十卷

二程全书六十五卷

二程全书六十五卷

十二家唐诗类选十二卷

十七只商榷一百卷

十八叠山房唱和草一卷

十三经读本三百三十三卷

十门辨惑论二卷

七十家赋抄六卷

七经精义

九原（今忻州）杨氏族谱

九愚山房文集九十七卷

九愚山房诗集十三卷

三画

三子口义三种十五卷

三云筹俎考四卷

三代遗书六种二十八卷

三立阁史抄二卷

三立祠考

三立祠传二卷

三立祠传二卷

三立祠传二卷附一卷

三立祠传四卷

三关志十卷

三关图说不分卷

三字经

三字经一卷

三字经句解旁训

三字经家训补缀

三姓山川记一卷

三晋诗选十四卷
三晋诗选十四卷晋诗二集十六卷
三晋语录十卷
三晋语录十卷二集五卷
三益集
于清端公政书八卷首编一卷外集一卷
于清端公政书八卷首编一卷外集一卷
　　续集一卷
大方广佛华严经合论一百二十卷
大方广圆觉修多罗了义经并抄疏科文
　　七卷
大方广圆觉修多罗了义经略疏注二卷
〔康熙〕大宁县志八卷
〔雍正〕大宁县志八卷
〔道光〕大宁县志八卷
〔光绪〕大宁县志八卷
〔道光〕大同县志二十卷首一卷末一卷
〔正德〕大同府志十八卷
〔乾隆〕大同府志三十二卷
大佛顶首楞严经正脉疏十卷
大学一卷中庸一卷
大学中庸引端增补燕说不分卷
大学衍义补一百六十卷首一卷
大清刑律草案附律目考一编十七章二
　　编三十六章
大清律例总类不分卷
大清通礼品官士庶仪纂六卷

大椿堂诗选二卷
大意尊闻
大意尊闻一卷
万历十年山西乡试录一卷
万历七年山西乡试录一卷
万历元年山西乡试录一卷
万历四年山西乡试录一卷
万里行程记一卷
万里吟一卷
万卷精华楼藏书记一百四十六卷
〔康熙〕万泉县志八卷
〔乾隆〕万泉县志八卷
小学六卷
小学集注六卷
小学集解六卷辑说一卷
小学韵语一卷
小眷西堂近体诗抄
小傅我诗集十卷
山右石刻丛编四十卷
山右同官录
山右金石记十卷
山右金石存略二十一卷
山右金石存略目录摘要
山右校士录
山右校士录不分卷
山右通志人物咏史诗略四卷
山西丈地简明文册

山西乡土志不分卷
山西乡试朱卷
山西乡试闱墨
山西乡试第五房同门朱卷
山西五台县古迹图一卷
山西文水县聚众滋事始末记一卷
山西宁武府忠义孝弟祠观法录
山西师范学堂章程
山西全省各府厅州县地方经理各款说
　明书不分卷
山西全省财政说明书八种
〔道光乙酉科〕山西全省选拔同年齿录
山西米粮歌
山西农务公牍六卷
山西考卷制艺
〔乾隆〕山西志辑要十卷首一卷
山西矿务档案
山西学务汇编一卷
山西选拔贡卷不分卷
山西郡县释名二卷
山西调查局法制科第一股调查条目
〔成化〕山西通志十七卷
〔嘉靖〕山西通志三十二卷
〔万历〕山西通志三十卷
〔康熙〕山西通志三十二卷
〔雍正〕山西通志二百三十卷
〔光绪〕山西通志一百八十四卷首一卷

山西通志金石记
山西通省正印官员简明履历册一卷
山西通省保甲捕盗章程一卷
山西教育官报
山西谘议局第一届常年会议决案
〔顺治〕山西赋役全书一百六卷
〔雍正〕山西赋役全书一百二十五卷
山西赋役全书不分卷
山西疆域沿革图谱五卷
〔崇祯〕山阴县志六卷
山海漫谈三卷附录二卷
山海漫谈五卷
千字文
千字文一卷
勺水庵诗集
广元遗山年谱二卷
〔康熙〕广灵县志十卷
〔乾隆〕广灵县志十卷
〔乾隆〕广灵县志十卷首一卷末一卷
广清凉传三卷
亡篇一卷
己庚编二卷
子史精华
子问二卷
飞鸿书屋文稿二卷
〔万历〕马邑县志二卷
〔康熙〕马邑县志五卷

马首农言

乡宁七郎庙杨氏宗谱

乡宁石涧村杨氏家谱

乡宁西府王氏家谱

〔万历〕乡宁县志六卷

〔顺治〕乡宁县志六卷

〔康熙〕乡宁县志六卷

〔乾隆〕乡宁县志十五卷

乡宁余凹村王氏家谱

乡宁崔窑高氏家谱

四画

丰镐考信录八卷

王二弥文集不分卷

王太史遗稿八卷附录一卷

王月潭先生小传

王文端公诗集二卷奏疏四卷尺牍八卷

王石和文七卷

王石和文八卷

王石和文九卷

王轩日记

王官谷集三卷

王洪绪先生外科证治全集不分卷

王黄州小畜集三十卷

王赓荣墨迹

王槐溪先生文集五卷

井矿工程三卷

天文地理歌略

天地冥阳水陆仪文三卷水陆杂文二卷

天花八阵编二卷

天顺六年山西乡试录一卷

天启元年山西乡试录一卷

天宫宝传奇二卷

〔乾隆〕天镇县志八卷

〔光绪〕天镇县志四卷

元文类七十卷目录三卷

元配王恭人行略一卷悼亡诗一卷

元遗山先生年谱二卷

元遗山先生全集八卷续夷坚志四卷年谱一卷

元遗山先生全集四十卷首一卷末一卷乐府四卷续夷坚志四卷考证三卷凌辑年谱二卷翁辑年谱一卷施辑年谱一卷

元遗山先生全集四十卷首一卷新乐府四卷续夷坚志四卷附录一卷补载一卷凌辑年谱二卷翁辑年谱一卷施辑年谱一卷

元遗山志四卷

元遗山集九卷

无为斋诗集二卷词抄一卷

无机化学二卷首一卷末一卷

无我相斋诗选四卷

无逸集六卷首一卷

附录 285

韦苏州集十卷拾遗一卷
〔顺治〕云中郡志十四卷
云仙集
云林别墅新辑酬世锦囊书启合编初集
　八卷
云笈七签一百二十卷
艺文类聚一百卷
艺林伐山二十卷
艺概六卷
木郎祈雨咒
五功释义一卷
五台卢氏家谱
五台西头村白氏宗谱
〔康熙〕五台县志八卷首一卷
〔乾隆〕五台县志八卷
五台徐氏本支叙传
五台徐氏本支叙传一卷
五台徐氏宗谱八卷
五台徐润第墨迹
〔光绪〕五台新志四卷首一卷
五行类应九卷
五经白文二十一卷
五经堂合集不分卷文集五卷语录一卷
五经楼小题拆字
五省沟洫图说一卷补录一卷
五思集题词
五种遗规不分卷

〔乾隆〕五寨县志二卷
太上老君清静经图注
太上感应篇
太上感应篇图说
太上感应篇图说四卷
太上感应篇集注
〔万历〕太平县志八卷
〔雍正〕太平县志八卷
〔乾隆〕太平县志十卷
〔光绪〕太平县志十四卷首一卷
〔道光〕太平县志十六卷首一卷
太平经国之书十一卷
太平经国之书十一卷首一卷
太师王端毅公奏议十五卷
太谷至广东江西等地经商线路及沿线
　气候风俗稿一卷
〔万历〕太谷县志十卷
〔顺治〕太谷县续志二卷
〔乾隆〕太谷县志六卷
〔乾隆〕太谷县志八卷
〔光绪〕太谷县志八卷首一卷末一卷
〔咸丰〕太谷县志八卷首一卷末一卷
太谷武氏家谱
太谷孟氏家谱
太原王二弥先生存稿十卷附传记一卷
太原王氏会通世谱十三卷
太原王氏会通世谱十三卷首一卷

太原王氏绛县支谱（续）
太原王氏家谱二十八卷首一卷末一卷
太原王氏家谱二十卷首一卷末一卷
太原王氏族谱
太原李氏家谱
〔嘉靖〕太原县志六卷
〔天启〕太原县志六卷
〔雍正〕太原县志十六卷
〔道光〕太原县志十八卷图一卷
太原府阳曲县丈清地粮图说四卷首一卷
〔万历〕太原府志二十六卷
〔乾隆〕太原府志六十卷
太原段帖不分卷
太原郡王氏家谱
太原傅科二卷
太清风露经一卷
历代世谱十卷
历代地图五种
历代名将事略
历朝捷录史鉴总论四卷
〔康熙〕屯留县志四卷
〔雍正〕屯留县志四卷
〔光绪〕屯留县志八卷首一卷
止斋先生文集五十二卷（又名止斋文集、止斋集）附录一卷
中州乐府
中州集十卷
中州集十卷首一卷中州乐府一卷
中国文字
中说十卷
中说考七卷
内台集七卷慎言十三卷表礼备纂二卷
内经知要二卷
水屋剩稿二卷
见闻琐录三卷
见庵锦官录八种三十卷
午亭山人第二集三卷
午亭文编五十卷
午亭文编五十卷午亭山人第二集三卷
毛诗昀订十卷
毛诗稽古编三十卷
壬辰重改证吕太尉经进庄子全解十卷
升恒编十二卷
〔正德〕长子县志
〔康熙〕长子县志六卷
〔乾隆〕长子县志二十卷首一卷
〔嘉庆〕长子县志二十一卷首一卷
〔光绪〕长子县志十二卷首一卷
〔康熙〕长治县志八卷
〔乾隆〕长治县志二十八卷首一卷末一卷
〔光绪〕长治县志八卷首一卷
介山文编二卷
〔康熙〕介休县志八卷

〔乾隆〕介休县志十四卷
〔嘉庆〕介休县志十四卷
〔光绪〕介休县志三卷
从祀录不分卷附先贤历履先儒历履
今文粹编八卷
今文粹编八卷二编二卷
分月赋笺
分类文腋八卷
月楼琴语一卷
勿斋自订年谱一卷
丹溪心法附余二十四卷首一卷
凤川先生文集三卷
〔乾隆〕凤台县志二十卷首一卷
〔光绪〕凤台县续志四卷首一卷
勾股图解四卷
勾股截积和较算术二卷
六艺纲目二卷附字原一卷札记一卷
六事箴言一卷
六砚草堂诗集四卷（又名樗园集）
文中子中说十卷
文水乡土志
〔天启〕文水县志十卷
〔康熙〕文水县志十卷
〔光绪〕文水县志十二卷首一卷末一卷
文则四卷
文字蒙求四卷
文苑春秋四卷

文昌孝经十八章
文昌帝君阴骘文图注
文庙祀位一卷
文法反约四卷首一卷
文选六十卷
文清公薛先生文集二十四卷
文清公薛先生文集二十四卷手稿一卷
　　制义一卷行实录五卷读书录十一
　　卷续录十二卷
文清公薛先生文集二十四卷目录一卷
文清公薛先生文集等七种三十四卷
文潞公文集四十卷（又名潞公集）
方雪斋试帖一卷
方雪斋诗集十二卷
斗山书院试卷
尺华斋试律存草一卷
孔文谷诗集四卷文谷渔嬉稿二十卷
孔文谷集十六卷续集四卷
劝世真言
劝学斋文草不分卷
劝学篇二卷
双节堂庸训六卷
双红豆馆词抄四卷
双藤书屋诗集十二卷试帖二卷
书业德重订古文释义新编八卷
书仪十卷
书传音释六卷首一卷末一卷

书林阁自制三字经百家姓千字文四书
　　十三经辑字
书经六卷
书经六卷校勘记一卷
书经批六卷
书经体注大全合参六卷
书经体注图考大全六卷
书经章句训解十卷
书经集传六卷
书叙指南二十卷

五画

玉海二百卷辞学指南四卷附刻十三种
玉溪生诗选一卷
正字略定本一卷
正香簃吟草四卷
正德二年山西乡试录一卷
正德八年山西乡试录一卷
正德十一年山西乡试录一卷
正德十四年山西乡试录一卷
甘肃查办全案不分卷
世界名人传略
古夫于亭杂录五卷
古今雁字诗选五卷
古今律历考七十二卷
古文一隅三卷
古文快笔贯通解三卷
古文喈凤新编八卷
古文辞类纂七十四卷
古文辞类纂三编二十八卷
古芬阁书画记十八卷
古伴柳亭续稿六卷
古唐选屑三十卷
古唐诗合解十二卷附古诗四卷
古唐诗合解十二卷附古歌四卷
古唐诗合解唐诗十二卷古诗四卷
可仪堂一百二十名家制义四十八卷
左汾近稿一卷
左绣三十卷首一卷
左粹类纂十二卷
〔雍正〕右玉县志四卷
〔嘉庆〕右玉县志四卷首一卷
石友山房集不分卷
石屏诗集十卷首一卷
石渠余纪六卷
石鼓文四卷
〔康熙〕石楼县志
〔雍正〕石楼县志八卷首一卷
龙门志三卷
龙山志四卷
龙坞集五十五卷
〔洪武〕平阳志
〔正德〕平阳志
〔万历〕平阳府志

〔康熙〕平阳府志三十六卷
〔乾隆〕平阳府志三十六卷
〔康熙〕平陆县志八卷
〔光绪〕平陆县续志二卷首一卷末一卷
平定刘氏族谱
〔万历〕平定州志十二卷
〔乾隆〕平定州志八卷
〔乾隆〕平定州志十卷
〔乾隆〕平定州志十卷图一卷
〔光绪〕平定州志补一卷
〔光绪〕平定州志十六卷首一卷
平定张氏族谱
平定陆氏家谱
平定南坳村冯氏家谱
平定郗氏族谱
平定晋氏族谱
平定董氏族谱四卷附一卷
平定窦氏族谱
平定蔡氏族谱
平定潘氏合谱一卷
〔康熙〕平顺县志十卷
〔乾隆〕平遥县志六卷
〔光绪〕平遥县志十二卷首一卷
平遥冀氏宗谱四卷
东汉书姓名韵
东莱博议四卷附增补虚字注释一卷
东雍士女志二卷

东雍耆旧传三卷后集一卷
东塾读书记二十五卷
北几贺文宗批点论学指南二卷
北岳庙集十二卷
北辕集一卷
旧德记一卷
目录学九卷
史记一百三十卷
史记评林一百三十卷首一卷
史谈补五卷
史谈补五卷
史鉴节要便读六卷
另议中西大学堂改为山西大学堂西学
　专斋合同一卷
四书正解二十卷
四书正韵十九卷
四书则六卷
四书约旨十七卷
四书说六卷
四书读本十九卷图一卷句辨一卷字辨
　一卷疑字辨一卷
四书章句集注十九卷
四书集注十九卷附校勘记
四书释地一卷续一卷又续二卷三续二卷
四书释地不分卷
四书翼传三义七卷
四言杂字

四库全书目录四十五卷
四库全书简明目录
仕国人文十二卷
代州冯大君墓表家传行略
〔万历〕代州志二卷
〔光绪〕代州志十二卷首一卷
代州杨氏族谱
代州杨氏族谱十二卷
代县崔氏世谱二卷
仙掖移封
仙儒外纪五卷
仙儒外纪十卷
仪礼十七卷附监本正误一卷
仪礼问津一卷
仪礼注疏五十卷
仪礼要义五十卷
仪礼选要一卷
白云巢集二十四卷
白华楼诗钞四卷焚余稿一卷
白谷山人诗抄二卷
白谷山人诗集不分卷
白测鱼诗一卷
令德堂章程一卷
令德堂肄业章程
〔康熙〕乐平县志八卷
〔乾隆〕乐平县志八卷
乐山堂稿二卷

乐山集三卷
尔雅三卷
句注山房集二十卷
兰坡遗墨不分卷
半可集四卷
汇纂功过格十二卷首一卷末一卷
汉口山陕会馆志二卷
汉书评林一百卷目录一卷
汉石佚存表一卷
汉赵氏孟子章指复编一卷附论一卷
汉前将军关公祠志九卷
汉前将军关公祠志九卷
汉碑录文四卷
〔康熙〕宁乡县志十卷
〔乾隆〕宁武府志十二卷首一卷
礼记二十卷抚本礼记郑注考异二卷
礼记十卷
礼记体注大全四卷
礼记省度四卷
训士喻编三卷
永乐大典目录六十卷
永宁于氏宗谱五卷
〔顺治〕永宁州志不分卷
〔康熙〕永宁州志八卷
〔光绪〕永宁州志三十二卷首一卷
〔康熙〕永和县志二十四卷
〔光绪〕永济县志二十四卷

附　录　291

永济麻氏族谱
永济虞乡洗马村麻氏族谱
司马太师温国文正公传家集八十卷目
　　录二卷
司马文正公年谱一卷
司马文正公传家集八十卷目录二卷附
　　录一卷年谱一卷
司马文正公集八十二卷目录二卷首一卷
司马文正公集略三十一卷诗集七卷
司马温公文集八十二卷
司马温公年谱六卷
司马温公经进稽古录二十卷
司马温公稽古录二十卷
司牧安骥集八卷
弘治五年山西乡试录一卷
〔康熙〕辽州志八卷
〔雍正〕辽州志八卷
边政考十二卷
发菩提心戒本、大乘八关斋戒仪、菩
　　萨十无尽戒仪合卷
圣门人物志十二卷
圣迹图一卷
圣祖仁皇帝庭训格言一卷
圣谕广训一卷

六画

〔康熙〕吉州志二卷

〔乾隆〕吉州志八卷
〔光绪〕吉州乡土志
〔光绪〕吉州全志八卷
地藏菩萨本愿经
共勉录四卷首一卷末一卷
再起奏草一卷
西山先生真文忠公文章正宗二十四卷
西山游草
西北文集四卷
西汉书姓名韵
西昆集选录一卷
西京杂记六卷
西斋语录四卷
西陲要略四卷
西域释地一卷
西隃山房集四卷
西隃山房集八卷
有怀堂集八卷
有诸己斋格言十七种
有融斋遗稿四卷时艺二卷补遗一卷
百马驼仙传
百花千家诗合选四卷
百怍斋文集二卷
百病问对辩疑五卷膀瘵问对辩疑一卷
存草二卷
存焚集不分卷
成化二十二年山西乡试录一卷

成介愍公集一卷

成均课讲周易

成仙佛录

迈尔通史

毕坚毅先生文集六卷

毕坚毅先生四州文献四卷

光绪二十四年山西同官录

光绪二十五年山右同官录不分卷

光绪十八年山右同官录不分卷

光绪己卯科乡试同年录

光绪己丑恩科山西乡试题名录

光绪己丑恩科山西武乡试题名录

光绪壬午科山西乡试朱卷一卷附同门姓氏

光绪丙子科山西乡试朱卷

光绪丙戌科会试朱卷

光绪戊子科山西乡试朱卷一卷

光绪戊戌山西同官录

光绪辛卯科山西武乡试题名录

光绪庚子辛丑恩正并科山西乡试同年齿录一卷

光绪庚子辛丑恩正并科山西乡试墨卷

〔嘉靖〕曲沃县志五卷

〔康熙〕曲沃县志三十卷

〔乾隆〕曲沃县志四十卷

同寿录四卷

同治丁卯科山西闱墨不分卷

同治壬戌恩科山西乡试同年齿录

同治壬戌恩科山西乡试录不分卷

同治壬戌恩科山西闱墨不分卷

同治戊辰科山西会试朱卷

同治庚午科山西乡试朱卷

同治癸酉科山西乡试朱卷

吕子节录四卷补遗二卷

吕子节录四卷续四卷附宗约歌一卷

吕氏春秋二十六卷

吕子遗书去伪斋集十卷呻吟语六卷实政录七卷附录一卷

吕新吾先生呻吟语四卷

朱子古文书疑一卷

朱子语类日抄五卷

朱子格言

朱太史先生新纂四书主意会宗十五卷

朱少农年谱

朱氏痘诊全书一卷

朱文端公文集四卷

先大父泗州府君事辑一卷

先儒正修录三卷齐治录三卷

竹轩诗稿四卷

乔氏载记二卷

乔庄简公集十卷

乔勤恪公全集

任勇烈公遗诗一卷遗集一卷

任勇烈公遗集

华阳国志十二卷
华严原人论一卷
华岳全集十一卷
仰节堂集十四卷
全唐诗话三卷 题
合河纪闻十四卷
杂录一卷
旭华堂文集十四卷补遗一卷
旭华堂文集十四卷补遗一卷续编一卷
旭华堂诗集二卷
名家制义四十八卷
各国度量权衡考一卷
庄渠先生遗书十二卷
庄渠先生遗书十六卷
庄渠先生遗书前十六卷后十卷
庄靖先生遗集十卷
庄靖集十卷
庄镜集不分卷
刘氏家传一卷
刘凤川遗稿十卷
刘玉郎思家中状元团圆十二卷
刘知远诸宫调十二卷
刘宫詹先生文集十六卷
交城下关街白氏家谱
交城西营村薛氏家谱一卷
〔康熙〕交城县志八卷首一卷
〔康熙〕交城县志十八卷首一卷
〔光绪〕交城县志十卷首一卷
交城房氏宗谱一卷
交城房氏家谱一卷
关圣帝君圣迹图志全集五卷
关圣类编六卷补编一卷
关帝圣迹图志全集十卷
关帝志四卷
关帝明圣经一卷
池北偶谈二十六卷
〔万历〕兴县志二卷
〔乾隆〕兴县志十八卷
〔光绪〕兴县续志二卷
字学举隅一卷
安老怀幼书四卷
安阳集五十卷附家传十卷别录三卷遗事一卷
〔万历〕安邑县志十卷
〔康熙〕安邑县志十一卷
〔乾隆〕安邑县运城志十六卷首一卷
〔光绪〕安邑县续志六卷首一卷
安邑路氏族谱
安陆集一卷
安泽常氏家谱
讲武要略十七卷首一卷附录一卷
祁埙奏稿一卷
祁大夫字说
祁子禾先生日记二卷

祁文恪日记不分卷

祁文端公自订年谱一卷

祁幼章行略一卷

祁县古县村王氏第九支族谱

祁县古县镇蒲桑村戴氏家乘

祁县会善村温氏世谱

〔康熙〕祁县志八卷

〔乾隆〕祁县志十六卷

〔光绪〕祁县志十六卷

祁县岳氏家谱

祁县温氏家谱二卷

祁㝢藻日记一卷

祁韵士等书札不分卷

论法指南不分卷

论语十卷

论语浅解四卷

论语类编一卷

农政全书六十卷

农桑备要四卷附井利图说一卷

尽言集十三卷

孙氏养正楼印存六卷

阳曲丈清地粮图册

阳曲大方山吴氏家史

阳曲乡土历史三卷地理一卷格致一卷

〔康熙〕阳曲县志十四卷首一卷

〔道光〕阳曲县志十六卷

阳曲张映宿行述

阳曲青龙镇南甲一支王氏族谱

阳曲南社村郭氏家谱

阳曲郭氏家谱

阳城白巷李氏族谱

〔顺治〕阳城县志十卷

〔康熙〕阳城县志八卷

〔乾隆〕阳城县志十六卷

〔同治〕阳城县志十八卷首一卷

阳城黄城村陈氏家谱

阳泉张氏族谱

〔雍正〕阳高县志六卷

阴骘文诗

如不及斋制艺

如兰集二十卷

观心约一卷

观我斋日记不分卷

观阜山房日记不分卷

观弥勒菩萨上生兜率天经疏二卷

观弥勒菩萨上生兜率陀天经

观音劝善文

观斋诗草不分卷

红暇吟草一卷

纪九行气炼形图

肖斋文集八卷诗集四卷

肖斋书札诗稿不分卷

附 录 295

七画

寿阳马首村王氏家谱
寿阳王氏家谱
寿阳太安村梁氏历代相传宗谱
寿阳祁氏世谱
寿阳祁氏世谱一卷
寿阳祁氏试卷汇抄一卷
〔康熙〕寿阳县志八卷
〔乾隆〕寿阳县志十卷首一卷
〔光绪〕寿阳县志十三卷首一卷
违碍书籍目录不分卷
远色篇
抚晋奏议六卷
批点学文正法
赤臣诗存一卷
折狱龟鉴八卷首一卷
折狱龟鉴二卷
折霁山稿一卷
〔乾隆〕孝义县志二十卷
〔雍正〕孝义县志十八卷
〔光绪〕孝义县续志二卷首一卷末一卷
孝肃包公奏议集十卷
孝经一卷
孝思堂全集十卷序一卷
声调四谱图说十二卷首一卷末一卷
声调前谱一卷后谱一卷续谱一卷
芸香书屋诗草二卷
芸龛日记不分卷
芮城刘氏家传
芮城刘氏家谱
芮城县公立陌南高等小学堂章程一卷
〔隆庆〕芮城县志
〔康熙〕芮城县志四卷首一卷
〔光绪〕芮城县续志四卷首一卷
〔咸丰〕芮城县志十七卷
严永思先生通鉴补正略三卷
克洛特加龙省天演学
苏溪渔隐读书谱四卷
杜诗字评十八卷
李烈妇诗一卷
李菊圃先生遗文
杨二酉先生墨迹
求己笔记一卷
求是斋公牍汇存八卷盐务六卷署臬公
　牍一卷附模范监狱章程一卷
求是斋四书集要
求益斋试帖不分卷
求阙斋语摘录一卷
两汉幽并凉三州今地考略
医林改错二卷
医学统旨六卷
连筠簃丛书十五种
时文小题萃不分卷
吴征君莲洋诗抄不分卷

吴诗谈薮二卷拾遗一卷

吴诗集览二十卷

吴诗集览二十卷吴诗补注二十卷谈薮
　　二卷

吴诗集览二十卷吴诗补注二十卷谈薮
　　二卷拾遗一卷

吴诗集览二十卷首一卷

岘樵山房日记不分卷（清同治元年至
　　光绪元年十一月三十日）

岘樵山房诗草不分卷

岘樵山房诗集八卷续二卷

岘樵山房诗集初编八卷续编七卷岘樵
　　山房诗草一卷

岘樵山房倡和诗存二卷

岚溪诗抄二卷

针灸大成十卷

我诗集六卷

我诗集十一卷

佐右集十五集

身世准绳二卷

佛日普照慧辩楚石禅师语录二十卷

佛语真言度劫文

佛说北斗七星经

近思录十四卷

近思录辑注十四卷

近思录摘读

希音堂集六卷

谷口集七卷

谷梁传

条麓堂集三十四卷

状元四书

状元诗经

状元诗经八卷

应州马氏家谱

应州当寺僧人祈福愿文

〔弘治〕应州志

〔雍正〕应州志十卷

〔万历〕应州志六卷

〔乾隆〕应州续志十卷首一卷

〔光绪〕应州再续志二卷

应州李氏家谱

应州鲍氏家谱

应试诗法浅说详解六卷

应酬尺牍

辛复元先生集

忘适适斋日记不分卷

弟子规一卷

弟子规不分卷

弟子箴言二卷

〔万历〕沃史二十六卷

〔康熙〕沃史二十五卷

〔康熙〕汾西县志八卷首一卷

〔光绪〕汾西县志八卷首一卷

汾州府考卷

〔万历〕汾州府志十六卷
〔乾隆〕汾州府志三十四卷首一卷
〔顺治〕汾阳县志四卷
〔康熙〕汾阳县志八卷首一卷
〔乾隆〕汾阳县志十四卷首一卷
〔道光〕汾阳县志十四卷首一卷
〔咸丰〕汾阳县志十四卷首一卷
〔光绪〕汾阳县志十四卷首一卷
汾阳曹氏志传合刻一卷
汾阳韩氏支谱一卷
汾阳韩氏支谱四卷
汾城李氏家谱
沧溟先生集三十卷附录一卷
沈国勉学书院集十二卷
〔康熙〕沁水县志十卷
〔光绪〕沁水县志十二卷首一卷
〔雍正〕沁州志十卷首一卷
〔乾隆〕沁州志十卷首一卷
〔光绪〕沁州复续志四卷
沁县东山赵氏家谱
〔万历〕沁源县志
〔雍正〕沁源县志十卷首一卷
〔光绪〕沁源县续志四卷
〔万历〕怀仁县志二卷
〔光绪〕怀仁县新志十二卷首一卷续刻一卷
怀古堂偶存诗稿二卷

〔万历〕忻州志四卷
〔乾隆〕忻州志六卷
〔光绪〕忻州志四十二卷
忻州李氏家谱四卷
忻州解原村张氏族谱
忻郡杨氏家乘六卷
宋元通鉴一百五十七卷
宋艺圃集二十二卷续集三卷
宋文鉴一百五十卷目录三卷
宋四六选分类摘句一卷
宋学士文集七十五卷
宋诗别裁八卷
宋儒大文约二卷
〔光绪〕补修徐沟县志六卷
初学记三十卷
初定山西中小学堂应用书目一卷
灵石王氏族谱二十卷
灵石杨氏支谱八卷
〔万历〕灵石县志四卷
〔康熙〕灵石县志四卷
〔嘉庆〕灵石县志十二卷
〔光绪〕灵石县志不分卷
〔光绪〕灵石县志续编二卷
灵石何氏族谱十卷首一卷末一卷
灵石陈氏家乘
灵石陈氏家谱
〔顺治〕灵丘县志四卷

〔康熙〕灵丘县志四卷
〔光绪〕灵丘县补志十卷
张之洞奏稿二卷
张石州先生墨迹
张石州所藏书籍总目
张百川先生塾课八卷
张月斋先生书册
张月斋先生词翰
张月斋急就章
张杨园初学备忘一卷
张穆祁寯藻等书札不分卷
陆宣公翰苑集注二十四卷
妙法莲华经七卷
妙法莲华经譬喻合文一卷
纬弢二卷
纬捃十四卷
纲鉴会纂三十九卷

八画

奉使记一卷
〔康熙〕武乡县志六卷
〔乾隆〕武乡县志六卷首一卷
〔光绪〕武乡县续志四卷
青山书屋诗稿一卷
青云洞遗书初刻九种十卷二刻六种六卷
青云集分韵试帖详注四卷
青阳先生文集九卷忠节附录二卷

青溪遗稿二十八卷
〔嘉靖〕盂县志十三卷
〔光绪〕盂县志二十二卷首一卷末一卷
苗氏说文四种四十六卷
〔乾隆〕直隶代州志六卷
〔乾隆〕直隶绛州志二十卷首一卷
〔光绪〕直隶绛州志二十卷首一卷
〔道光〕直隶霍州志二十五卷首一卷
枢廷载笔
松阳抄存二卷
松亭诗抄一卷
松溪诗稿一卷
述职吟二卷
事物纪原集类十卷
雨花台传奇二卷
奇门汇参
斩鬼传五卷十回（又名第九才子书平鬼传）
非水舟遗集二卷
非水舟遗集二卷附梁府君小传
尚书古文疏证八卷
尚书注疏二十卷
昆仑山房诗集残稿
国初山右四家文抄十一卷
国朝三晋翰谏院题名录不分卷
国朝山左诗汇抄后集三十九卷
国朝山右诗存二十四卷附集八卷

国朝内阁名臣事略十六卷
国朝汉学师承记八卷国朝宋学渊源记
　二卷国朝经师经义目录一卷
国朝理学备考三十四卷
明七律便抄一卷五代七律补抄一卷
明文小题传薪八卷
明心宝鉴二卷
明夷待访录一卷
易图合说不分卷
易图明辨十卷
易学三述不分卷
易学启蒙一卷
易经以俟录
易经四卷
易经体注汇解合参不分卷
易经道学传
易说六卷
忠孝小学集注六卷
呻吟语节录二卷
咏史偶稿
〔康熙〕岢岚州志四卷
岩溪诗草一卷
岩潭诗集十二卷
垂棘山房印谱不分卷
〔康熙〕和顺县志四卷
〔乾隆〕和顺县志八卷首一卷
和顺南安驿村杜氏族谱

和顺药氏家谱
牧爱堂编十二卷
侍御吴公家传一卷
岳阳（今古县）刘氏宗谱四卷
〔康熙〕岳阳县志
〔雍正〕岳阳县志十卷
使蜀纪程
佩文诗韵释要五卷
佩芸日记不分卷
径山藏六千九百五十六卷
金刚心经句解便蒙一卷
金刚经句解便蒙一卷心经句解便蒙一卷
金刚般若波罗蜜经
金刚般若波罗蜜经一卷
金刚般若波罗蜜经详解全集
金陵收复志喜一百韵一卷
念复堂诗抄一卷
周礼节训六卷
周礼学一卷
周礼精华六卷
周易爻征广义六卷首一卷末一卷
周易爻征补义三卷
周易本义四卷筮仪一卷卦歌一卷图说
　一卷
周易四卷
周易四卷附校勘记一卷
周易传义音训八卷首一卷末一卷

周易学一卷
周易参同契分章注解三卷
周易象旨诀录七卷周礼六卷
周官大义一卷
周官精义十二卷
享帚斋诗抄四卷
享帚斋诗抄四卷词抄二卷
享帚集四卷
刻天仙正理直论增注不分卷
育正堂重订幼学须知句解四卷
法华经手记第七
法华经玄赞会古通今新抄第六卷
法苑珠林一百二十卷
河东令狐氏族谱
河东吕氏族谱十一卷
河东重刻阳明先生文录五卷外集九卷
　　别录十录
河东盐法备览十二卷
河东盐政汇纂六卷
河东盐政调剂纪恩录十四卷
河东路氏谱牒不分卷
河曲县乡土志
〔顺治〕河曲县志四卷
〔道光〕河曲县志四卷
〔道光〕河曲县志采遗四卷
〔同治〕河曲县志八卷
河汾诗集八卷

河汾诸老诗集八卷
河汾诸老诗集八卷
河汾诸老诗集八卷河东文告四卷
河汾教十六卷
河津任氏家谱
〔康熙〕河津县志八卷
〔乾隆〕河津县志十二卷
〔嘉庆〕河津县志十二卷
〔同治〕河津县志十四卷
〔光绪〕河津县志十四卷首一卷
河津通化村庞氏家谱
河津樊村堡任氏西户家谱
河渠纪闻三十一卷
泊水斋文钞三卷
泊水斋诗六卷
注肇论疏六卷
〔乾隆〕泫志拾遗八卷
〔万历〕泽州志十八卷
〔雍正〕泽州府志五十二卷
怡情集四卷
学部奏咨辑要续编四卷
学部第一次审定高等小学暂同书目一卷
宝训图书五卷
宝庵集二十四卷
定阳（介休）张氏族谱四卷
定阳张氏族谱四卷
定轩古文豹斑集四卷

〔万历〕定襄县志八卷
〔康熙〕定襄县志八卷
〔雍正〕定襄县志八卷首一卷
〔光绪〕定襄县补志十三卷
审看拟式四卷首一卷末一卷
官箴一卷
试帖青云集注释四卷
诗品一卷
诗纪一百三十卷前集十卷外集四卷别
　　集十二卷
诗经八卷
诗经八卷附校勘记
诗经体注大全八卷
诗经体注大全体要八卷
诗经体注图考大全八卷
诗经说铃十二卷
诗集未定稿
诗集传音释二十卷
诗韵含英题解十卷
诗韵含英题解四卷
孟子七卷
孟子要略五卷
孟子章指一卷
孟有涯集十七卷
孟诗评选
孟诗补遗二卷
姑射山人吟稿二卷

经元斋小稿二十卷
经书字音辨要九卷
经世石画三卷
经验广集四卷
经籍举要一卷

九画

奏定京内官制全案一卷
奏定城镇乡地方自治并选举章程一卷
春花秋月词一卷
春谷小草二卷
春秋三传十六卷附录经传一卷首一卷
春秋大成三十一卷
春秋公羊传十一卷附校勘记
春秋左传句解汇隽六卷
春秋左传杜注二十一卷
春秋左传杜注补辑三十卷首一卷
春秋左传类解二十卷
春秋谷梁传十二卷附校勘记
春秋纂
垣曲古城村张氏家谱
垣曲杨氏西门家谱
〔康熙〕垣曲县志十六卷
〔乾隆〕垣曲县志十四卷
〔光绪〕垣曲县志十四卷
垣曲姚氏宗谱四卷
垣曲谢村车氏家乘

〔顺治〕赵城县志八卷

〔乾隆〕赵城县志二十四卷首一卷末
　　一卷

〔道光〕赵城县志三十七卷首一卷附
　　图一幅

赵城金藏六千九百八十卷

赵翰林经济全书四卷

括囊集二卷

郝文忠公陵川文集三十九卷

郝文忠公陵川文集三十九卷首一卷附
　　录一卷年谱一卷

郝步蟾墨迹

拾遗集九卷

按晋疏草四卷

荆园小语一卷进语一卷

〔康熙〕荣河县志八卷

〔光绪〕荣河县志十四卷首一卷

胡畸人诗一卷

荔影堂诗钞二卷

茹古山房全集

南丰曾子固先生集

南华经

南园倡和集一卷

南溪草初集一卷

柳待制文集二十卷附录一卷

柳崖外编十六卷

柳渠文集六卷诗集六卷

柽华馆文集六卷骈体文一卷诗集四卷
　　杂录一卷

柽华馆试帖汇抄辑注十卷

咸丰乙卯科山西闱墨不分卷

咸丰十年梁豫应殿试卷

咸丰己未恩科山西乡试朱卷

咸丰己未恩科山西乡试录一卷

咸丰壬子科山西乡试朱卷

咸丰辛亥科山西乡试闱墨

咸丰辛酉科山西闱墨不分卷

咸丰辛酉科山西选拔同年齿录

砚北草堂诗稿不分卷

奎壁易经

临文便览二卷

〔康熙〕临县志八卷首一卷

临县李氏宗谱

〔万历〕临汾县志九卷

〔康熙〕临汾县志八卷

〔康熙〕临汾县志九卷

〔雍正〕临汾县志八卷

〔乾隆〕临汾县志十卷首一卷末一卷

临汾孟氏家谱不分卷

临晋王氏族谱八卷首一卷

〔康熙〕临晋县志十卷首一卷

〔乾隆〕临晋县志八卷

思诚堂集二卷附祠堂记四首

思居堂集十三卷

思复斋初稿一卷随笔五卷
咽喉脉证通论一卷
咳唾珠玉二卷
峣山集四卷
峣山集四卷补刻一卷两论学庸二卷诗
　　集一卷
钦定春秋左传读本三十卷
看云山房诗草二卷
选择捷要不分卷
适适斋文集二卷
适堂诗集四卷
适龛诗稿
秋水集十六卷
秋怀唱和诗一卷
秋实春华赋集八卷诗集七卷文集二十
　　三卷首一卷
秋涧大全集一百卷附一卷
秋涧先生大全文集一百卷
秋湄诗钞一卷
秋谳辑要六卷
重订小学纂注六卷
重订天文歌略二章地理歌略二十七章
重订地理歌略一卷
重刊嘉祐集十五卷
〔康熙〕重修平遥县志二卷
〔康熙〕重修平遥县志八卷
〔雍正〕重修太原县志十六卷

〔光绪〕重修辽州志八卷首一卷
重修名法指掌图四卷
〔雍正〕重修岚县志十六卷
〔嘉庆〕重修沁水县志十二卷首一卷
〔光绪〕重修和顺县志十卷首一卷末
　　一卷
〔康熙〕重修泽州志三十卷
重修政和经史证类备用本草三十卷
重修政和经史备用本草三十卷
〔乾隆〕重修陵川县志二十八卷
〔康熙〕重修霍州志十卷
〔康熙〕重修襄垣县志十卷
重校正地理新书十五卷
重编补添分门字苑撮要
复古编二卷
复初斋诗录
复宿山房集四十卷
〔康熙〕保德州志十二卷首一卷
〔乾隆〕保德州志十二卷首一卷
俄国近史二十卷
俗言一卷
皇明文衡一百卷目录二卷
皇明太学志十二卷
皇朝藩部要略十八卷
皇朝藩部要略十八卷附世系表四卷
律吕志解一卷
律赋存稿一卷

律赋聚星笺注二卷
胎产心法三卷
帝王年系都邑便览六卷附帝王年世分
　　合图一卷帝王分合总论一卷
帝都仁声
闻见瓣香录十卷
闻式堂明文小题传薪八卷
闻喜下庄张氏家谱
闻喜上吕村牛氏族谱
闻喜小罗庄李氏家谱
闻喜小堆后卢氏家谱
闻喜小堆后张氏家谱
闻喜东罗庄李氏家谱
闻喜东郝庄殷氏家谱
闻喜东郝庄董氏家谱
闻喜仪张村刘氏家谱
闻喜寺底村冯氏家谱
闻喜乔氏三支家谱
闻喜刘氏家谱一卷
闻喜李家房李氏家谱
〔顺治〕闻喜县志七卷
〔康熙〕闻喜县志续编不分卷
〔乾隆〕闻喜县志十二卷首一卷
〔光绪〕闻喜县志补四卷续四卷
闻喜宋店刘氏家谱
闻喜河底乡孙村郭氏家谱
闻喜郎家凹张氏家谱

闻喜堡尔头李氏家谱
闻喜新仪张村李氏家乘
闻喜蔡谢村曾氏家谱
闻喜裴村宁氏家谱
闻喜裴社乡宋庄村谢氏家谱
养一斋诗选一卷
养正俚吟七种
养生导引法一卷
养生揽要十三卷首一卷
养真集二卷
类函骈语
洪范九畴数三卷
洪洞万安镇陈氏宗谱不分卷
洪洞刘氏宗谱
洪洞刘氏宗谱二十卷首二卷末一卷像
　　赞一卷祖训一卷
洪洞刘氏宗谱六卷首一卷
洪洞刘氏宗谱八卷首一卷末一卷
洪洞刘氏宗谱不分卷
洪洞苏堡刘氏宗谱
洪洞薄村十甲王氏族谱二十七卷
〔万历〕洪洞县志八卷
〔顺治〕洪洞续志不分卷
〔康熙〕洪洞县续志不分卷
〔雍正〕洪洞县志九卷
〔光绪〕洪洞县志稿十六卷首一卷
洪洞董氏族谱

洪洞韩氏重修家谱二卷

洪洞韩氏家谱

洞天奥旨十六卷附经络图

洙泗考信录四卷

洗桐居士文集四卷诗四卷

〔弘治〕浑源州志五卷

〔万历〕浑源州志二卷存一卷

〔顺治〕浑源州志二卷

〔乾隆〕浑源州志十卷

〔乾隆〕浑源州志十卷

〔光绪〕浑源州续志十卷附恒山续志一卷

恒山志四卷首一卷

恒山志五卷

恒岳志三卷

觉世正宗省心经十卷

宣统三年山右同官录不分卷

宣统三年山西岁出入预算总册表一卷

宫闺艳集六卷

说文声订二十八卷

说文系传四十卷附校勘记三卷

说文释例二十卷

说文释例补正二十卷

说文解字十五卷说文通检十四卷首一卷末一卷

说文解字义证五十卷

说文解字系传四十卷校勘记三卷

说纬一卷乐山集一卷

退学斋诗集五卷

退密斋时文

退密斋时文不分卷补编不分卷

退密斋时文四卷补编一卷

退想斋日记不分卷

咫闻集

癸巳存稿十五卷

绘图八宝仙传四卷

绘像丹桂籍

绘像丹桂籍二篇

绛山髯夫四书答问六十卷

绛州北池村杨氏家谱

绛州任氏家谱

〔正德〕绛州志七卷

〔万历〕绛州志八卷

〔康熙〕绛州志四卷

绛州张氏家谱

绛州陶氏家谱

绛阳十景不分卷

〔顺治〕绛县志五卷

〔乾隆〕绛县志十四卷

〔光绪〕绛县志二十一卷

绛县陈氏家谱

绛县郝庄乡西园村牛氏族谱

绛县柳庄张氏家谱

骈体文抄三十一卷

崒余斋易象切要

十画

耘皋老人古文遗集一卷
艳雪堂诗集四卷
泰山游纪一卷
泰西水法六卷
珠光集四卷
蚕桑简易法一卷
盐铁论十卷附考证
〔康熙〕壶关县志四卷
〔乾隆〕壶关县志十八卷
〔道光〕壶关县志十卷
〔光绪〕壶关县续志二卷
耻言一卷
耿氏丛书
莲洋集十二卷
莲洋集十二卷补遗一卷附录一卷
莲洋集十二卷附录一卷年谱一卷
莲洋集选十二卷
晋四人诗四卷
晋饥编二卷首一卷
晋阳书院严申约束告示
晋阳书院课艺不分卷
晋阳明备录不分卷
晋阳唐氏宗谱
晋国垂棘一卷续垂棘编初集六卷二集十卷三集十卷四集九卷
晋国垂棘一卷续晋国垂棘编六卷二集十卷三集十卷四集九卷
晋政辑要八卷
晋政辑要四十卷
晋韶吟草四卷
晋祠全景序晋祠八景诗
晋祠志四十二卷首一卷
晋乘搜略三十二卷
晋溪本兵敷奏十四卷
晋儒备考序论
晋儒备考卷首序论一卷
晋疆纪事不分卷
真文忠公续文章正宗二十卷
桂苑笔耕集二十卷
桐溪文集十卷
桐溪文集十卷补遗一卷
格言联璧一卷
栗恭勤公行述一卷（又名茂园行述）
栗恭勤公墓志
夏考信录二卷
〔康熙〕夏县志四卷
〔光绪〕夏县志十卷首一卷
破邪论二卷
原李耳载
顾亭林先生年谱一卷
顾亭林先生年谱一卷阎潜丘先生年谱

一卷
顾斋日记不分卷
监本书经六卷
监本四书十九卷
监本诗经八卷
党冰壑先生全书十三种十三卷
哭子诗一卷
秘书监志
倚云山房文集二卷试帖二卷南游吟草
　四卷
倚月楼词稿四卷
倡和录一卷
徐沟史家社村乔氏家谱
徐沟乔氏家谱
〔万历〕徐沟县志二卷
〔康熙〕徐沟县志四卷
徐沟集义村李氏家谱
徐松龛先生集辑
徐继畬书挽豫莘辞
殷太师忠烈录十卷
般若波罗蜜多心经一卷金刚经果报录
　一卷
爱余书屋诗稿二卷
留梦阁诗抄
留影龛余草二卷
鸳水丝声
高王观世音经十卷

高平祁氏三世遗稿
〔顺治〕高平县志十卷
〔乾隆〕高平县志二十二卷末一卷
〔同治〕高平县志八卷
唐二皇甫诗集八卷
唐人万首绝句选七卷
唐山旅行记五章
唐文粹一百卷
唐两京城坊考五卷
唐宋九家古文三十二卷
唐诗选三卷
唐鉴十二卷
资治通鉴二百九十四卷
资治通鉴二百九十四卷目录三十卷释
　文辨误十二卷外纪十卷外纪目录五卷
资治通鉴二百九十四卷通鉴目录三十
　卷通鉴释文辨误十二卷通鉴外纪
　十卷通鉴外纪目录五卷
资治通鉴考异三十卷
资治通鉴纲目五十九卷
资治通鉴残稿
旅京晋学堂章程
〔康熙〕朔州志六卷
〔雍正〕朔州志十二卷
〔雍正〕朔平府志十二卷
涑水记闻十六卷
涑水司马氏源流集略八卷

海客诗抄六卷

〔嘉靖〕浮山县志

〔康熙〕浮山县志四卷

〔乾隆〕浮山县志三十七卷

〔光绪〕浮山县志三十四卷

家范十卷

家塾蒙求五卷

容安斋苏谭七卷

容斋随笔十六卷续笔十六卷三笔十六卷四笔十六卷五笔十卷

朗山杂记

朗陵诗集十二卷

读书录十一卷续录十二卷

读书录十一卷续录十二卷行实录五卷

读书录十卷读书续录十二卷

读书录全集十七卷

读书续录十二卷

读左补义五十卷首一卷

读史纪略四卷

读四书丛说八卷

读易入门便抄一卷

读易易知三卷

读素问钞十二卷

课子随笔二卷

课子随笔二卷续编一卷

课子随笔续编一卷

〔康熙〕陵川县志八卷

〔光绪〕陵川县志三十卷首一卷

陶氏世吟集五卷

通雅五十二卷首三卷

绣像文昌化书四卷附文昌化书签二卷

验方新编十六卷附眼科异授一卷痧书一卷喉证秘集一卷外科证治全生一卷

十一画

理学备考三十四卷

推步惟是四卷

教谕语一卷

教谕语四卷

教童子法一卷

培凤集四卷首一卷

聊自娱斋诗草二卷附研农山房试帖

菱湖沈氏丛书四种附水北家训

黄帝内经素问二十四卷

萝藦亭札记八卷

菊逸先生诗存一卷

萤窗草集八卷

乾隆元年山西乡试录一卷

乾隆三年山西乡试录一卷

乾隆丁酉科山西选拔履历全书一卷

萧闲老人明秀集注六卷

萨天锡诗集五卷

梦鹤草堂集一卷

梵纲经

梵纲经手记第二

梅花书屋诗一卷文一卷

梓桥公车日记四卷（清光绪二十九年
　　三月二十五日至四月十一日）

敕修河东盐法志十二卷

啬庐杂著十二卷

救世金丹四卷

救生船四卷末一卷

救劫危言八卷

救荒六十策一卷

曹月川先生家规辑略一卷

雪虚声堂诗抄三卷

雪籁集一卷

虚字辑谈

常评事集四卷

野柏先生类稿十五卷

帷园尺牍四卷

崞阳书院试卷

崞县阳武村武氏宗谱四卷

〔嘉靖〕崞县志八卷

〔乾隆〕崞县志八卷

〔光绪〕崞县乡土志

崞县张氏先哲遗著五种

崇庆新雕改并五音集韵十五卷

崇祀汇编二卷

铜鞮吴氏藏书

第六才子书西厢记八卷

得一录十六卷

〔万历〕猗氏县志九卷

〔康熙〕猗氏县志十卷

〔雍正〕猗氏县志八卷

〔同治〕猗氏县乡土志不分卷

康熙五十年山西乡试录一卷

望云精舍诗钞一卷

阎潜丘先生年谱一卷

清初山右四家文集四十八卷

清凉山志十卷

清凉山志辑要二卷

清凉山新志十卷

〔光绪〕清源乡志十八卷首一卷

清源北营村王氏谱二卷

〔顺治〕清源县志二卷

清源罗氏家谱

清露庭诗一卷

鸿爪集诗二卷词一卷文一卷书禀一卷
　　附一卷

淮南子评注

渔洋山人古诗选五言诗十七卷七言诗
　　歌行抄十五卷

渔洋诗话二卷

深柳堂未定草一卷

情中义传奇二卷

惜抱轩今体诗抄五言九卷七言九卷

惜抱轩尺牍一卷

惜抱轩尺牍八卷

惊邻诗草二卷

寄园藏稿不分卷

寄闲堂诗集八卷附东溪先生诗一卷东村先生诗一卷

寄傲山房塾课新增幼学故事琼林四卷首一卷

寄魂谷诗草十二卷

隆庆元年山西乡试录一卷

隆庆四年山西乡试录一卷

〔光绪〕续太原县志二卷

〔光绪〕续刻直隶霍州志二卷

〔嘉庆〕续修曲沃县志八卷

〔光绪〕续修曲沃县志三十二卷

〔光绪〕续修灵石县志二卷

〔光绪〕续修岢岚州志十二卷

续修河东盐法备览三卷

〔光绪〕续修临晋县志二卷

〔光绪〕续修绛县志十四卷

〔光绪〕续修崞县志八卷

〔同治〕续修猗氏县志四卷

〔光绪〕续修隰州志四卷

〔光绪〕续高平县志十六卷

〔光绪〕续猗氏县志二卷

〔雍正〕续静乐县志十卷

续增河东盐法备览三卷

绵上四山人诗集十卷

绿筠轩唫帙 二卷

绿溪全集五种

绿溪初稿一卷咏史偶稿一卷

绿溪诗四卷

十二画

越绝书十五卷

趋庭遗草二卷

超山书院课程

博物学一卷

博物学讲义

博弈争贤随录

斯文精萃

联语不分卷

葛端肃公家训二卷

敬轩薛先生文集二十四卷

敬灶全书

敬学堂诗抄一卷

落骊楼文稿四卷

韩忠定公集四卷

韩祖成仙宝传

植物名实图考三十八卷

植物名实图考三十八卷

植物名实图考长编二十二卷

植物名实图考长编二十二卷

植物学教科书

雁门胜迹稿

雁门集六卷

雁门集十四卷

雅音会编十二卷

紫云山房文抄一卷

晴莲阁诗一卷丰毡庐诗一卷（又名吴
　　天绮先生诗集）

最近实验单级教授法

最新天文图志

遗山先生文集四十卷附录一卷

遗山先生年谱二卷

遗山先生诗集二十卷

遗山集四十卷附录一卷

喉科得一录一卷

赋学正鹄十卷

赐书楼峣山集六卷

赐书楼峣山集四卷诗集一卷补刻一卷

赐绮堂续集二卷

赐绮堂诗集二卷续集二卷

程司空六子谱

傅山真迹

傅氏女科四卷

傅文恪公初集八卷

傅青主女科二卷附产后编二卷

傅青主先生尺牍一卷

傅青主先生稿本

傅青主男女科

傅青主男科二卷附女科产后编

傅青主诗文稿一卷

傅青主集十九种

傅青主集七卷

傅征君男女科全书

傅征君真草墨迹

傅征君霜红龛诗抄

集沙门不应拜俗等事六卷

集录真西山文章正宗三十卷

集韵编雅一卷

集韵编雅十卷

焦氏易林二卷

遁翁苦口不分卷

御批历代通鉴辑览一百二十卷

御制大诰续编二卷三编一卷

御选唐宋文醇五十八卷

御纂七经

御纂资治通鉴纲目三编二十卷

释名八卷

释迦如来成道记

释拜一卷

鲁斋遗书十二卷补遗一卷

敦艮斋时文不分卷

敦艮斋遗书十七卷

痘科类编释意三卷

痘疹集要

痘疹慢惊秘诀二卷

痧症全书三卷

普通学歌诀七卷
道光己酉科山西乡试朱卷
道光己亥科山西乡试朱卷
道光丙申恩科会试朱卷
道光庚戌科山西乡试朱卷
道光癸卯科山西乡试朱卷
道光癸卯科山西乡试录一卷
道腴堂集十种六十五卷
曾太仆左夫人诗稿合刻十一卷
曾乐轩稿一卷附录一卷
湘南吟草一卷
游绵山记二卷
渼陂先生集十六卷续集三卷碧山乐府
　　四卷诗余一卷南曲次韵一卷游春
　　记一卷中山狼院本一卷
滋荃阁文存不分卷
惺村杂草二十三卷
富克锦舆地略一卷
富国策三卷

十三画

瑜伽焰口施食
跫然集十六卷
〔嘉靖〕蒲州志三卷
〔康熙〕蒲州志十二卷
〔乾隆〕蒲州府志二十四卷图一卷
〔康熙〕蒲县新志八卷

〔乾隆〕蒲县志十卷首一卷
〔光绪〕蒲县续志
蒙古游牧记十六卷
颐养诠要四卷
槐荫堂印谱
槐堂杂咏一卷杂文一卷
榆石山樵诗草一卷源池小草一卷随意
　　吟草一卷晚香亭词草一卷
榆石山樵诗草四卷
〔乾隆〕榆次县志十四卷首一卷
〔同治〕榆次县志十六卷首一卷末一卷
〔万历〕榆次县志十卷
〔康熙〕榆次县续志十四卷首一卷
〔光绪〕榆次县续志四卷
〔康熙〕榆社县志十卷
〔乾隆〕榆社县志十二卷
〔光绪〕榆社县志十卷首一卷末一卷
感应篇直讲
〔乾隆〕虞乡县志十二卷
〔光绪〕虞乡县志十二卷
鉴劳录一卷
暗室灯二卷
蛾术录要不分卷
筹防辑略一卷
筹济编三十二卷首一卷
简易识字课本
简斋小草一卷

微尚斋诗集初编四卷续集一卷
微尚斋诗集初编四卷续集二卷适适斋
　　文集二卷
〔康熙〕解州全志二十二卷首一卷
〔康熙〕解州志十卷
〔乾隆〕解州全志十八卷首一卷
〔光绪〕解州志十八卷首一卷
〔咸丰〕解州全志十六卷
〔乾隆〕解州平陆县志十六卷首一卷
〔乾隆〕解州安邑县志十六卷首一卷
〔乾隆〕解州芮城县志十六卷首一卷
〔乾隆〕解州夏县志十六卷
解州李氏家谱
解郡南贾村席氏家谱一卷
廉立堂文集十二卷
新订四书补注备旨
新刊五子书二十卷
新刊名世文宗三十卷
新刊铜人针灸经七卷
新刊铜人针灸经七卷
新刻五七言千家诗辑抄四卷
〔道光〕新修曲沃县志十二卷
新修河东运司志十卷
新修累音引证群籍玉篇三十卷
新琵琶四卷
新编西方子·明堂灸经八卷
新编西方子·明堂灸经八卷
新编博物策会十七卷
新镌文法反约四卷首一卷
新镌韩祖成仙宝传二十四回
新镌献荩乔先生纲鉴汇编九十一卷首
　　一卷
新雕尚书纂图一卷
韵补五卷附录一卷
韵补正一卷
数学五书十九卷
数度衍二十三卷首三卷
慈生篇
慈悲三昧水忏法三卷
慈悲道场忏法十卷
慎修堂集二十卷
慎疾刍言
群书治要五十卷
群经蒙求歌略一卷诸史蒙求歌略一卷

十四画

〔康熙〕静乐县志十卷
〔同治〕静乐县续志十卷
静修先生丁亥集六卷遗文六卷遗诗六
　　卷拾遗七卷续集三卷附录注一卷
静默斋日记一卷（又名祁寯藻太傅
　　日记）
碧天霞传奇二卷
碧落碑文正误三卷

嘉庆己巳科山西乡试朱卷
嘉靖元年山西乡试录一卷
嘉靖十六年山西乡试录一卷
嘉靖二十五年山西乡试录一卷
嘉靖二十八年山西乡试录一卷
嘉靖三十一年山西乡试录一卷
嘉靖三十四年山西乡试录一卷
嘉靖四十三年山西乡试录一卷
嘉靖集八卷拾遗一卷
慕莱毛公遗录
槛山大云寺志二卷
裴氏世牒四卷
裴氏世谱十二卷首一卷末一卷
幔坡诗抄不分卷
鰤斋日记不分卷
鰤斋钟鼎文字不分卷
塾课小题正鹄初集一卷二集一卷三集一卷
瘦吟草二卷
慵岩诗稿四卷
肇论疏序科文一卷
翠微山房自订年谱一卷
翠滴楼诗集六卷

增订诗经体注图考八卷
增订敬信录图说一卷
增节标目音注精议资治通鉴一百二十卷
增补宋名臣狄武襄公功行录三卷
增补剔弊五言元音二卷
增注地球韵言四卷
增修河东盐法备览八卷首一卷
聪训斋语一卷
蕉窗呓语续集不分卷
横渠张子释六卷
樗茧谱一卷
樊氏集十二卷
墨余便录不分卷
稽古录二十卷
稷山下迪乡阳史村杨氏家谱
稷山小阳村段氏家谱
稷山小阳村杨氏宗谱不分卷
〔万历〕稷山县志八卷
〔康熙〕稷山县志八卷
〔乾隆〕稷山县志十卷
〔嘉庆〕稷山县志十卷
〔同治〕稷山县志十卷
稷山管村乡王村王氏家谱
〔康熙〕黎城县志四卷
〔光绪〕黎城县续志四卷
潜丘札记六卷
鹤侪诗存不分卷

十五画

增广音注唐郢州刺史丁卯诗集二卷
增广新订四书补注备旨十卷

鹤栖堂诗集十二卷

鹤皋年谱一卷

鹤舫诗抄二卷

璚玗山房诗集八卷补遗一卷附唱和诗
　　一卷

璚玗山房诗稿四卷

十六画

耨经庐诗集初编八卷

耨经庐诗集续编十三卷

薛仁斋先生东游日程

薛仁斋先生遗稿

薛文清公文集二十四卷目录一卷

薛文清公年谱一卷

薛文清公行实录五卷

薛文清公全集五十三卷

薛文清公读书全录类编二十卷

薛文清公读书录十一卷续录十二卷

薛文清公读书录十卷

薛文清公读书录类编二十卷

薛文清公集二十四卷

薛考功集十卷

辎轩语七卷

〔嘉靖〕霍州志八卷

镜镜伶痴五卷

儒者八字录二卷

衡门芹一卷

〔弘治〕潞州志十二卷

〔万历〕潞安府志二十卷

〔顺治〕潞安府志二十卷

〔乾隆〕潞安府志四十卷

潞安诗抄后编十二卷

潞安诗抄前编四卷

〔康熙〕潞城县志八卷

〔光绪〕潞城县志四卷首一卷

澹静斋印存

澹粹轩诗草二卷

〔康熙〕隰州志二十四卷

濂洛书堂著述卷目

濂洛书堂著述卷目一卷

十七画

藐姑射山房诗集三卷

藐雪山房全集

檀氏仪礼韵言塾课藏本不分卷

霜红龛文四卷

霜红龛手迹辑录

霜红龛全集四十卷

霜红龛笔记三卷补遗一卷附啬庐别集
　　二卷

霜红龛家训一卷

霜红龛集十二卷我诗集六卷附录一卷

霜红龛集四十卷

霜红龛集四十卷

霜红龛集四十卷

霜红龛集四十卷附录三卷年谱一卷

霞荫堂文抄不分卷

霞荫堂诗集二卷茂园自撰年谱二卷

繁峙下茹越侯氏族谱六卷

繁峙王氏族谱

〔道光〕繁峙县志六卷

〔光绪〕繁峙县志四卷首一卷

〔万历〕襄垣县志八卷

〔乾隆〕襄垣县志八卷

〔光绪〕襄垣县续志二卷

〔隆庆〕襄陵县志十二卷

〔康熙〕襄陵县志八卷

〔雍正〕襄陵县志二十四卷

〔光绪〕襄陵县志二十四卷

〔嘉靖〕翼城县志六卷

〔乾隆〕翼城县志二十八卷

〔光绪〕翼城县志二十八卷

〔康熙〕翼乘十二卷

繁峙魏氏家谱一卷

十八画

藜照堂临池新编四卷

覆瓮集不分卷

瀑音三卷

馥馚亭文稿

馥馚亭文稿一卷

馥馚亭杂抄一卷

馥馚亭诗草一卷

馥馚亭诗草不分卷词草不分卷东巡扈

　从诗草一卷使吴吟草一卷

馥馚亭诗集

馥馚亭集三十二卷

馥馚亭集三十二卷后集十二卷

十九画

瀛环考略二卷

瀛环志略十卷

附录二：著者索引

（按首字笔画排序）

二画

（明）丁守中
（清）丁树勋
（美国）丁韪良

三画

（清）于大梃
（清）于公胤
（清）于成龙
（清）于　准
（日本）大渡忠太郎
（清）万启钧
（清）万青铨
（明）万　鉴
　　　　山西师范学堂
（清）山西农工总局
（清）山西学务处
（清）山西省谘议局
（清）山西清理财政局

（清）山西藩署
（清）卫周胤
（清）卫济世
（清）卫既齐
（清）卫　嵩
（明）马天骏
（清）马云举
（明）马孔昭
（清）马　丙
（清）马丕瑶
（清）马永寿
（清）马光远
　　　　马光裕
（清）马邦玉
（清）马　佐
（明）马　恋
（清）马家鼎
（清）马淑援
（清）马　鉴
（清）马毓林
（清）马　蕃

（明）马　暾

四画

（明）王九思
（明）王三接
（清）王士仪
（清）王士桓
（明）王士琦
（清）王士焱
（清）王士瑞
（清）王士禛
（明）王与龄
（清）王之舟
（清）王飞藻
（清）王五鼎
（明）王友瑄
（明）王中丞
（清）王中极
（清）王氏族人
（清）王介石

（清）王凤翔	（清）王汝桢	（清）王际泰
（清）王文在	（明）王守仁	（明）王　邵
（清）王文员	（明）王守诚	（明）王　纯
（清）王文政	（清）王安恭	（清）王　玮
（清）王玉树	（清）王如玉	（清）王　昇
（清）王正茂	（清）王运荣	（清）王鸣盛
（明）王世贞	（清）王志超	（宋）王岩叟
（清）王本智	（清）王志湉	（清）王　凯
（清）王丕光	（清）王志瀜	（清）王秉韬
（清）王丕显	（清）王克昌	（清）王　炜
（清）王平格	（清）王克笃	（清）王泽溥
（明）王立爱	（清）王　极	（元）王实甫
（清）王永命	（清）王　轩	（清）王居正
（清）王发越	（清）王步墀	（明）王　珂
（明）王有容	（清）王时炯	（清）王　政
（清）王成名	（明）王时济	（清）王　相
（清）王尧衢	（清）王体言	（清）王相贤
（清）王光斗	（明）王体复	（宋）王　柏
（明）王廷干	（明）王希贤	（清）王树善
（清）王廷抡	（清）王希濂	（唐）王　勃
（明）王廷相	（明）王含光	（清）王勋祥
（清）王廷魁	（清）王奂曾	（明）王　钥
（清）王会隆	（清）王　系	（宋）王禹偁
（唐）王　冰	（清）王言廷	（清）王奕组
（清）王庆云	（明）王应楫	（元）王　恽
（清）王庆柞	（宋）王应麟	（清）王祖庚
（清）王庆镛	（清）王序宾	（清）王祚永

(清)王素瑜　　　　(清)王赓荣　　　　(清)韦之瑗

(清)王起凤　　　　(明)王道一　　　　(唐)韦应物

(清)王恭先　　　　(明)王道行　　　　(宋)尤　袤

(清)王晋荣　　　　(明)王道渊　　　　(清)车天眷

(清)王效尊　　　　(清)王道隆　　　　(明)车见齐

(清)王润生　　　　(清)王道彰　　　　(清)车西颜

(清)王家坊　　　　(清)王锡畴　　　　(清)车锡田

(明)王家屏　　　　(清)王　筠　　　　　水精子

(清)王调鼎　　　　(清)王新荣　　　　(清)牛氏族人

(明)王　恕　　　　(清)王新楷　　　　(清)牛述贤

(隋)王　通　　　　(清)王殿宰　　　　(清)牛翰垣

(明)王继文　　　　(清)王嘉会　　　　(清)毛尔杰

(清)王　晦　　　　(清)王嘉谟　　　　(清)毛同升

(清)王　埴　　　　(清)王熙桂　　　　(清)介孝璿

(清)王基昌　　　　(清)王蔚青　　　　(清)丹　巴

(清)王梦鹏　　　　(清)王肇书　　　　(宋)文彦博

(清)王　崧　　　　(清)王　缪　　　　(明)文翔凤

(清)王清任　　　　(清)王　埤　　　　(明)亢思谦

(明)王　鸿　　　　(明)王敷学　　　　(清)方士谟

(清)王谋文　　　　(明)王濬初　　　　(明)方　广

(清)王维德　　　　(清)王耀章　　　　(清)方中通

(清)王　绥　　　　(清)王　霨　　　　(清)方以智

(明)王　琼　　　　(清)王灏儒　　　　(清)方戊昌

(清)王鼎梅　　　　(清)王麟祥　　　　(清)方东树

(明)王景符　　　　(金)元好问　　　　(明)方立诚

(清)王舒萼　　　　　无名氏　　　　　(清)方应清

(清)王舜民　　　　　无住真人　　　　(清)方叔裔

（清）方家驹
（清）方渊如
（明）尹际可
（明）尹　洪
（清）尹继善
（清）孔广熙
（明）孔天胤
（清）孔传性
（汉）孔安国
（清）孔尚任
（唐）孔颖达
（清）邓必安
（明）邓　林
（清）邓宪璋
（清）邓　常
（清）邓嘉绅

五画

（清）甘士瑛
（清）甘兰友
（清）艾绍濂
（清）左锡嘉
（清）石青元
（清）龙汝霖
（清）龙启瑞
（清）龙朝言

（清）卢氏族人
（清）卢廷菜
（清）卢寿昌
（清）卢秉纯
（清）卢经世
（清）卢崇峻
（清）卢　湛
（清）叶士宽
（明）叶文龄
（清）叶　青
（清）叶桂芬
（清）叶　葆
（清）叶　澜
（清）叶　瀚
（清）申　伯
（清）申季庄
（明）申涵光
（清）申　瑶
（清）田从典
（清）田六善
（清）田立德
（清）田庄仪
（清）田依渠
（清）田思孔
（清）田　秋
（清）田　锐
（清）田嘉毅

（明）田　蕙
（清）田　懋
（清）史文炳
（清）史传远
（明）丘　濬
（清）白天章
（清）白元善
（宋）白玉蟾
（清）白龙锡
（英国）白尔捺
（清）白孕彩
（清）白如梅
（清）白星炜
（明）白胤昌
（清）白象颢
（清）白　鹤
（清）令狐氏第八代孙
（清）令狐亦岱
（宋）包　拯
（清）冯云骕
（清）冯氏族人
（清）冯文至
（清）冯正华
（清）冯台星
（清）冯达道
（清）冯廷丞
（清）冯安澜

（清）冯如京
（清）冯志沂
（清）冯李骅
（清）冯怀仁
（清）冯济川
（清）冯　宬
（明）冯惟讷
（清）冯琬琳
（清）冯嘉谟
（清）冯　曦
（法）兰　波
（清）汉口山陕会馆
（清）宁氏族人
（清）宁述俞
（唐）司马贞
（宋）司马光
（汉）司马迁
（明）司马晰
（清）司昌龄
（唐）司空图
（明）边　像

六画

（明）邢大道
（明）邢云路
（清）邢秉诚

（金）邢　准
（清）邢澍田
（清）托克托欢
（明）扬　抚
（元）西方子
（日本）西师意
　　　　成　连
（清）成佰英
（明）成　德
（美国）迈尔
（清）毕振姬
（清）毕盛赞
（清）毕宿焘
（明）吕士芳
（宋）吕本中
（唐）吕延济
（唐）吕向李
（明）吕　坤
（清）吕鸣恭
（明）吕　经
（明）吕　柟
（宋）吕祖谦
（明）吕调元
（清）吕　淙
（宋）吕惠卿
（清）吕　蕰
（清）吕履恒

（清）吕懿历
（清）刚　毅
（清）朱一凤
（清）朱之俊
（明）朱元璋
（清）朱日丰
（明）朱成栋
（清）朱光绶
（清）朱青选
（明）朱学介
（清）朱宗洛
（明）朱勋㵘
（明）朱恬焌
（清）朱　轼
（清）朱　铃
（清）朱　珵
（明）朱珵尧
（清）朱福其
（明）朱　禄
（清）朱　瑶
（清）朱　樟
（清）朱　镐
（清）朱　穆
（宋）朱　熹
（清）乔人杰
（清）乔于洞
（清）乔氏后人

（明）乔允升	（清）庆文修	（清）刘　沅
（明）乔因羽	（清）刘三重	（清）刘　沄
（明）乔　宇	（清）刘三楷	（明）刘良臣
（明）乔应甲	（清）刘士铭	（清）刘青藜
（清）乔　序	（清）刘士锡	（清）刘国治
（清）乔松年	（清）刘大哲	（清）刘　忠
（明）乔承绍	刘大鹏	（清）刘秉恬
（清）乔晋芳	（明）刘子守	（清）刘组曾
（清）乔超五	（唐）刘子良	（清）刘绍先
（清）乔集鹓	（清）刘子俊	（清）刘南沚
（明）延　论	（清）刘　飞	（清）刘显第
（清）延君寿	（清）刘元一	（清）刘　星
（清）延　彩	（清）刘氏族人	（清）刘　昭
（明）伍守阳	（清）刘文蔚	（清）刘钟麟
（明）伍守虚	（清）刘文德	（清）刘复鼎
（清）任大廪	（清）刘引之	（清）刘　胜
（宋）任　广	（明）刘以守	（清）刘胜莲
（清）任云锦	（清）刘发岘	（清）刘　梅
（清）任氏族人	（清）刘而介	（清）刘　辅
（清）任文焕	（清）刘师陆	（清）刘崇元
（清）任启运	（元）刘　因	（清）刘得义
（明）任　环	（清）刘廷琛	（清）刘鸿达
（清）任承恩	（明）刘　宇	（清）刘鸿逵
（清）任　举	（宋）刘安世	（清）刘梁嵩
（清）任宸枢	（清）刘　志	（明）刘　绩
（清）庄一变	（清）刘芳永	（清）刘　智
（战国）庄周	（清）刘　灿	（明）刘鲁生

附　录　323

（清）刘　斌	（清）安锡祚	（清）孙汝明
（清）刘　荣	（清）安　颐	（明）孙安国
（明）刘虞夔	（明）安嘉士	（清）孙肯获
（明）刘溥元	（清）祁友直	（清）孙和相
（清）刘源涑	（清）祁文汪	（清）孙福昌
（清）刘殿凤	（清）祁世长	（清）阴步霞
（汉）刘　熙	（清）祁尔诚	（清）纪在谱
（明）刘　熙	（清）祁思元	（清）纪宏谟
（清）刘熙载	（清）祁思成	（清）纪　昀
（清）刘　璋	（清）祁　埙	
（清）刘　镇	（清）祁寯藻	**七画**
（清）刘鹤翔	（清）祁宲藻	
（清）刘　樾	（清）祁韵士	（清）折遇兰
（清）刘　橒	（明）许　安	（明）严　衍
（清）刘　濂	（唐）许　浑	（清）劳文庆
（清）刘懋功	（民国）许家惺	（英国）克洛特
（清）齐以治	（清）许啸亭	（清）苏于沛
（明）关廷访	（清）许崇楷	（清）苏之芬
（明）米世发	（清）许悭南	（元）苏天爵
（清）江大浣	（元）许　谦	（清）苏本眉
（清）江　永	（汉）许　慎	（民国）苏本铫
（清）江　藩	（清）寻銮炜	（清）苏昌臣
（清）汤学治	（宋）阮　逸	（宋）苏　洵
（明）汤惟学	（清）孙必振	（清）苏　晋
（清）汤登泗	（清）孙成基	（清）杜氏族人
（清）安清乾	（明）孙传庭	（清）杜若椿
（清）安清翘	（宋）孙　兆	（清）杜　棠

（清）杜就田	（清）李生井	（清）李思豫
（清）杜瑞联	（清）李　吉	（金）李俊民
（清）村之昂	（清）李光廷	（清）李炳彦
（清）巫　慧	（清）李光迪	（清）李　桢
（清）李之奇	（清）李早荣	（朝鲜）李容肃
（明）李之藻	（清）李廷一	（清）李培谦
（清）李子实	（清）李廷芳	（清）李梦辰
（清）李子潜	（清）李传敏	（唐）李商隐
（清）李天锡	（明）李廷宝	（清）李焕斗
（清）李元度	（清）李华棠	（清）李焕扬
（清）李友洙	（清）李兆洛	（唐）李隆基
（清）李少鹤	（民国）李庆芳	（明）李维祯
（明）李日宣	（清）李汝霖	（明）李　琪
（清）李中白	（清）李　芬	（清）李　畴
（明）李中馥	（明）李时芳	（清）李　敦
（清）李升阶	（清）李应奎	（清）李敦愚
（清）李长华	（清）李奇观	（唐）李　善
（清）李长庚	（明）李　果	（明）李　嵩
（清）李氏族人	（清）李知人	（清）李锡书
（清）李文炳	（清）李季昌	（清）李锡麟
（明）李文洁	（明）李　侃	（清）李　锦
（清）李文起	（清）李念茂	（清）李廉相
（清）李方芃	（明）李念我	（明）李　蓑
（清）李方蓁	（清）李　炜	（清）李　榕
（明）李　斗	（清）李居颐	（清）李毓秀
（明）李本纬	（清）李荣和	（清）李镕经
（唐）李　石	（清）李彦棠	（清）李　毅

附　录　325

（清）李遵唐	（清）杨含章	（清）杨献箴
（清）李翰才	（清）杨奉清	（明）杨嗣昌
（清）李　衡	（清）杨茂林	（明）杨　慎
（清）李　徽	（明）杨　枢	（清）杨嘉枫
（清）李翼圣	（清）杨尚文	（清）杨　模
（明）李攀龙	（清）杨国泰	（明）杨　鹤
（明）李　瀚	（明）杨国桢	（清）杨豫成
（清）李　瀼	（清）杨　昉	（清）杨黼时
（明）杨一奇	（清）杨秉孟	（清）来尔绳
（清）杨二酉	（明）杨宗气	（清）连又簠
（明）杨大雍	（清）杨　笃	（清）连山斗
（宋）杨　亿	（清）杨恩树	（清）吴九龄
（清）杨飞熊	（清）杨逢春	（清）吴士淳
（清）杨开基	（清）杨　宸	吴大猷
（清）杨天锡	（明）杨继洲	（清）吴　正
（清）杨氏族人	（清）杨　彬	（清）吴世英
（明）杨文学	（清）杨　曹	（清）吴世选
（清）杨立旭	（清）杨盛林	（清）吴　匡
（清）杨汉章	（清）杨　清	（清）吴师祁
（清）杨永宁	（清）杨清涟	（清）吴光熊
（清）杨永康	（清）杨深秀	（清）吴伟业
（清）杨廷栋	（明）杨维岳	（清）吴克元
（清）杨延亮	（明）杨　博	（明）吴伯与
（清）杨名飏	（清）杨朝选	（清）吴其均
（清）杨亦铭	（清）杨景仁	（清）吴其濬
（明）杨汝江	（清）杨善庆	（清）吴承恩
（明）杨守介	（清）杨烶述	（清）吴　轸

（清）吴重光	（清）何道生	（清）汪嗣圣
（清）吴　炳	（清）何遵先	（清）沈千鉴
（清）吴祚昌	（清）佟国弘	（清）沈凤翔
（清）吴辅宏	（清）余正酉	（清）沈世楷
（清）吴鸿恩	（清）余世堂	（清）沈业富
（清）吴　琠	（清）余芝虎	（清）沈业楷
（清）吴葵之	（清）余　治	（清）沈存仁
（宋）吴　械	（清）余　诚	（清）沈光瑀
（清）吴　雯	（元）余　阙	（清）沈廷标
（清）吴曾荣	（英国）希特	（清）沈昌宇
（清）吴德光	（清）希虚云	（清）沈承恩
（清）吴履敬	（清）狄楼海	（清）沈　垚
（清）吴　襄	（清）邹升恒	（清）沈荣勋
（清）员佩兰	（元）邹季友	（清）沈树声
（清）何才价	（清）邹植行	（清）沈品华
（清）何之煌	（明）邹　森	（清）沈品金
（清）何子琴	（清）邹景扬	（清）沈家本
（清）何元烺	（清）言如泗	（清）沈继贤
（明）何东序	（明）辛　全	（清）沈梦兰
（明）何出光	（明）辛应乾	（清）沈稼叟
（清）何百可	（明）闵　槐	（清）沈德潜
（清）何庆澜	（清）汪凤藻	（清）沈　钟
（清）何邻泉	（清）汪本直	（清）宋之树
（清）何始升	（清）汪丙新	（明）宋之韩
（清）何显祖	（清）汪　和	（明）宋子质
（清）何思忠	（清）汪　基	（清）宋在诗
（清）何耿绳	（清）汪辉祖	（清）宋廷魁

（清）宋苍林	（清）张尔岐	（明）张 雨
（明）宋 沛	（清）张永清	（清）张奇勋
（清）宋其沅	张在新	（明）张 昌
（清）宋洪业	（宋）张 有	（清）张岳拱
（清）宋起凤	（清）张成德	（清）张佩芳
（清）宋海波	（清）张师载	（清）张金录
（清）宋 琦	（宋）张 先	（清）张 炜
（明）宋 濂	（清）张廷玉	（明）张治道
（清）张一鹏	（清）张廷鉴	（清）张学都
（清）张九章	（清）张 华	（清）张承熊
（清）张于铸	（清）张仰山	（清）张映宿
（清）张士浩	（清）张兆魁	（清）张昭潜
（清）张士瀛	（清）张兆衡	（明）张思恭
（清）张之纲	（清）张 江	（清）张贻琯
（清）张之洞	（唐）张守节	（清）张钟秀
（清）张天斗	（清）张 坊	（明）张 钦
（清）张天泽	（清）张克信	（清）张笃庆
（清）张元鼎	（清）张岚奇	（唐）张 洗
（清）张云逵	（清）张我观	（明）张 昶
（明）张云路	（英国）张伯尔	（清）张 晋
（清）张氏族人	（清）张伯行	（清）张 恩
（明）张凤翼	（清）张应辰	（清）张 健
（清）张文选	（清）张启蕴	（清）张爱桐
（清）张六翮	（宋）张君房	（清）张乾元
（清）张心至	（清）张茂生	（清）张 彬
（清）张史笔	（清）张 英	（清）张崇德
（明）张四维	（清）张 枚	（清）张鸿逵

（清）张淑渠
（明）张淑誉
（宋）张　维
（清）张维椠
（清）张联箕
（清）张朝玮
（清）张　棣
（清）张惠言
（明）张　鼎
（清）张敦仁
（清）张善勋
（清）张道渥
（清）张　谟
（明）张　楷
（清）张　鉴
（清）张　煦
（清）张　锦
（明）张鹏翼
（明）张慎言
（清）张殿珠
（清）张静生
（清）张嘉言
（清）张　鬻
（清）张　镇
（明）张　毅
（元）张德辉
（清）张　鎣

（清）张鹤云
（明）张鹤腾
（清）张履祥
（清）张　穆
（清）陆元鏸
（清）陆正光
（清）陆庆云
（清）陆陇其
（清）陆泰元
（唐）陆　贽
（清）陆　浩
（唐）陆德明
（清）陈一魁
（清）陈于廷
（清）陈士枚
（清）陈士性
（清）陈士铎
（清）陈子壮
（明）陈仁锡
（清）陈以恂
（清）陈允中
（清）陈允升
（清）陈龙标
（宋）陈　东
（清）陈有年
（清）陈光宪
（清）陈廷敬

（清）陈延景
（清）陈汝楫
（清）陈守中
（清）陈　时
（清）陈作哲
（清）陈应富
（清）陈宏谋
（清）陈启源
（清）陈际唐
（清）陈英才
（明）陈　卓
（清）陈国珍
（明）陈国柱
（清）陈所性
（清）陈法于
（清）陈学富
（清）陈荩章
（清）陈　栋
（清）陈思贤
（明）陈　选
（元）陈致虚
（清）陈鼎隆
（宋）陈傅良
（清）陈献可
（明）陈　简
（清）陈德沅
（元）陈　澔

（明）陈　璘
（清）陈　澧
（清）邵丰鍭
（清）邵　琳
（清）邵嗣尧

八画

（清）武达才
（清）武光曷
（清）武先慎
（清）武访畴
（清）武克明
（清）武攀龙
（清）武缵绪
（清）拉昌阿
（清）苗　蕃
（清）苗　夔
（清）英　和
（清）范士熊
（清）范印心
（东晋）范　宁
（明）范弘嗣
（清）范安治
（清）范启堃
（宋）范祖禹
（清）范绳祖

（清）范紫登
（清）范鄗鼎
（清）范　翔
（清）范鹤年
（清）范　翼
（清）茅丕熙
（宋）林　亿
（清）林弘化
（宋）林希逸
（清）林　佶
（清）林　荔
（日本）松田东
（清）杭永年
（明）欧大任
（唐）欧阳询
（清）尚云章
（清）明　德
（清）罗九鼎
（清）罗士琳
（清）罗云龙
（清）罗良桂
（清）罗其瑞
（清）罗泽南
（清）罗树兰
（清）罗映麟
（清）罗　增
（清）和其衷

（清）和　羹
（清）岳宏誉
（清）岳宜兴
（清）金门诏
（清）金圣叹
（清）金应豫
（清）金明源
（清）金　岳
（清）金钟彦
（清）金谋愷
（清）金福增
（清）金　缨
（明）周一梧
（清）周人龙
（清）周三进
（清）周士章
（清）周大儒
（清）周之桢
（清）周天益
（清）周天麟
（明）周弘禴
（清）周再勋
（清）周兆基
（清）周汝调
（南朝梁）周兴嗣
（清）周纪芳
（清）周系英

（清）周贻缨　　　（清）房　浩　　　（明）赵宜中
（清）周桐轩　　　（元）房　祺　　　（明）赵　标
（清）周恩绶　　　（清）房裔兰　　　（清）赵　晒
（清）周　晙　　　（清）房　灏　　　（明）赵　钦
（清）周　超　　　（明）屈钟岳　　　（明）赵钦汤
（明）周斯盛　　　（清）承培元　　　（明）赵彦复
（清）周景柱　　　（清）孟曰寅　　　（清）赵冠卿
（清）周悍然　　　（清）孟介臣　　　（清）赵培因
（唐）周　翰　　　（清）孟先颖　　　（清）赵辅堂
（清）庞太朴　　　（战国）孟　轲　　（清）赵常濂
（清）庞全中　　　（明）孟　洋　　　（清）赵　温
（清）郑立功　　　（清）孟　涛　　　（清）赵　增
（汉）郑　玄　　　（清）绍　诚　　　（清）赵熟典
（清）郑必阳　　　　　　　　　　　（明）赵　曙
（宋）郑　克　　　　　　九画　　　　（清）郝步蟾
（宋）郑伯谦　　　　　　　　　　　（清）郝应第
（明）郑际明　　　（清）项天瑞　　　（元）郝　经
（明）郑宗周　　　（清）项龙章　　　（清）郝钟秀
（清）郑　珍　　　（清）赵三长　　　（清）郝登云
（清）郑复光　　　（清）赵士弘　　　（元）胡三省
（明）郑　宣　　　（明）赵之韩　　　（清）胡元朗
（清）郑起昌　　　（清）赵日昌　　　（明）胡时化
（清）郑继修　　　（清）赵凤诏　　　（清）胡文烨
（清）郑源璹　　　（清）赵吉士　　　（清）胡必蕃
（清）郑　灏　　　（清）赵执信　　　（清）胡达源
（清）法式善　　　（清）赵名世　　　（清）胡　延
（清）宝　棻　　　（清）赵　佃　　　（清）胡仰廷

附录 331

（清）胡　绍	（清）段德谦	（清）洪　璟
（清）胡　庭	（唐）皇甫冉	（清）觉罗巴延三
（清）胡豹变	（清）皇甫奎	（清）觉罗石麟
（清）胡葆锷	（唐）皇甫曾	（清）宫懋言
（清）胡朝宾	（清）侯万岱	（元）祝德子
（清）胡　渭	（清）侯长熺	（清）费映奎
（明）胡　谧	（清）侯世爵	（明）姚广孝
（清）胡聘之	（清）侯荣圭	（清）姚孔硕
（清）胡燕昌	（清）侯树屏	（清）姚东济
（清）茹纶常	（清）侯康民	（清）姚延凤
（清）茹　金	（清）侯维泰	（清）姚启瑞
（清）南　鹏	（明）侯鹤龄	（清）姚秉华
（清）药　良	（清）俞长城	（清）姚学甲
（明）药济众	（清）俞正燮	（清）姚学瑛
柯　璜	（清）俞世铨	（清）姚宗孟
（清）相斗南	（清）俞廉三	（清）姚宪虞
（元）柳　贯	（清）郗书秀	（宋）姚　铉
（明）柳寅东	（清）郗　缙	（清）姚培谦
（清）奎　俊	（清）俎夏鼎	（清）姚　楷
（清）钮增垚	（清）奕　劻	（清）姚　鼐
（清）段玉裁	（明）施　仁	（清）姚德亮
（金）段成己	（清）姜利仁	（清）贺友范
（清）段自勇	（清）姜炳璋	（明）贺北畿
（金）段克己	（清）姜　愃	（清）贺汝田
（清）段希旦	（清）娄道南	（清）贺澍恩
（清）段　洙	（宋）洪　迈	（清）绛县慈光寺
（清）段祇夔	（清）洪汝霖	

十画

(清)秦元炳
(清)秦丙煃
(清)秦武域
(清)秦绍襄
(清)秦 宪
(清)秦雄襃
(清)秦 燮
(清)秦 擴
(清)袁大选
(清)袁 良
(清)袁学谟
(清)袁 昶
(清)袁继咸
(明)袁 黄
(汉)袁 康
(清)袁锵珩
(清)耿文光
(明)耿 启
(清)莫友芝
(清)莫 溥
　　晋明小学
(清)晋承柱
(清)晋荣如
(明)晋朝臣

(汉)桓 宽
(宋)真德秀
(清)桂敬顺
(清)桂 馥
(清)栗 烜
(唐)贾公彦
(清)贾存仁
(清)贾 西
(清)贾 沏
(清)贾 潆
(清)贾 瀛
(清)夏肇庸
　　夏曾佑
(清)顾炎武
(明)顾绍芳
(清)顾涞初
(清)顾 弼
(清)柴子昶
(清)柴应辰
(清)柴鼎铉
(清)党 成
(清)恩 浚
(清)恩 端
(清)钱之青
(清)钱元龙
(清)钱以垲
(清)钱希祥

(明)钱 春
(清)钱骏祥
(清)钱 墉
(明)徐九章
(清)徐三俊
(清)徐大春
(清)徐 介
(清)徐玉照
(明)徐光启
(唐)徐 坚
(清)徐飓廷
(清)徐 松
(清)徐 昆
(清)徐实甫
(清)徐品山
(清)徐 炑
(清)徐 桐
(清)徐 浩
(清)徐润第
(明)徐祯稷
(清)徐继畬
(清)徐鸿宝
(清)徐道源
(南唐)徐 锴
(清)徐 灏
(明)徐麟趾
(清)殷氏族人

（清）殷梦高	（清）郭氏后裔	（清）陶雁峰
（清）爱新觉罗·允禄	（清）郭为崃	（明）陶　滋
（清）爱新觉罗·玄烨	（清）郭守邦	（明）陶　登
（清）爱新觉罗·永瑢	（清）郭　屏	（明）桑拱阳
（清）爱新觉罗·胤禛	（清）郭　晋	
（清）翁方纲	（清）郭　清	十一画
（清）翁同龢	（清）郭维诚	
（清）凌廷堪	（清）郭维垣	（清）黄玉衡
（明）凌稚隆	（清）郭维翰	（清）黄正元
（清）高文光	（清）郭　嘉	（清）黄本骥
（清）高师孔	（明）郭增光	（清）黄立世
（明）高汝行	（清）郭　磊	（清）黄宅中
（清）高寿本	（晋）郭　璞	（清）黄汝梅
（清）高若岐	（明）郭　鐅	（清）黄希声
（清）高　明	（清）郭　霨	（清）黄叔琳
（宋）高　承	（清）唐氏族人	（清）黄图昌
（清）高首标	（清）唐　桂	（清）黄宗羲
（汉）高　诱	（宋）唐慎微	（清）黄　贻
（清）高继允	（清）海　宁	（清）黄复生
（清）高朝璎	（清）涂逢豫	（明）黄庭绶
（清）高　崞	（清）诸匡鼎	（清）黄宪臣
（清）高　愈	（清）陶用曙	（清）黄晋荣
（清）高　鉠	（清）陶式玉	（清）黄翊圣
（清）郭九会	（清）陶自悦	（清）黄　淦
（明）郭子章	（清）陶良骏	（清）黄寅阶
（清）郭元镐	（清）陶　易	黄　鼎
（清）郭从矩	（明）陶　琰	（清）黄　焱

（清）黄鹤龄	（清）曹祝龄	（清）崔晓然
（清）萧　纲	（清）曹续祖	（明）崔　铣
（清）萧恒贞	（清）曹锡龄	（清）崔铸善
（南朝梁）萧统	（清）曹鹏龄	（清）崔　漳
（清）萧　潜	（明）曹　端	（清）崔澄寰
（清）萨大文	（清）龚导江	（清）崔鹤龄
（清）萨大年	（清）龚敬身	（清）崔　瀛
（清）萨大滋	（清）龚　新	（清）麻氏族人
（清）萨玉衡	（清）龚履坦	（清）麻凤鸣
（清）萨龙光	（清）盛复初	（清）麻维岗
（清）萨承钰	（清）常大升	（清）康乃心
（元）萨都剌	（清）常文邀	（明）康丕扬
（清）萨察伦	（明）常　伦	（清）康志儒
（清）梅廷谟	（清）常　逊	（清）康奉珏
（清）梓潼帝君	（清）常　龄	（明）康绍宗
（明）曹于汴	（清）常　煜	（清）康亮钧
（清）曹文锦	常赞春	（清）康基田
（清）曹丕振	（晋）常　璩	（清）康基渊
（清）曹执衡	（清）崔文炳	（清）康惠兰
（清）曹春晓	（清）崔允昭	（明）康　麟
（清）曹汝愚	（清）崔曾颐	（清）鹿学典
（明）曹　安	（清）崔同级	（清）章廷珪
（清）曹良弼	（清）崔　纪	（清）章　青
（清）曹学闵	（清）崔　述	（清）章　经
（明）曹树声	（清）崔炳文	（清）章　同
（清）曹树谷	（清）崔　振	（清）章嗣衡
（清）曹　宪	（朝鲜）崔致远	（清）阎士骧

（清）阎　朴	（明）寇嘉会	（清）蒋鸣龙
（清）阎汝弼	（清）寄湘渔父	（清）蒋起龙
（清）阎纯玺	（清）屠　直	（清）韩子泰
（清）阎若璩		（明）韩　文
（清）阎南图	十二画	（清）韩幼芸
（明）阎期寿		（明）韩邦奇
（明）阎　敬	（清）颉焕章	（清）韩有庆
（清）阎敬铭	（明）彭　纲	（清）韩昌年
（清）阎　咏	（清）彭　相	（清）韩秉钧
（清）清源王氏后裔	（清）彭　颐	（清）韩　荾
混然子王道渊	（清）葛士达	（清）韩　鉁
（清）渠纶阁	（明）葛守礼	（清）韩　婴
（清）深山居士	（清）葛鸣阳	（宋）韩　琦
（清）梁中靖	（晋）葛　洪	（金）韩道昭
（清）梁　宏	（清）葛　清	（清）韩殿魁
（清）梁　枢	（清）董氏族人	（清）韩镇岳
（清）梁绘章	（清）董文灿	（清）韩夔典
（清）梁棲鸾	（清）董文焕	（日本）朝仓政行
（清）梁培才	（清）董廷麟	（清）雅　德
（清）梁　寅	（清）董　庆	（清）景象元
（清）梁登庸	（清）董体元	（清）景耀月
（清）梁锡珩	（清）董余三	（清）程七乘
（清）梁雉翔	（清）董　柴	（清）程大夏
（清）梁　豫	（明）董　锡	（清）程之玿
（清）梁　濬	（清）董懋极	（清）程　云
（明）寇　阳	（清）董　麟	（清）程允升
（宋）寇宗奭	（清）蒋兆奎	（清）程正揆

（清）程林宗　　　　（宋）释延一　　　　（清）曾云章
（清）程象濂　　　　（明）释交光　　　　（清）曾氏族人
（明）程敏政　　　　（明）释如玘　　　　（宋）曾　巩
（清）程　绩　　　　（唐）释志宁　　　　（清）曾国荃
（宋）程　颐　　　　（唐）释李通玄　　　（清）曾国藩
（清）程　辙　　　　（后秦）释鸠摩罗什　（清）曾　咏
（宋）程　颢　　　　（清）释阿王老藏　　（清）温罗馨
（清）傅　山　　　　（唐）释陀多罗　　　（清）温亮珠
（英国）傅兰雅　　　（唐）释知玄　　　　（清）温　敞
（明）傅志说　　　　　　　释法灯　　　　（清）温聚玢
（清）傅金铨　　　　（唐）释法琳　　　　（元）滑　寿
（清）傅南宫　　　　（北凉）释沮渠京声　（清）游士凤
（清）傅　星　　　　（南朝梁）释宝志　　（明）褚　铁
（清）傅　恒　　　　（明）释宗泐　　　　（清）谢丕振
（清）傅　眉　　　　（唐）释宗密　　　　（清）谢汝霖
（明）傅淑训　　　　（辽）释诠明　　　　（清）谢　均
（明）傅新德　　　　（唐）释复礼　　　　（清）谢国杰
（清）傅德宜　　　　（唐）释彦悰　　　　（清）谢金銮
（汉）焦延寿　　　　（宋）释晓月　　　　（清）谢　瀛
（明）焦守己　　　　（元）释梵琦　　　　（宋）强　至
（明）焦　竑　　　　（唐）释道世　　　　（明）缑　纯
（清）焦腾凤　　　　（唐）释窥基
（清）储大文　　　　（宋）释遵式　　　　十三画
（清）储　瓘　　　　（明）释镇澄
（元）舒天民　　　　（清）释德睿　　　　（明）鄢桂枝
（元）舒　恭　　　　（清）鲁彦光　　　　（清）靳之隆
（唐）释玄奘　　　　（清）童　械　　　　（清）靳荣藩

（清）赖昌期　　　（清）福　绵　　　（明）熊宗立
（清）甄尔节

十五画

（清）蓝　山　　　**十四画**
（清）雷仁育　　　　　　　　　　（清）樊　兑
（清）雷　正　　　（清）蔡子壁　　（明）樊得仁
（清）雷　畅　　　（清）蔡方炳　　（清）樊焕章
（清）雷棣荣　　　（清）蔡行仁　　（清）樊锡贵
（明）路一麟　　　（宋）蔡　沈　　（明）樊　鹏
（清）路文运　　　（金）蔡松年　　（明）暴孟奇
（清）路生财　　　（清）蔡赓飏　　（清）黎中辅
（清）路有年　　　（清）蔡履豫　　（清）黎永椿
（清）路跻垣　　　（清）臧　岳　　（清）德　贵
（清）路　德　　　（清）裴国苞　　（清）颜　正
（清）嵩　寿　　　（清）裴宗锡　　（清）潘廷侯
（清）锡　良　　　（南朝宋）裴骃　（清）潘克溥
（清）鲍东里　　　（清）裴倖度　　（清）潘肯堂
（清）鲍　奇　　　（日本）箕作佳吉（清）潘祖耀
（清）鲍相璈　　　（清）管廷鹗　　（清）潘梦龙
（清）鲍重光　　　（清）管粤秀　　（清）潘　钺
（清）鲍　鉁　　　（明）廖希颜　　（清）潘　锦
（清）窦开惠　　　（清）谭　沄　　（清）潘德舆
　　　窦安乐　　　（清）翟凤翥　　（清）豫　山
（清）窦志黔　　　（明）翟　良　　（清）豫　谦
（清）窦　忻　　　（意大利）熊三拔
（清）窦　峨　　　（明）熊　过　　**十六画**
（清）窦容邃　　　（清）熊兆占
（明）褚　相　　　（清）熊名相　　（明）薛一鄂

（清）薛于瑛　　　　　　　　　　　　（清）魏元枢
（清）薛元钊　　　　十七画　　　　　（汉）魏伯阳
（清）薛凤仪　　　　　　　　　　　　（唐）魏　征
（明）薛应旗　　　（清）戴廷栻　　　（明）魏学礼
（清）薛致吉　　　（清）戴纯　　　　（明）魏　校
（清）薛彭寿　　　（清）戴秉成　　　（清）魏象乾
（明）薛敬之　　　（清）戴秉衡　　　（金）魏道明
（明）薛　惠　　　（宋）戴复古
（清）薛登道　　　（清）戴梦熊　　　　十八画
（明）薛　瑄　　　（宋）戴　敏
（清）薄言震　　　（清）戴　震　　　（明）瞿九思
（清）霍　燝　　　（明）戴　璟　　　（清）瞿亮邦
（清）冀麟书　　　（清）檀　萃
（清）穆尔赛　　　（宋）魏了翁

附　录　339

附录三：收藏单位简称对照表

（排名不分先后）

全称	简称	全称	简称
山西省图书馆	省图	永济市图书馆	永济图
太原市图书馆	太原图	河津市图书馆	河津图
阳泉市图书馆	阳泉图	忻州市忻府区图书馆	忻州忻府图
长治市图书馆	长治图	定襄县图书馆	定襄图
左云县图书馆	左云图	五台县图书馆	五台图
晋城市城区图书馆	晋城城区图	代县图书馆	代县图
阳城县图书馆	阳城图	临汾市尧都区图书馆	临汾尧都图
应县图书馆	应县图	隰县图书馆	隰县图
太谷县图书馆	太谷图	文水县图书馆	文水图
祁县图书馆	祁县图	曲沃县图书馆	曲沃图
灵石县图书馆	灵石图	屯留县图书馆	屯留图
介休市图书馆	介休图	山西大学图书馆	山大图
运城市盐湖区图书馆	运城盐湖图	山西师范大学图书馆	山师大图
临猗县图书馆	临猗图	山西农业大学图书馆	山农大图
万荣县图书馆	万荣图	运城学院图书馆	运城学院图
稷山县图书馆	稷山图	山西职工医学院图书馆	山西职工医图
新绛县图书馆	新绛图	中共山西省委党校图书馆	省委党校图
夏县图书馆	夏县图	祁县中学图书馆	祁县中学图
芮城县图书馆	芮城图	山西博物院图书馆	省博图
		山西省文史研究馆	省文史馆

山西国民师范旧址纪念馆	国师纪念馆	永乐宫壁画保护研究院	永乐宫壁保院
山西省中医研究院	省中医院	永济市博物馆	永济博
山西日报社	山西日报社	代县鹿蹄涧杨家祠堂	代县杨家祠堂
太原市博物馆	太原博	繁峙县志编纂委员会办公室	繁峙县志办
太原市晋祠博物馆	太原晋祠博	宁武县文化馆	宁武文化馆
太原市小店区档案馆	太原小店档	左云县文化馆	左云文化馆
阳曲县志编纂委员会办公室	阳曲县志办	河曲县志编纂委员会办公室	河曲县志办
大同市文物局	大同市文物局	偏关县博物馆	偏关博
大同市博物馆	大同博	襄汾县博物馆	襄汾博
天镇县档案馆	天镇档	洪洞县博物馆	洪洞博
平定县志编纂委员会办公室	平定县志办	洪洞县档案馆	洪洞档
阳城县博物馆	阳城博	浮山县博物馆	浮山博
阳城县档案馆	阳城档	乡宁县志编纂委员会办公室	乡宁县志办
陵川县档案馆	陵川档	汾阳市博物馆	汾阳博
高平市博物馆	高平博	中国国家图书馆	国图
应县木塔文物管理所	应县木塔	上海图书馆	上海图
右玉县档案馆	右玉档	山东省图书馆	山东图
祁县晋商文化博物馆	祁县晋商博	重庆图书馆	重庆图
祁县乔家大院民俗博物馆	祁县民俗博	福建省图书馆	福建图
灵石县志编纂委员会办公室	灵石县志办	南京图书馆	南京图
介休市志编纂委员会办公室	介休市志办	浙江省图书馆	浙江图
运城市档案馆	运城档	首都图书馆	首都图
运城市河东博物馆	运城河东博	天津图书馆	天津图
闻喜县档案馆	闻喜档	吉林省图书馆	吉林图
新绛县文化馆	新绛文化馆	湖南省图书馆	湖南图
绛县志编纂委员会办公室	绛县县志办	广东中山图书馆	广东图
芮城县档案馆	芮城档	辽宁省图书馆	辽宁图

湖北省图书馆	湖北图	宁波市图书馆	宁波市图
广西壮族自治区图书馆	广西图	重庆市北碚区图书馆	重庆北碚区图
云南省图书馆	云南图	如皋市图书馆	如皋市图
四川省图书馆	四川图	保定市图书馆	保定市图
河南省图书馆	河南图	温州市图书馆	温州市图
贵州省图书馆	贵州图	郑州市图书馆	郑州市图
陕西省图书馆	陕西图	开封市图书馆	开封市图
黑龙江省图书馆	黑龙江图	安阳市图书馆	安阳市图
江西省图书馆	江西图	无锡市图书馆	无锡市图
甘肃省图书馆	甘肃图	济南市图书馆	济南市图
内蒙古自治区图书馆	内蒙古图	青岛市图书馆	青岛市图
广西桂林图书馆	广西桂林图	文登区图书馆	文登区图
大连市图书馆	大连市图	衡阳市图书馆	衡阳市图
杭州市图书馆	杭州市图	常熟市图书馆	常熟市图
镇江市图书馆	镇江市图	河南新乡市图书馆	河南新乡图
苏州市图书馆	苏州市图	北京大学图书馆	北大图
苏州市吴中区图书馆	苏州吴中区图	清华大学图书馆	清华图
徐州市图书馆	徐州市图	中国人民大学图书馆	人大图
台州市黄岩区图书馆	台州黄岩区图	武汉大学图书馆	武汉大学图
扬州市图书馆	扬州市图	北京师范大学图书馆	北师大图
泉州市图书馆	泉州市图	中央民族大学图书馆	中央民大图
烟台市图书馆	烟台市图	西北民族大学图书馆	西北民大图
保定市图书馆	保定市图	北京医科大学图书馆	北医图
天水市图书馆	天水市图	中山大学图书馆	中山大学图
浙江嵊州市图书馆	浙江嵊州图	中共中央党校图书馆	中央党校图
义乌市图书馆	义乌市图	吉林大学图书馆	吉林大学图
嘉兴市图书馆	嘉兴市图	苏州大学图书馆	苏州大学图

吉林师范大学图书馆	吉林师大图	皖西学院图书馆	皖西学院图
西北师范大学图书馆	西北师大图	浙江大学图书馆	浙江大学图
厦门大学图书馆	厦门大学图	东北师范大学图书馆	东北师大图
山东师范大学图书馆	山东师大图	内蒙古自治区丰镇县第一中学	
湖南师范大学图书馆	湖南师大图		内蒙古丰镇县一中
贵州师范大学图书馆	贵州师大图	中国科学院图书馆	中科院图
南京大学图书馆	南京大学图	中国社会科学院文学研究所	
河北大学图书馆	河北大学图		社科院文研所
合肥工业大学图书馆	合肥工大图	中国社会科学院历史研究所	
南京中医药大学图书馆	南京中医大图		社科院历史所
上海交通大学医学院图书馆		中国医学科学院图书馆	
	上海交大医学院图		中国医学科学院图
河南中医药大学图书馆	河南中医大图	故宫博物院图书馆	故宫图
河南大学图书馆	河南大学图	中国中医科学院图书馆	
天津师范大学图书馆	天津师大图		中国中医科学院图
复旦大学图书馆	复旦图	中国艺术研究院图书馆	
南开大学图书馆	南开图		中国艺术研究院图
暨南大学图书馆	暨南大学图	民族文化宫中国民族图书馆	
西南大学图书馆	西南大学图		民族文化宫图
杭州大学图书馆	杭州大学图	湖南省社会科学院图书馆	
首都师范大学图书馆	首师大图		湖南社科院图
福建师范大学图书馆	福建师大图	北京市文物局	北京文物局
上海中医学院图书馆	上海中医学院图	山东省博物馆	山东博
青海民族大学图书馆	青海民大图	广东省博物馆	广东博
山东大学图书馆	山东大学图	浙江博物馆	浙江博
四川大学图书馆	四川大学图	西安碑林博物馆	西安碑林
内蒙古大学图书馆	内蒙古大学图	西安博物院	西安博

常熟市博物馆	常熟博	美国新奥尔良艺术博物馆	
宁波天一阁博物馆	宁波天一阁		美国新奥尔良艺术博物馆
中科院南京地理与湖泊研究所		美国普林斯顿大学葛思德东方图书馆	
	南京地理所		美国普林斯顿大学东方图书馆
上海辞书出版社	上海辞书社	美国哈佛大学哈佛燕京图书馆	
上海图书有限公司	上海图书公司		哈佛燕京图书馆
台州市临海市博物馆	台州临海市博	日本静嘉堂文库	日本静嘉堂文库
潍坊市寒亭区文管所		日本内阁文库	日本内阁文库
	潍坊市寒亭区文管所	日本东洋文库	日本东洋文库
台北故宫博物院	台北故宫	日本东京国立博物馆	
台北"中央图书馆"	台北"中央图书馆"		日本东京国立博物馆
台北"中央研究院历史语言所"		日本京都大学人文科学研究所	
	台北"中研院史语所"		日本京都大学人文科学研究所
美国国会图书馆	美国国会图		

附录四: 部分现存山西刻书书影

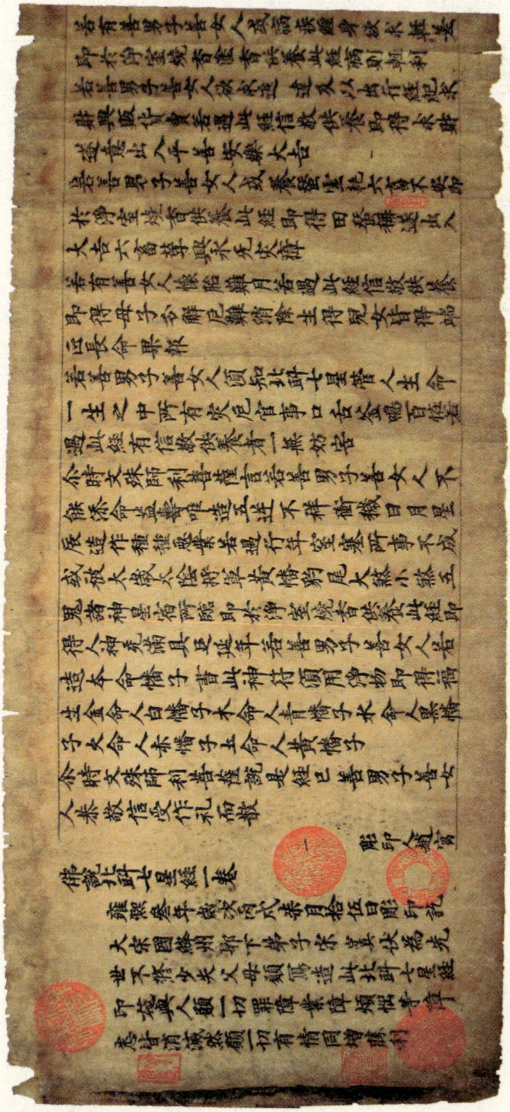

图1 佛说北斗七星经 宋雍熙三年(986)绛州刻本

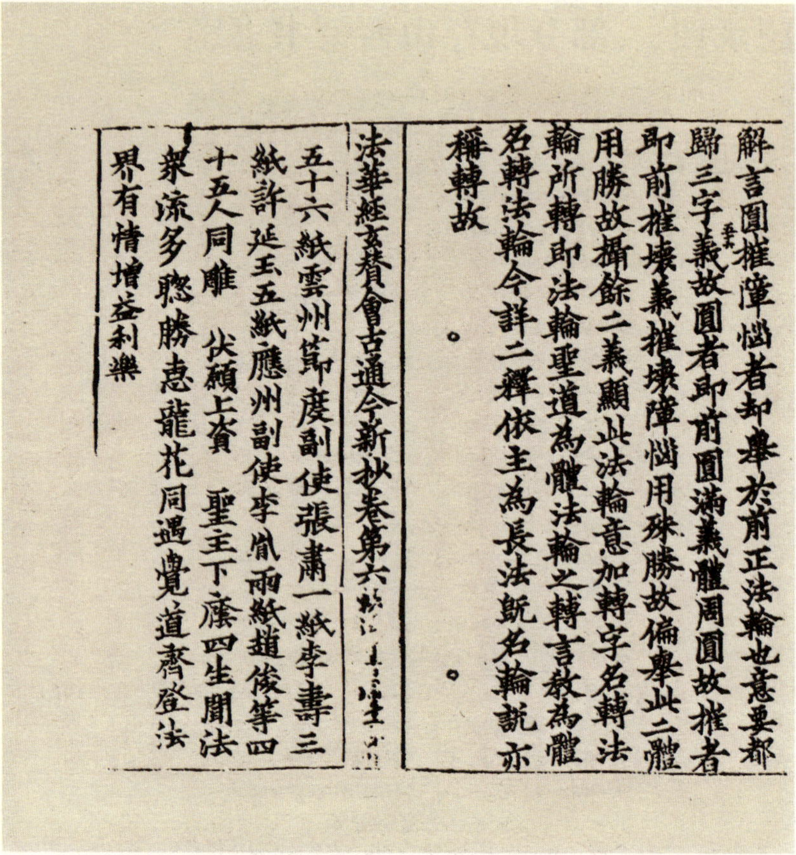
解言圓摧障惱者即舉於前正法輪也意要都
歸三字義故圓者即前圓滿義體周圓故摧者
即前摧壞義摧壞障惱用殊勝故偏舉此二體
用勝故攝餘二義顯此法輪意加轉字名轉法
輪所轉即法輪聖道為體法輪之轉言敎為體
名轉法輪今詳二釋依主為長法既名輪說亦
稱轉故
法華經玄賛會古通今新抄卷第六
五十六紙雲州節度副使張肅一紙李壽三
紙許延玉五紙應州副使李胤兩紙趙俊等四
十五人同雕　伏願上資　聖主下薦四生聞法
衆流多聰勝惠龍花同遇覺道齊登法
界有情增益利樂

图 2　法华经玄赞会古通今新抄第六卷　（辽）释诠明述　辽重熙十三年（1044）之前云州节度副使张肃、应州副使李胤等刻本

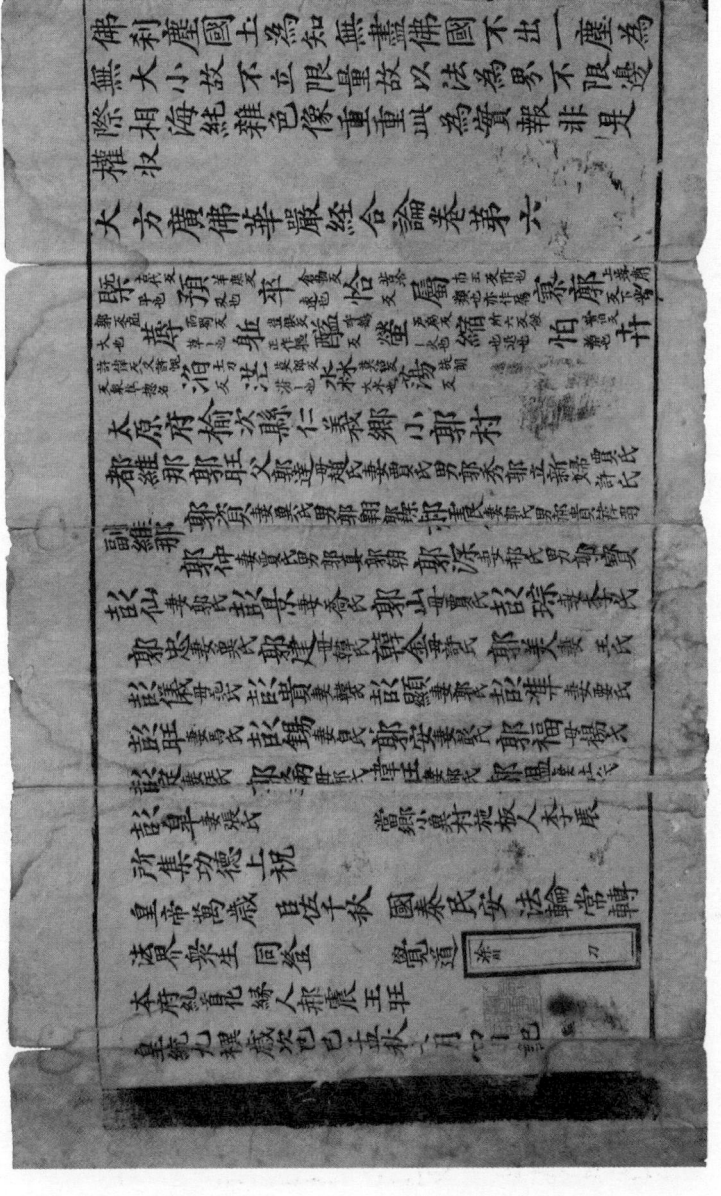

图 3 大方广佛华严经合论一百二十卷 (唐) 释李通玄造论, 释志宁合论 金皇统九年 (1149) 榆次县仁义乡小郭村郭旺等刻本

图 4 赵城金藏六千九百八十卷 金皇统九年（1149）至大定十三年（1173）解州天宁寺等刻本

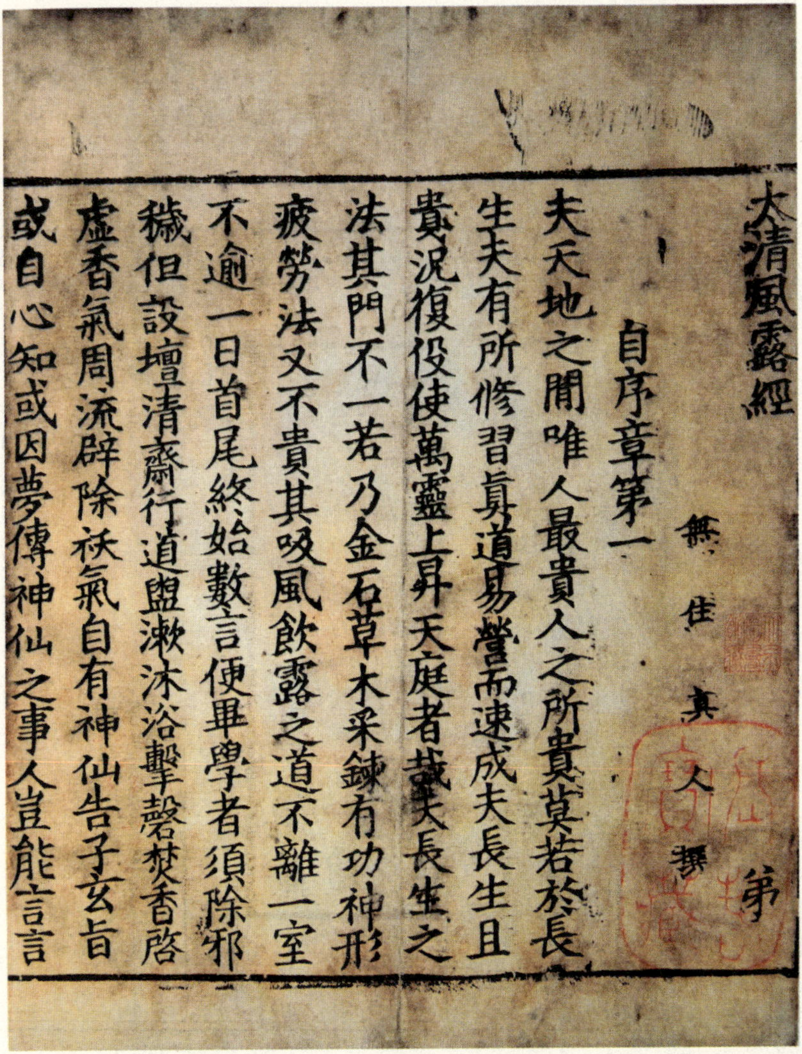

太清風露經

自序章第一　　　　無住真人撰

夫天地之間唯人最貴人之所貴莫若於長生夫有所修習真道易營而速成夫長生且貴況復役使萬靈上昇天庭者哉夫長生之法其門不一若乃金石草木采錬有功神形疲勞法又不貴其吸風飲露之道不離一室不逾一日首尾終始數言便畢學者須除邪穢但設壇清齋行道盟漱沐浴擊磬焚香啟虛香氣周流辟除袄氣自有神仙告子玄旨或自心知或因夢傳神仙之事人豈能言言

图5　太清风露经一卷　无住真人撰　蒙古太宗九年（1237）至乃马真后三年（1244）宋德方等于平阳玄都观刻《玄都宝藏》本

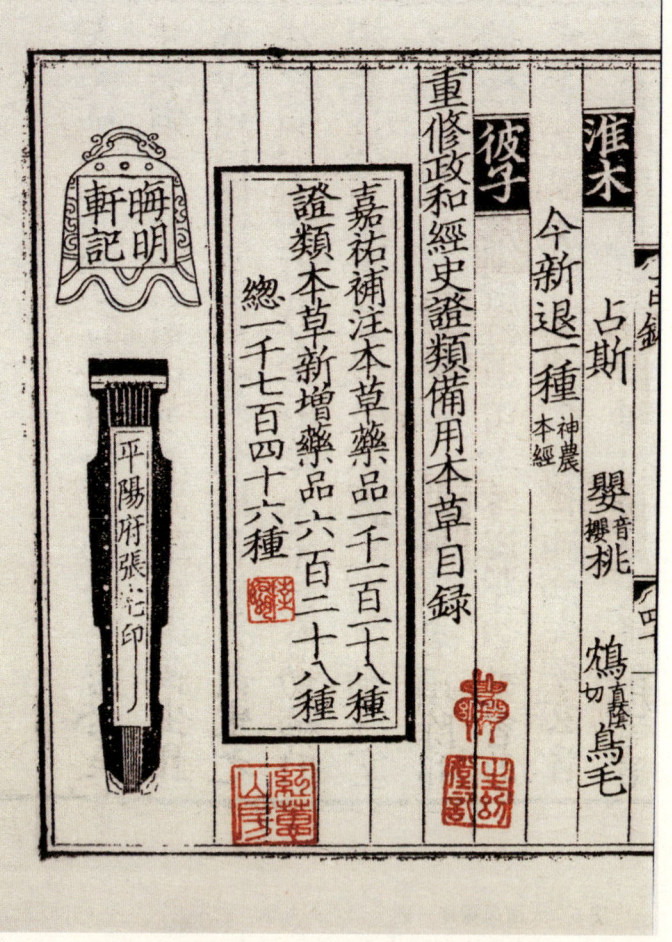

图6 重修政和经史证类备用本草三十卷 （宋）唐慎微撰，寇宗奭衍义 蒙古定宗四年（1249）平阳张存惠晦明轩刻本

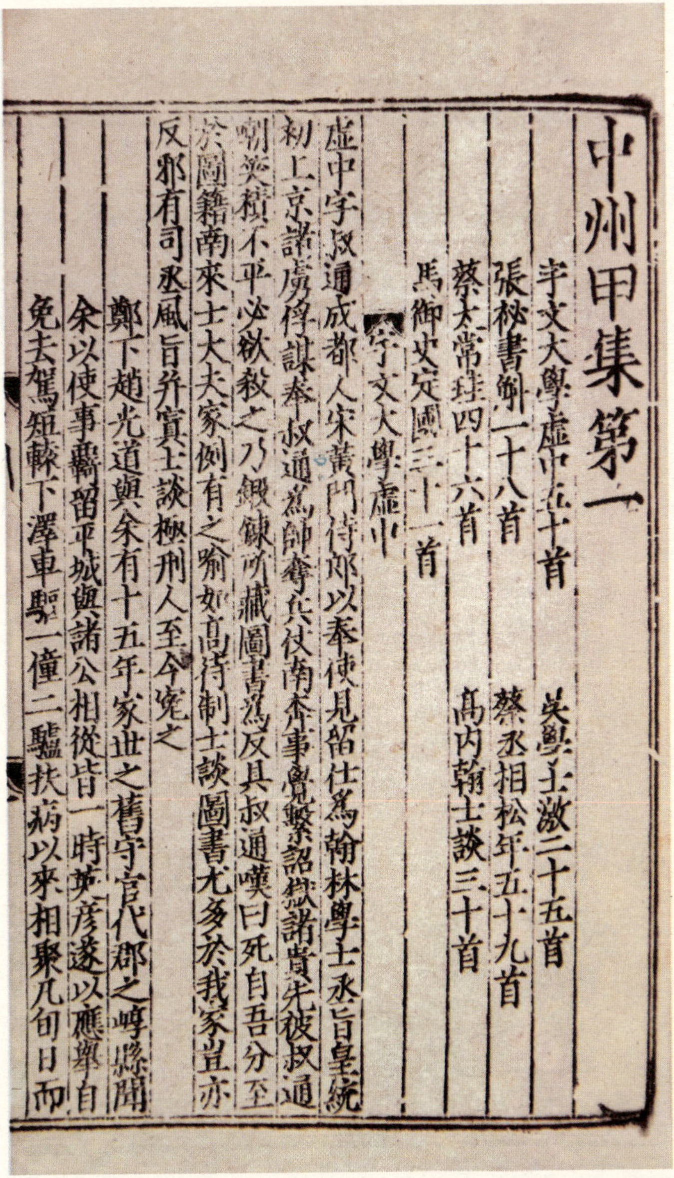
中州甲集第一

宇文大學虛中五十首　　吳學士激二十五首

張秘書斛一十八首　　蔡丞相松年五十九首

蔡太常珪四十六首　　高内翰士談三十首

馬御史定國三十一首

宇文大學虛中

虛中字叔通成都人宋黄門侍郎以奉使見留仕爲翰林學士承旨皇統初上京諸虜俘謀奉叔通爲帥奪兵仗南奔事覺繫詔獄諸貴先被叔通嘲笑積不平必欲殺之乃鍛鍊所藏圖書爲反具叔通嘆曰死自吾分至於圖籍南來士大夫家例有之高待制士談圖書尤多於我家豈亦反邪有司承風旨并實士談極刑人至今冤之

鄭下趙光道與余有十五年家世之舊守官代郡之崞縣聞余以使事羈留平城與諸公相從皆一時英彥遂以薦舉自免去駕短轅下澤車駕一僮二驢扶病以來相聚凡旬日而

图 7　中州集十卷　（金）元好问撰　元至大三年（1310）平水曹氏进德斋刻本

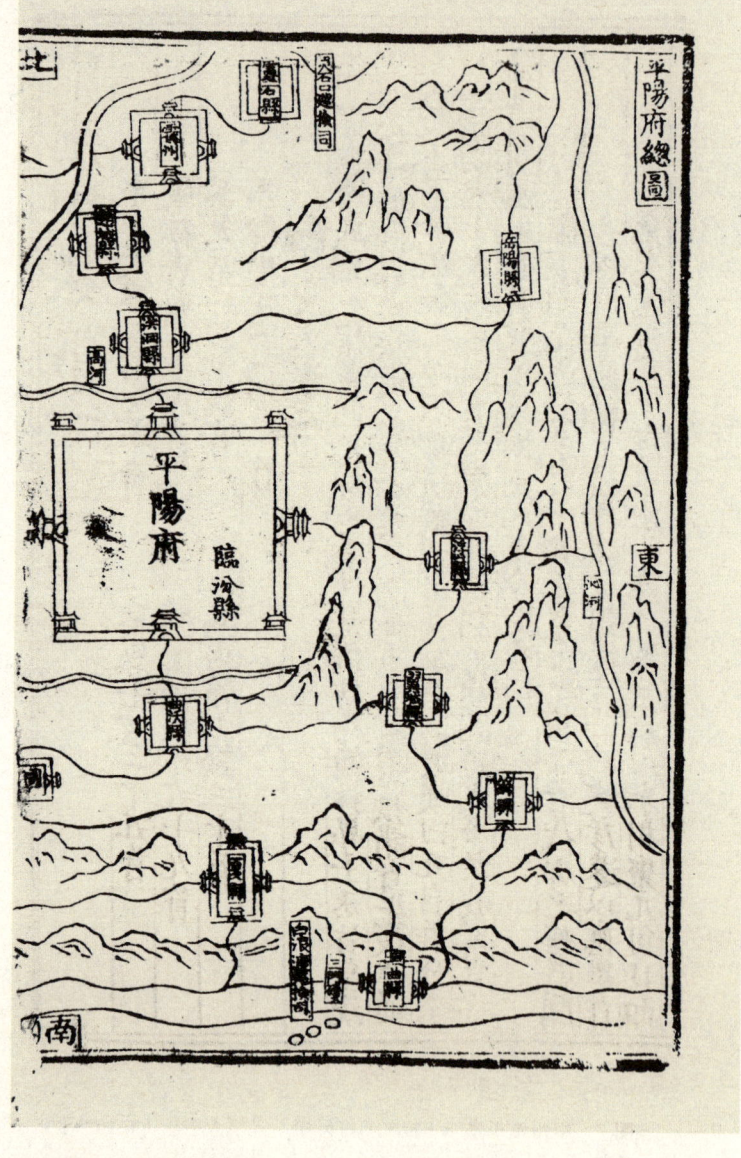

图8 〔洪武〕平阳志 （明）张昌修纂 明洪武十五年（1382）刻本

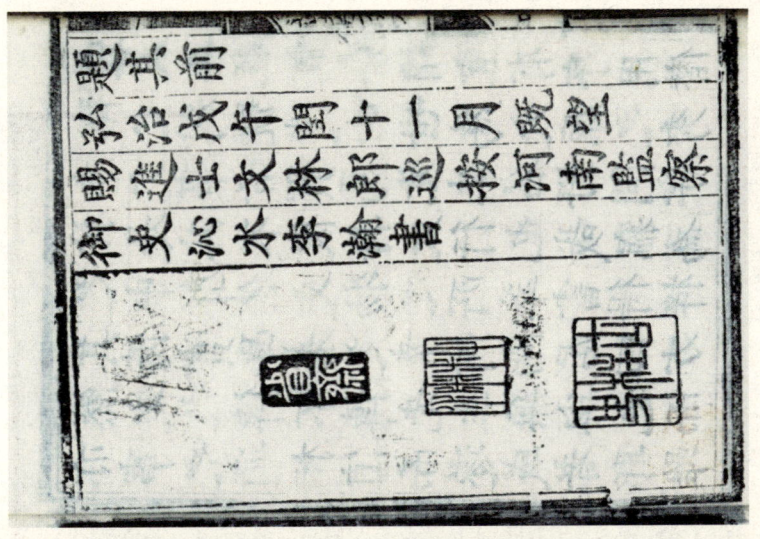

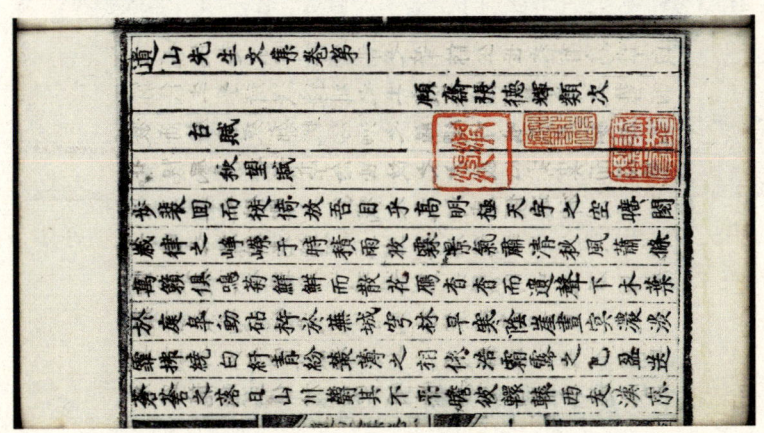

图 9 遗山先生文集四十卷附录一卷 （金）元好问撰 明弘治十一年（1498）沁水李瀚刻本

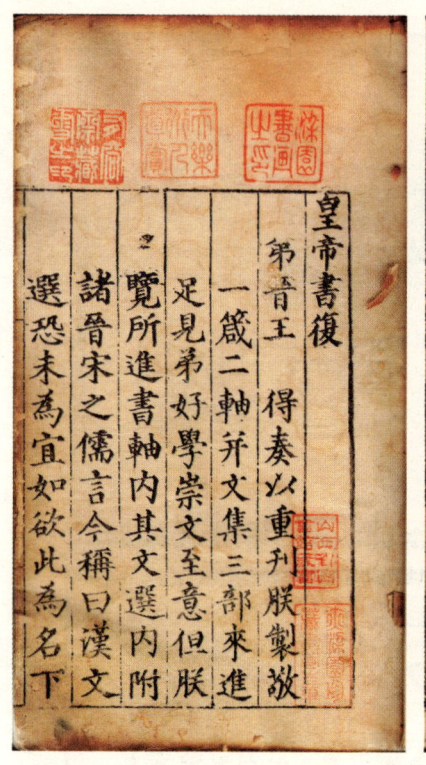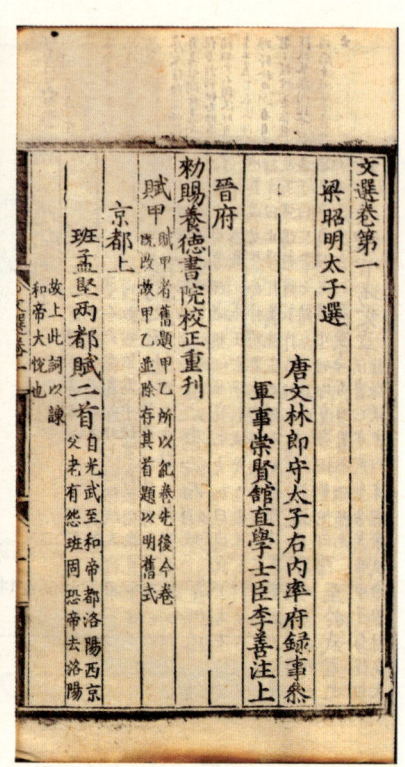

图 10 文选六十卷 （南朝梁）萧统辑（唐）李善注 明嘉靖四年（1525）晋藩养德书院刻本

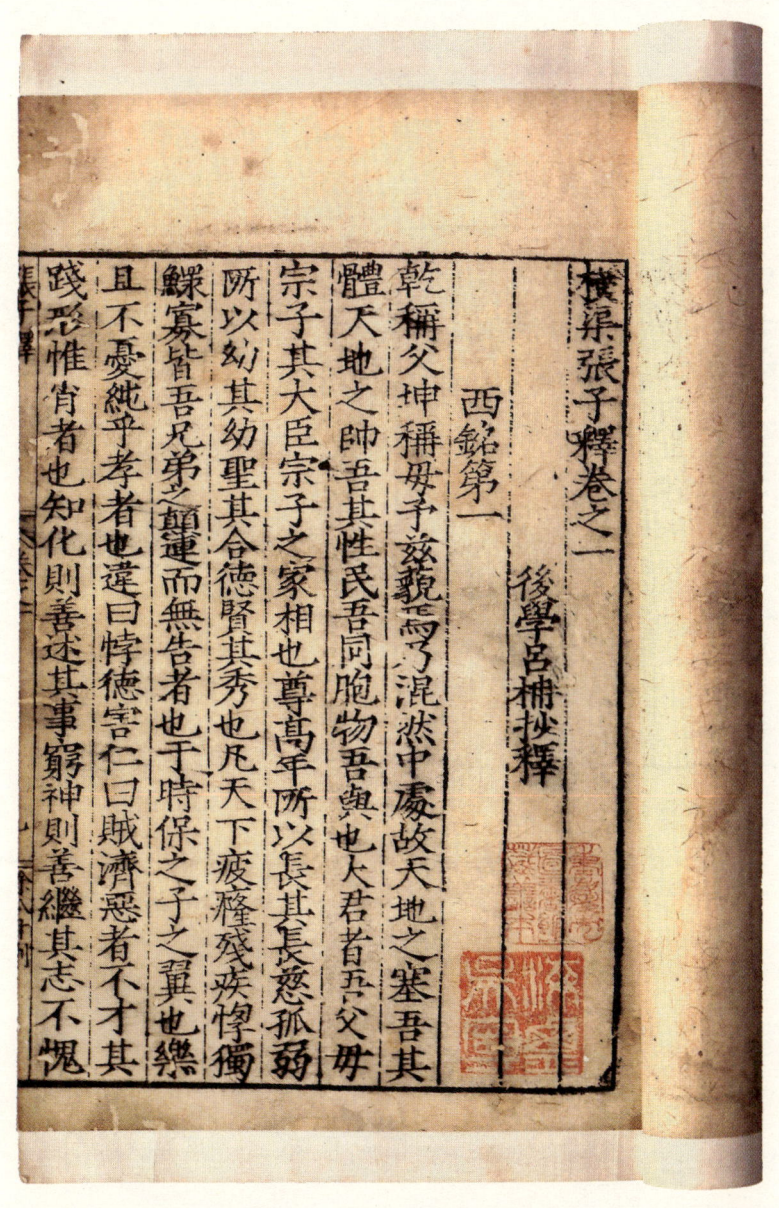

图 11 横渠张子抄释六卷 （明）吕柟撰 明嘉靖五年（1526）解梁书院刻本

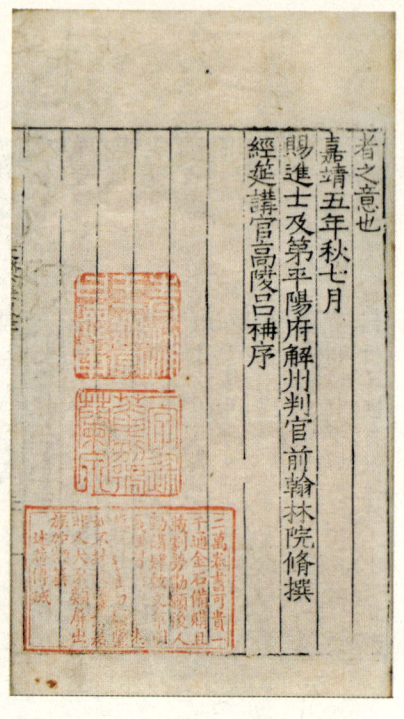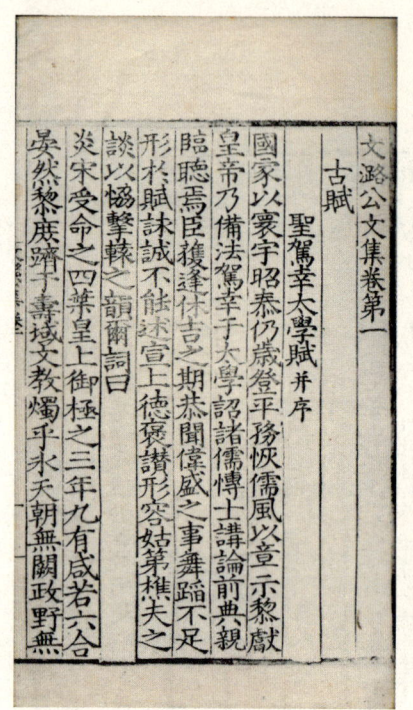

图12 文潞公文集四十卷（又名潞公集） （宋）文彦博撰 明嘉靖五年（1526）沁水知县王溱刻本

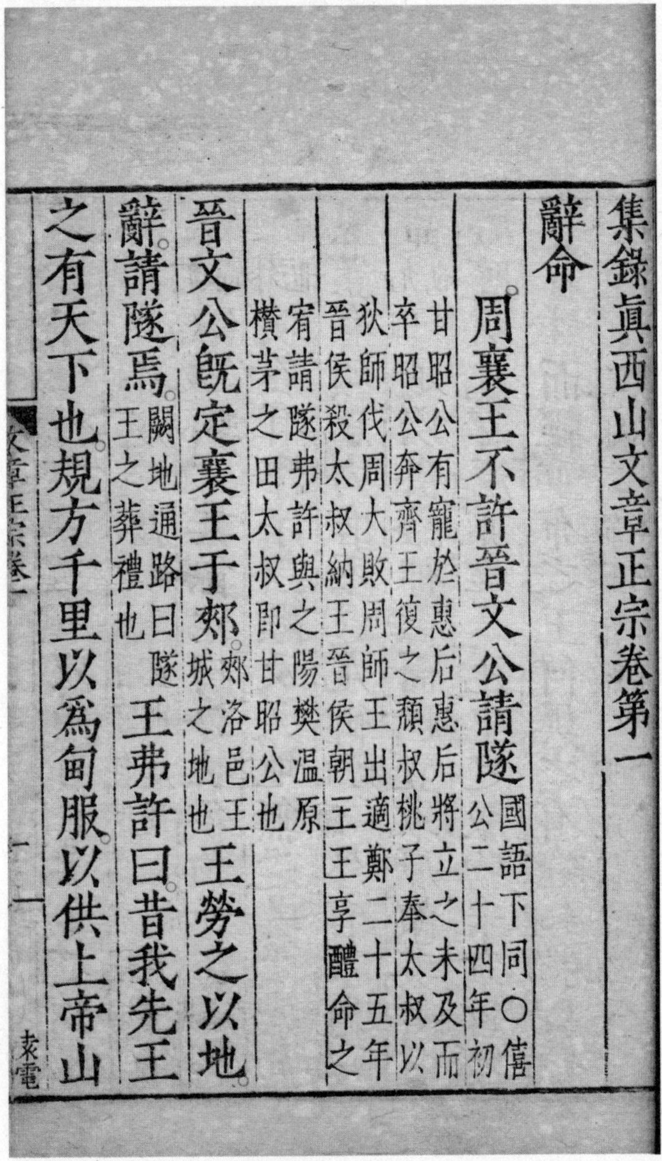
集錄眞西山文章正宗卷第一

辭命

周襄王不許晉文公請隧 國語下同○僖公二十四年初甘昭公有寵於惠后惠后將立之未及而卒昭公奔齊王復之穨叔桃子奉太叔以狄師伐周大敗周師王出適鄭二十五年晉侯殺太叔納王晉侯朝王王享醴命之宥請隧弗許與之陽樊溫原攢茅之田太叔即甘昭公也

晉文公既定襄王于郟 郟洛邑王城之地也 王勞之以地辭請隧焉 闕地通路曰隧王之葬禮也 王弗許曰昔我先王之有天下也規方千里以爲甸服以供上帝山

文章正宗卷一　一　裘電

图 13　集录真西山文章正宗三十卷　（宋）真德秀辑（明）孔天胤录　明嘉靖二十三年（1544）汾州孔天胤刻本

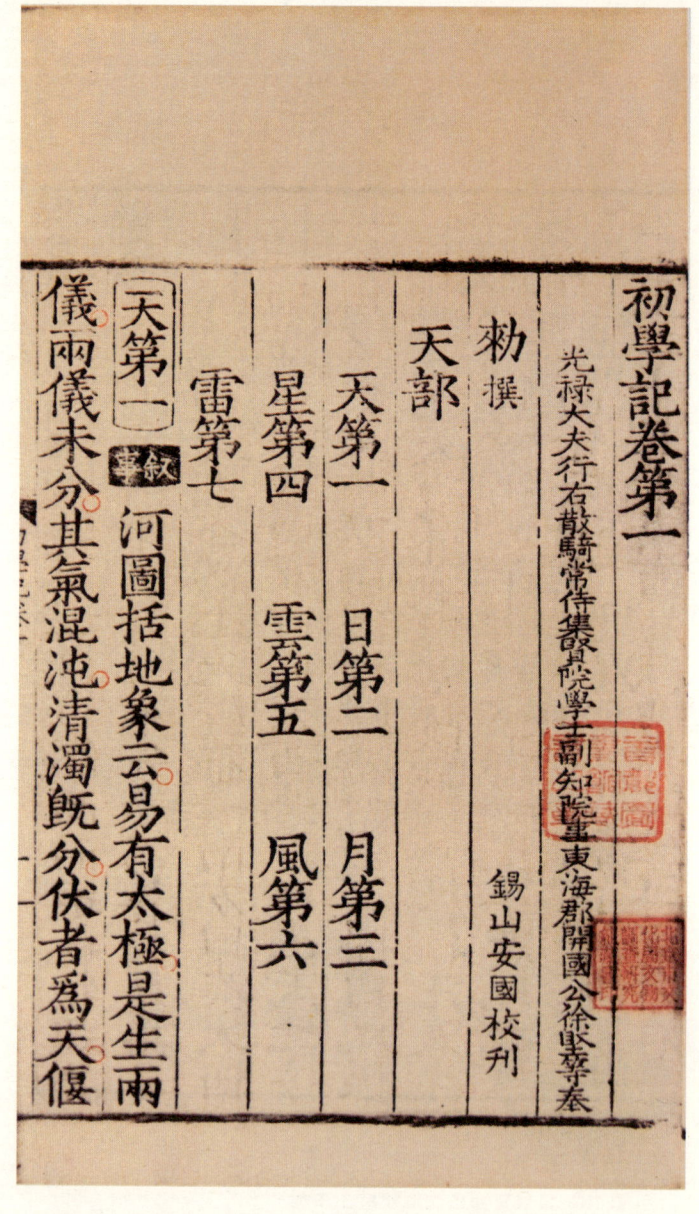

图14 初学记三十卷 （唐）徐坚等辑 明嘉靖二十三年（1544）沈藩朱胤栘刻本

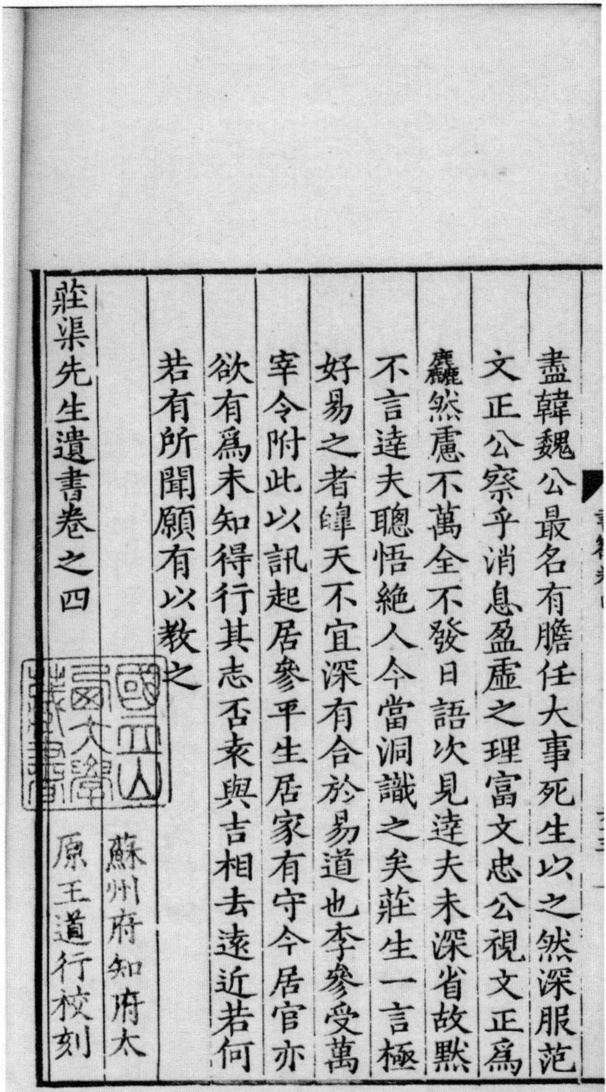

盡韓魏公最名有膽任大事死生以之然深服范文正公察乎消息盈虛之理富文忠公視文正為龐然應不萬全不發日語次見達夫未深省故默不言達夫聰悟絕人今當洞識之矣莊生一言極好易之者緯天不宜深有合於易道也李參受萬宰令附此以訊起居參平生居家有守令居官亦欲有為未知得行其志否衰與吉相去遠近若何若有所聞願有以教之

莊渠先生遺書卷之四

蘇州府知府太原王道行校刻

图15 庄渠先生遗书十二卷 （明）魏校撰 明嘉靖四十年（1561）阳曲王道行刻本

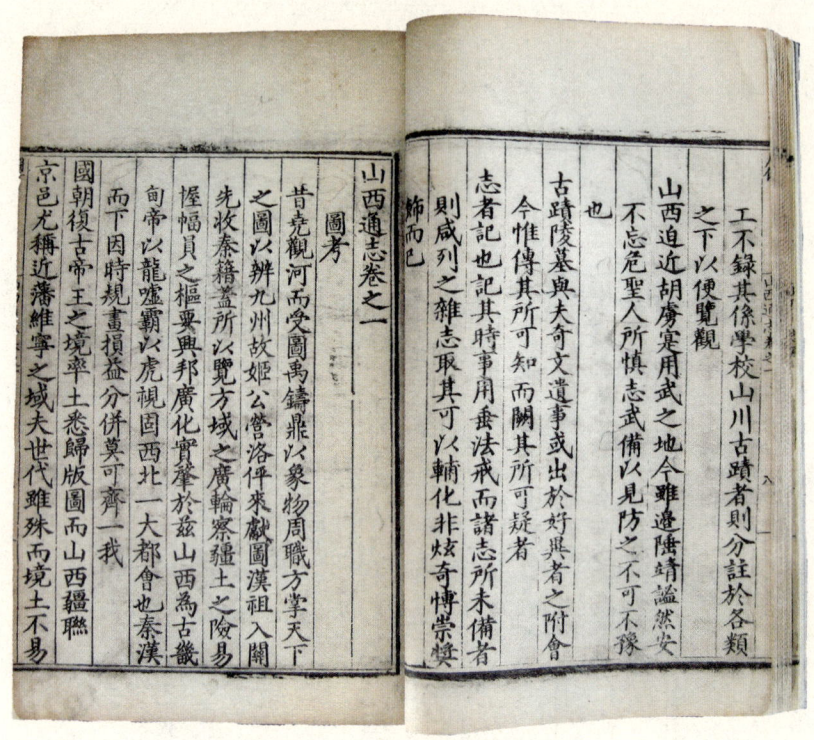

图16 〔嘉靖〕山西通志三十二卷 （明）杨宗气修，周斯盛纂 明嘉靖四十三年（1564）刻本

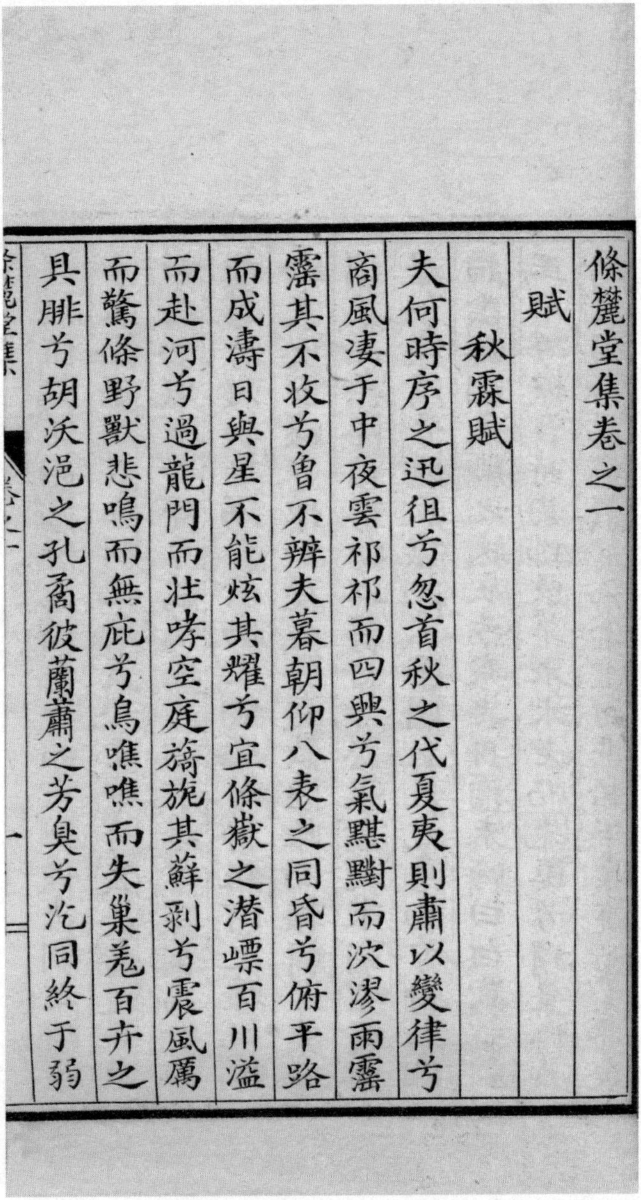
條麓堂集卷之一

賦

秋霖賦

夫何時序之迅徂兮忽首秋之代夏夷則肅以變律兮商風凄于中夜雲祁祁而四興兮氣黕黮而泬漻雨霪霪其不收兮曾不辨夫暮朝仰八表之同昏兮俯平路而成濤日與星不能炫其耀兮宜條嶽之潛嘌百川溢而赴河兮過龍門而壯哮空庭旖旎其蘚剥兮震風厲而驚條野獸悲鳴而無庇兮鳥噍噍而失巢羌百卉之具腓兮胡沃浥之孔脩彼蘭蕭之芳臭兮汔同終于弱

條麓堂集　卷之一　一

图 17　条麓堂集三十四卷　（明）张四维撰　明万历二十三年（1595）张四维子张泰征怀庆刻本

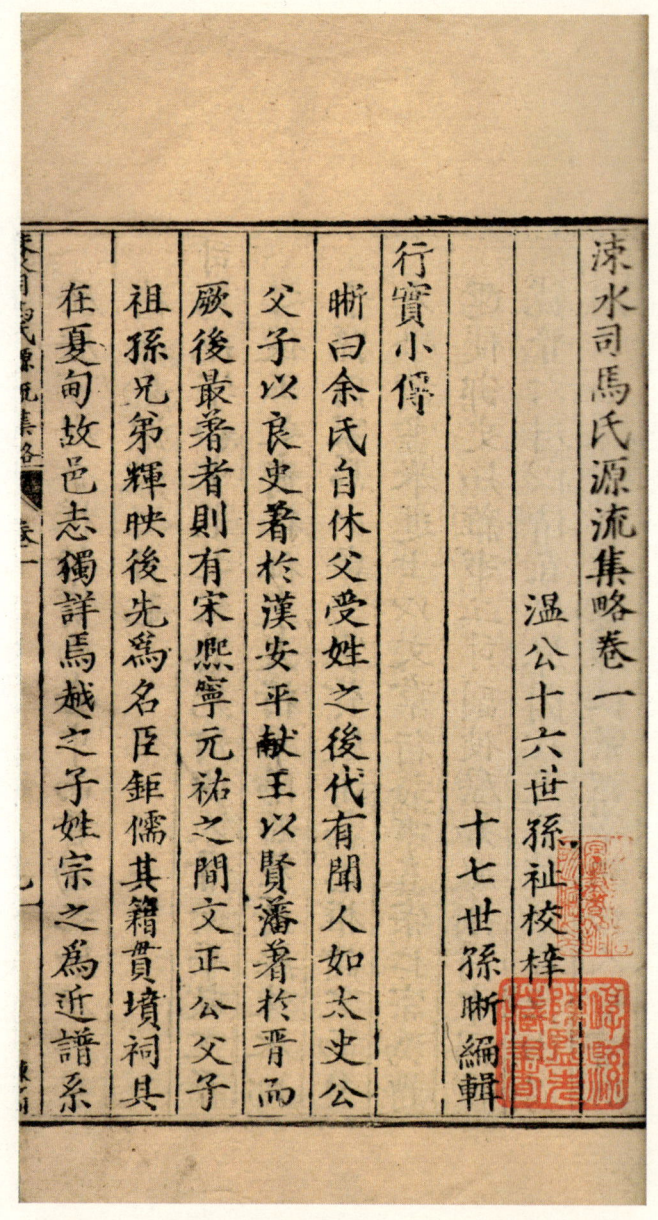

图18 涑水司马氏源流集略八卷 （明）司马晰辑 明万历十五年（1587）司马祉刻三十五年（1607）司马露增修本

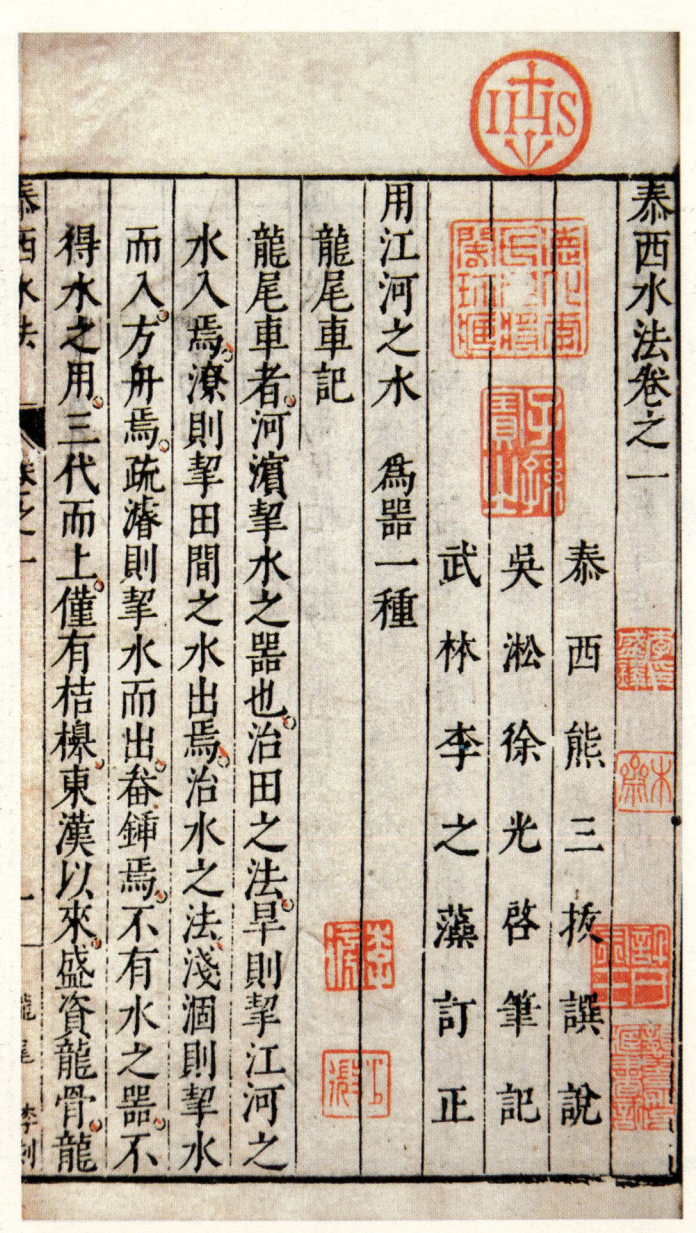

图 19　泰西水法六卷　（意大利）熊三拔撰（明）徐光启笔记，李之藻订正　明万历四十年（1612）安邑曹于汴、彭惟成等刻本

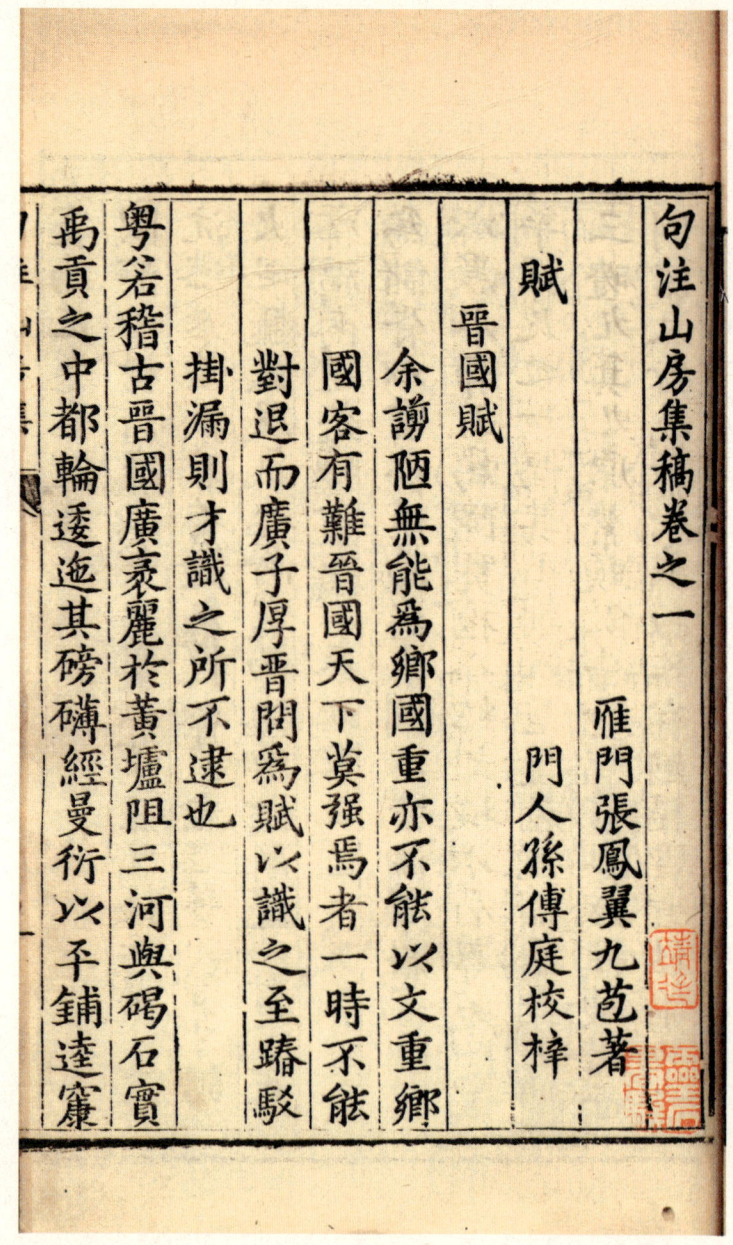

图20　句注山房集二十卷　（明）张凤翼撰　明雁门孙传庭刻本

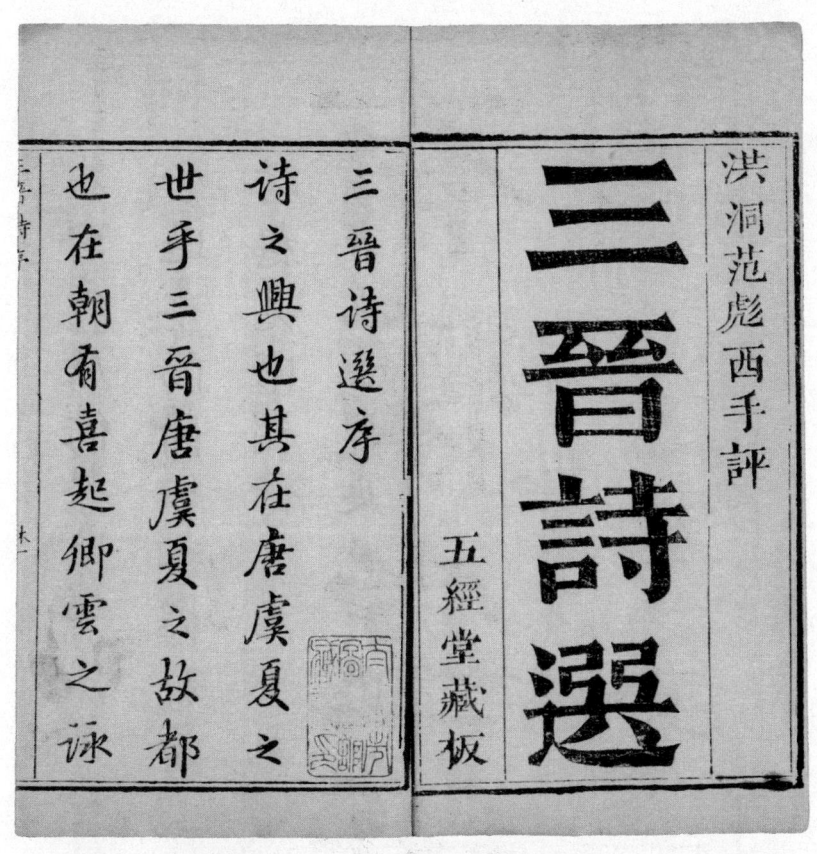

图 21 三晋诗选十四卷 （清）范鄗鼎辑 清康熙十七年（1678）洪洞范氏五经堂刻本

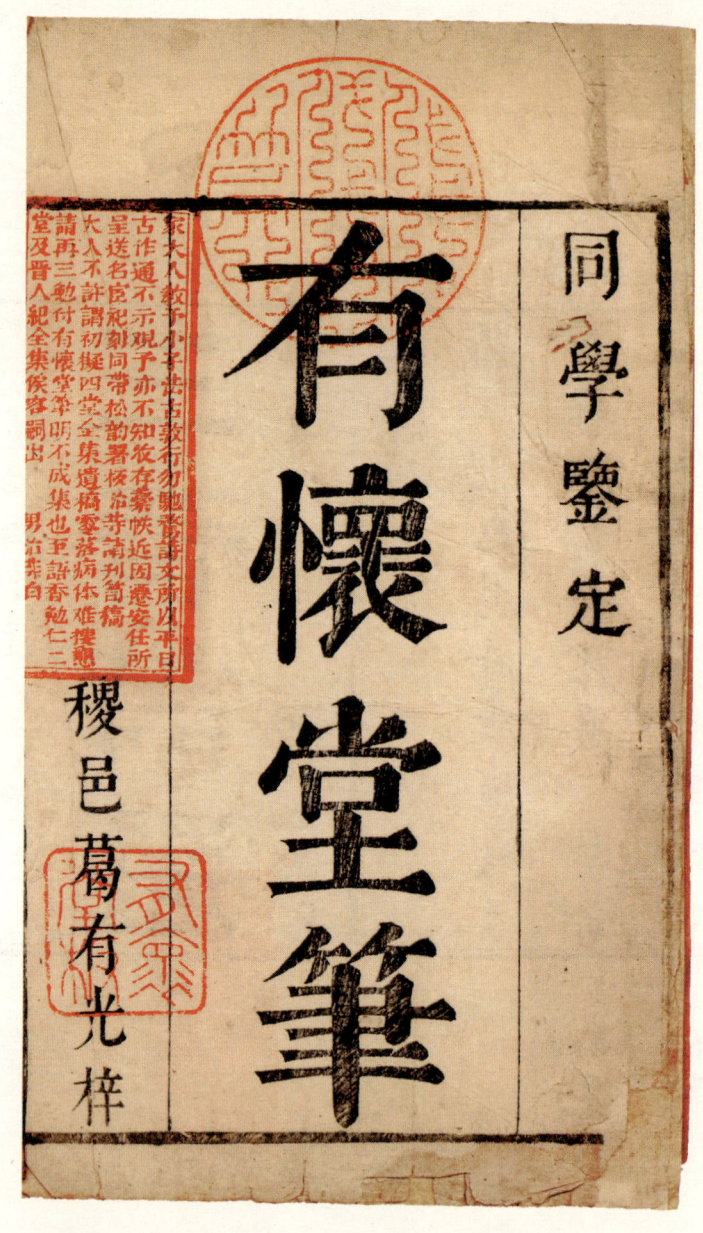

图22 有怀堂笔八卷 （清）王永命撰 清康熙十七年（1678）稷山葛有光刻本

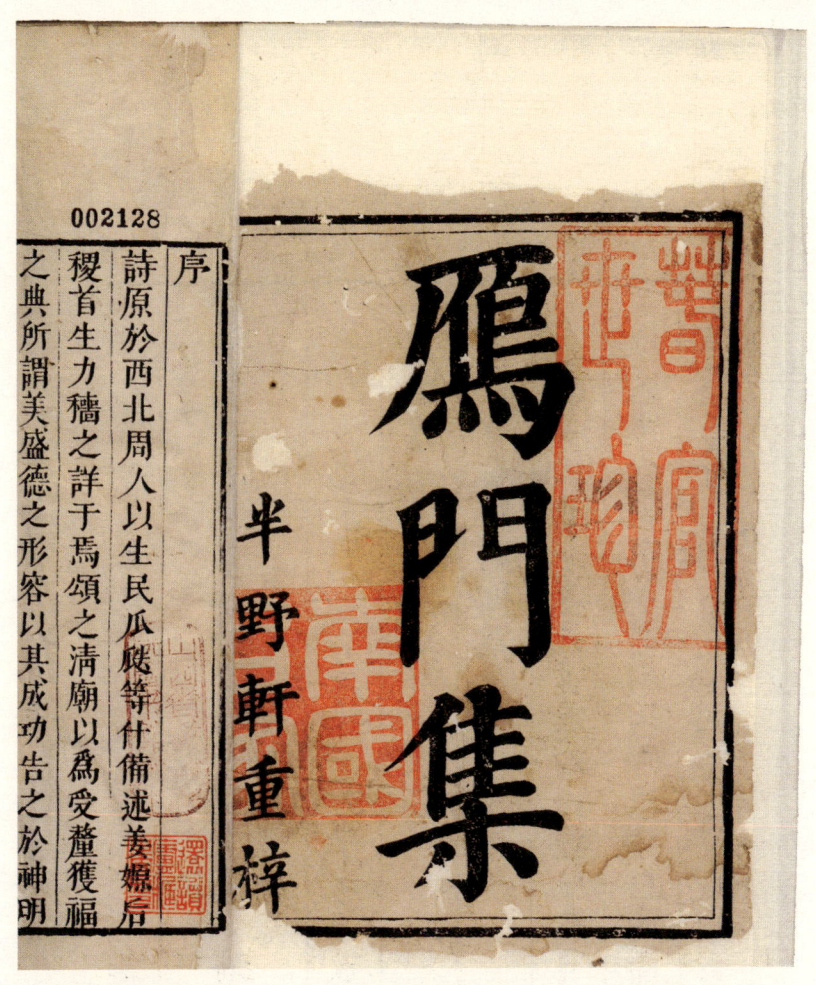

图23 雁门集六卷 （元）萨都剌撰 清康熙十九年（1680）萨氏半野轩刻本

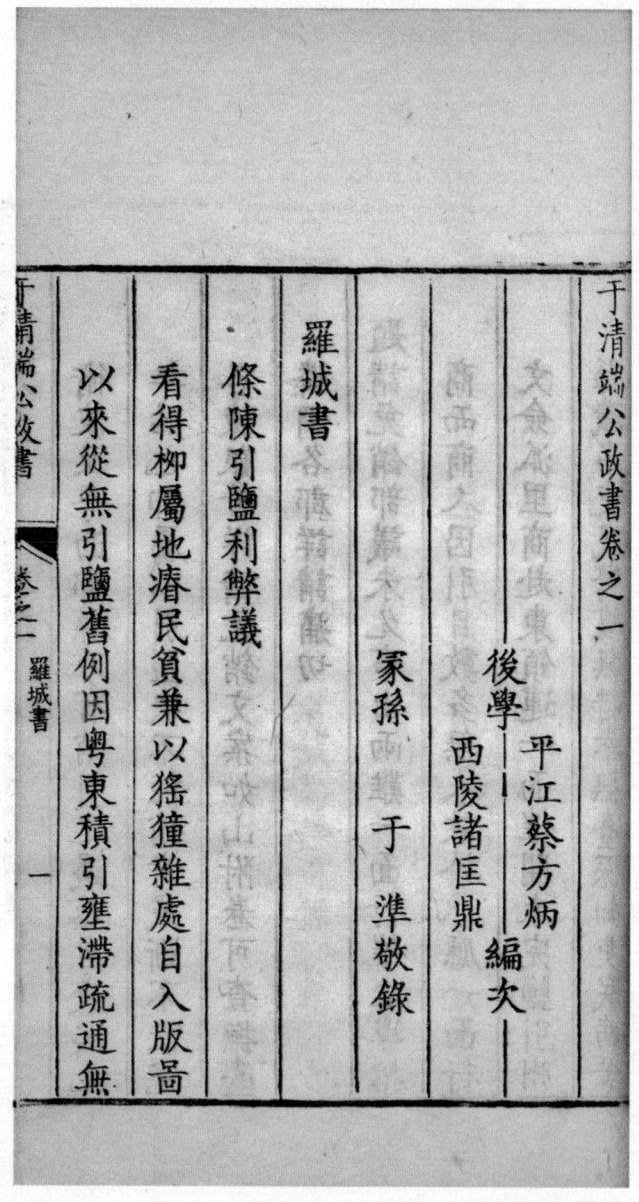

图24 于清端公政书八卷首编一卷外集一卷 （清）于成龙撰，蔡方炳、诸匡鼎编次 清康熙四十六年（1707）于准刻本

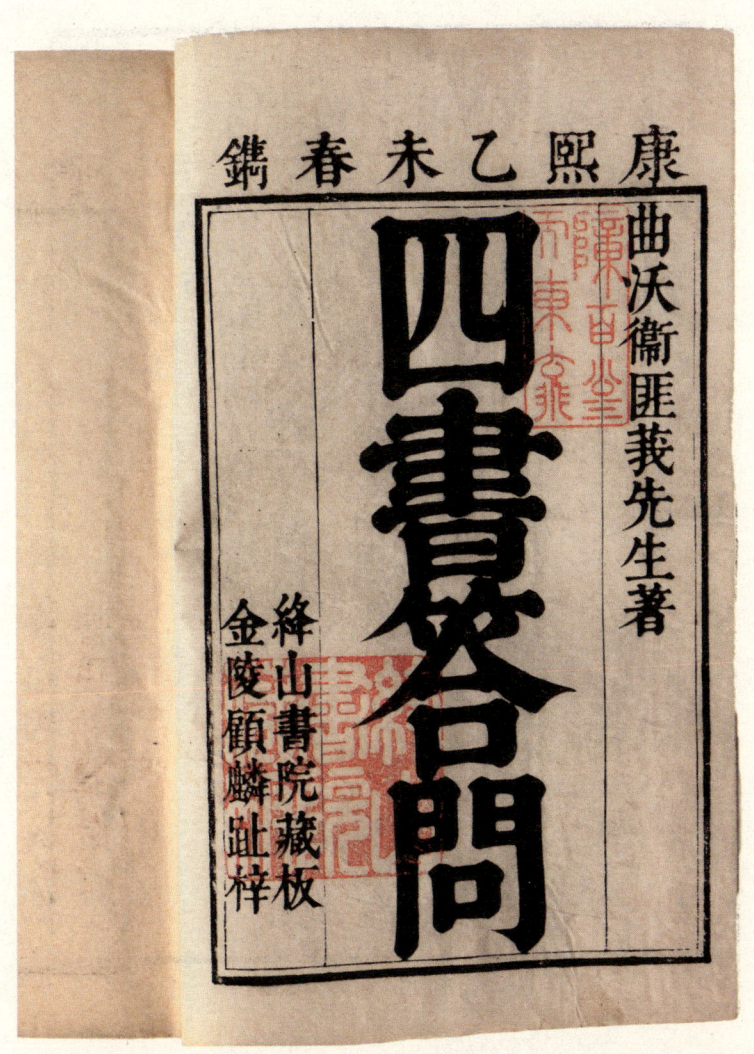

图25 绛山鬐夫四书答问六十卷 （清）卫蒿撰 清康熙五十四年（1715）绛山书院刻本

道腴堂詩編卷第一

雲中 鮑鈵 冠亭

鄘亭集

古意二首

左手贈將離右手贈當歸合歡花正好忘憂草未腓種成相思樹
結作連理枝送君出門去君馬疾若飛不以去時疾無使歸計遲
請君惜春華盛顏容易衰
臣里有少女三五尙未曾共誇顏色美更聞手爪能夜機織齊紈
朝窻繡吳綾已學撇趙瑟復善揚秦箏十年貞不字鄉鄽皆知名
一朝托蹇修絲蘿締良盟夫聲佟門楣驫豪百無成大嫂頗見妬
小姑亦生憎琴瑟日以乖衆口交相懲寄言鄰家婦技巧休自矜

邯鄲懷古

慘澹黃雲暮孤城百雉空風塵娟女老遊俠少年雄樂府吟廝卒
妖言舞郭公不妨傾魯酒懷古意無窮

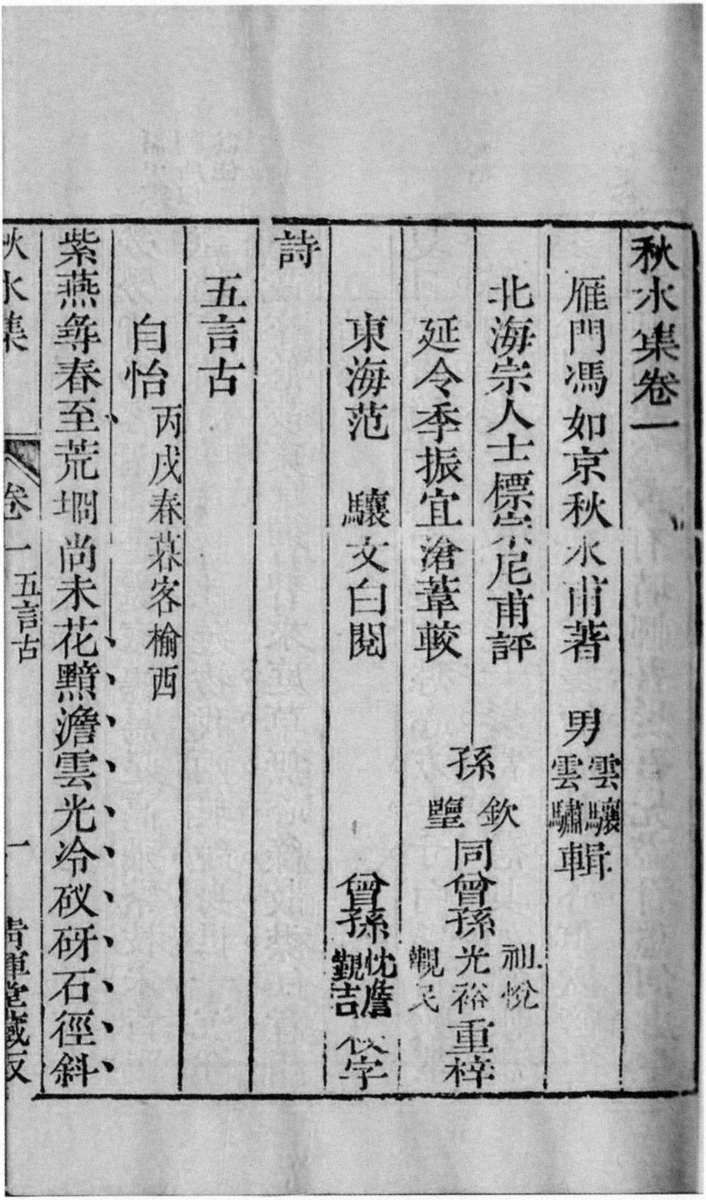

秋水集卷一

雁門馮如京秋水甫著　男雲驤雲驤輯

北海宗人士標花甫評

延令季振宜滄葦較

東海范　驤文白閱

孫鏊欽同曾孫光裕重梓

祖悅

觀足

曾孫悅詹觀吉等字

詩

五言古

自怡　丙戌春幕客榆西

紫燕翺春至荒塢尚未花黯澹雲光冷砭硎石徑斜

秋水集　卷一五言古　一　清暉堂藏板

图27　秋水集十六卷　（清）冯如京撰　清乾隆五年（1740）代县冯如京孙冯钦、冯鉴于武林清晖堂刻本

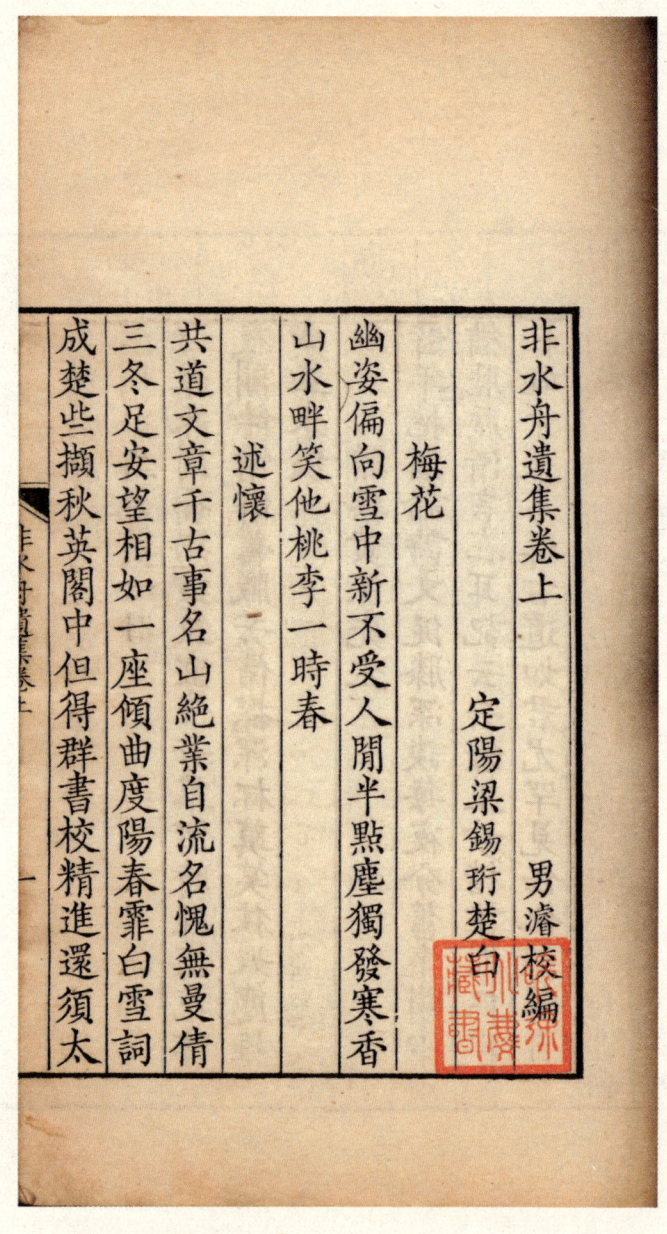

图28 非水舟遗集二卷 （清）梁锡珩撰 清乾隆六年（1741）介休梁濬剑虹斋刻本

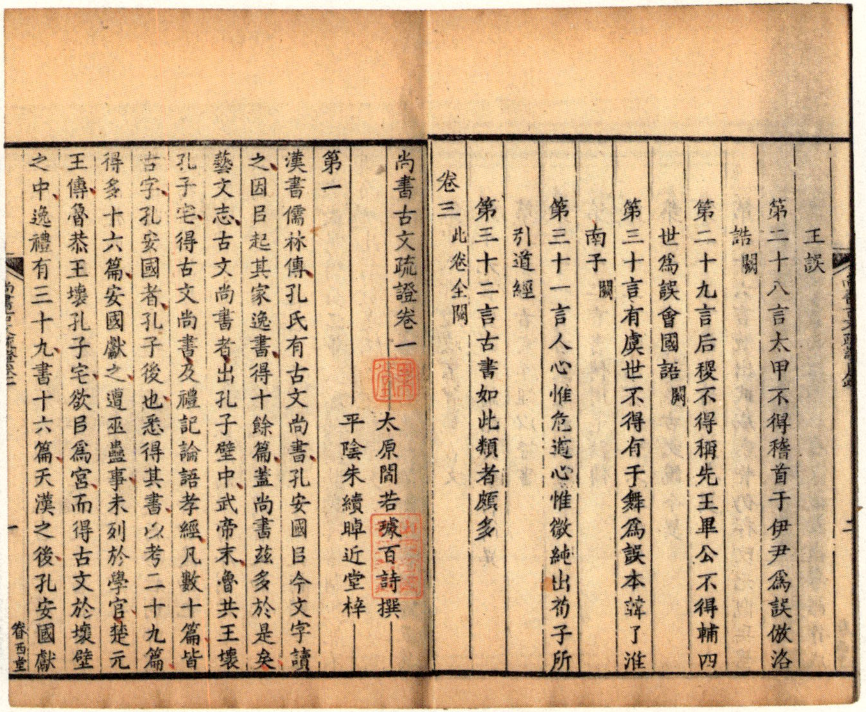

王誤
第二十八言太甲不得稽首于伊尹爲誤倣洛誥 闕
第二十九言后稷不得稱先王畢公不得輔四世爲誤會國語 闕
第三十言有虞世不得有干舞爲誤本辭了淮南子 闕
第三十一言人心惟危道心惟微純出荀子所引道經
第三十二言古書如此類者頗多
卷三 此卷全闕

尚書古文疏證卷一
太原閻若璩百詩撰
平陰朱續晫近堂梓
第一
漢書儒林傳孔氏有古文尚書孔安國以今文字讀之因以起其家逸書得十餘篇蓋尚書茲多於是矣藝文志古文尚書者出孔子壁中武帝末魯共王壞孔子宅得古文尚書及禮記論語孝經凡數十篇皆古字孔安國者孔子後也悉得其書以考二十九篇得多十六篇安國獻之遭巫蠱事未列於學官楚元王傳魯恭王壞孔子宅欲以爲宮而得古文於壞壁之中逸禮有三十九書十六篇天漢之後孔安國獻
眷西堂

图 29　尚书古文疏证八卷　（清）阎若璩撰　**朱子古文书疑一卷**　（清）阎咏撰　清乾隆十年（1745）阎氏眷西堂刻本

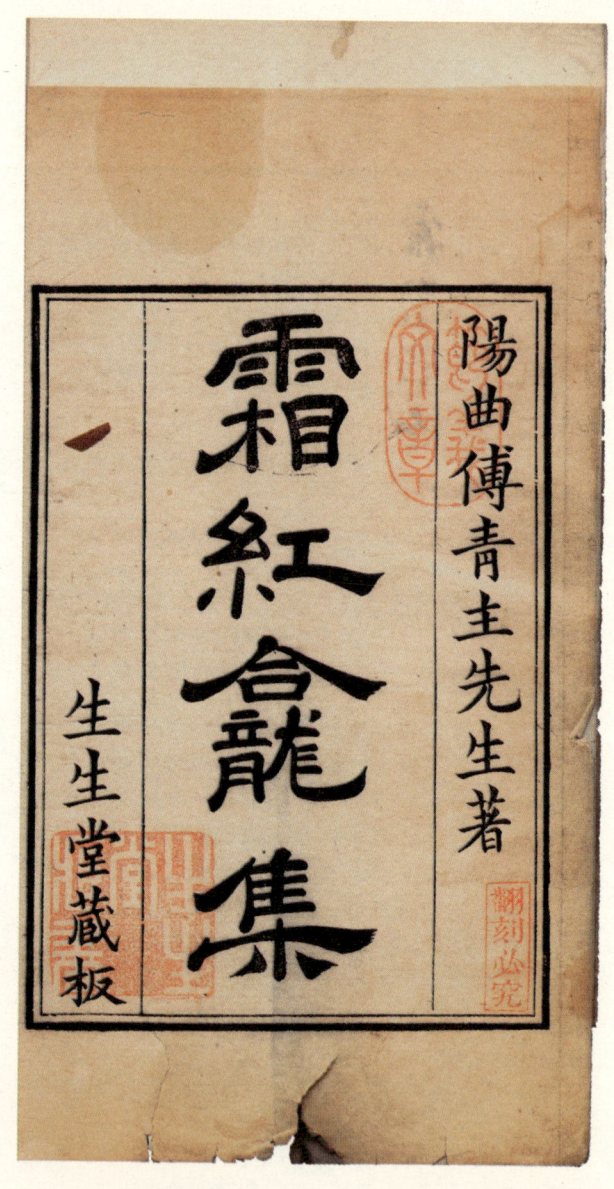

图 30 霜红龛集十二卷 （清）傅山撰 我诗集六卷 （清）傅眉撰 附录一卷 （清）袁继咸撰 清乾隆十二年（1747）阳曲张耀先生生堂刻本

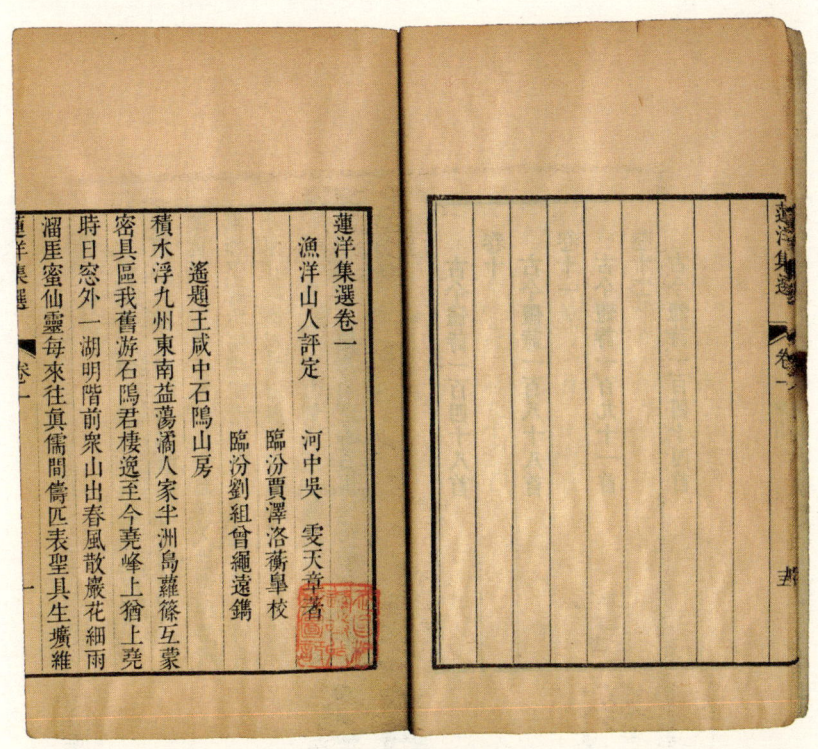

图 31 莲洋集十二卷 （清）吴雯撰 清乾隆十五年（1750）临汾刘组曾梦鹤草堂刻本

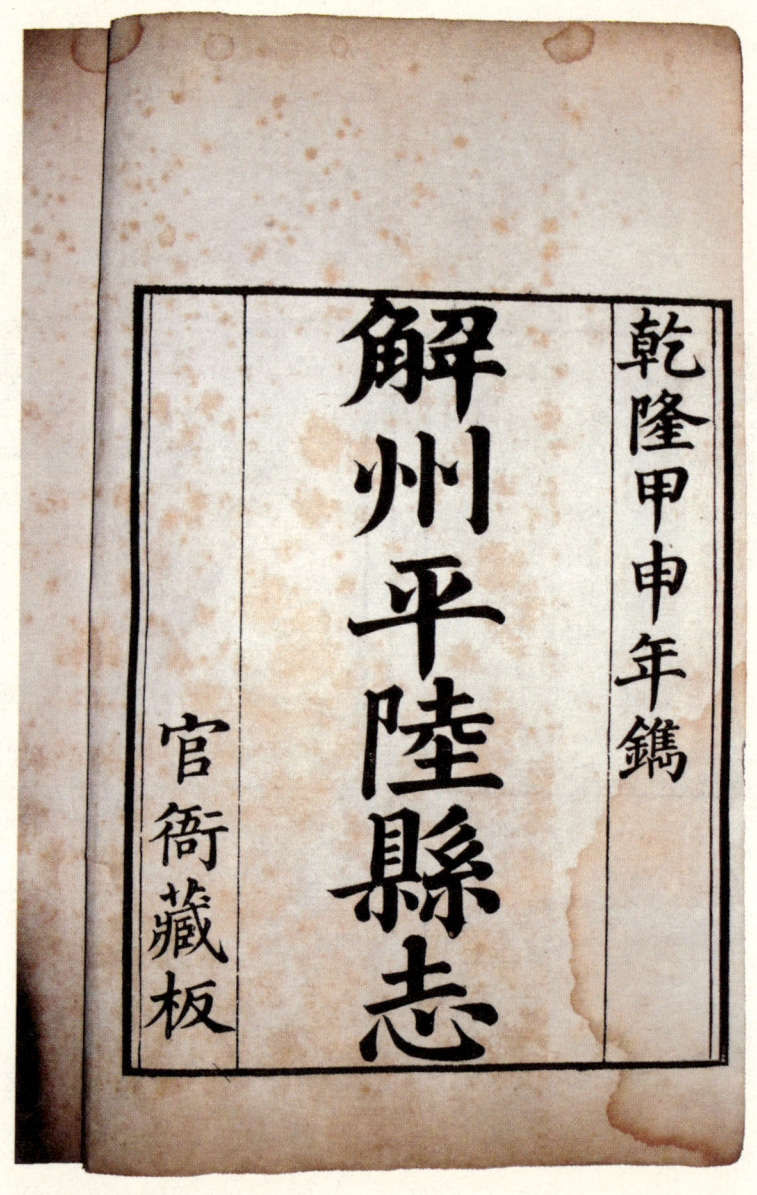

图32 〔乾隆〕解州平陆县志十六卷首一卷 （清）言如泗修，韩奭典等纂 清乾隆二十九年（1764）刻本

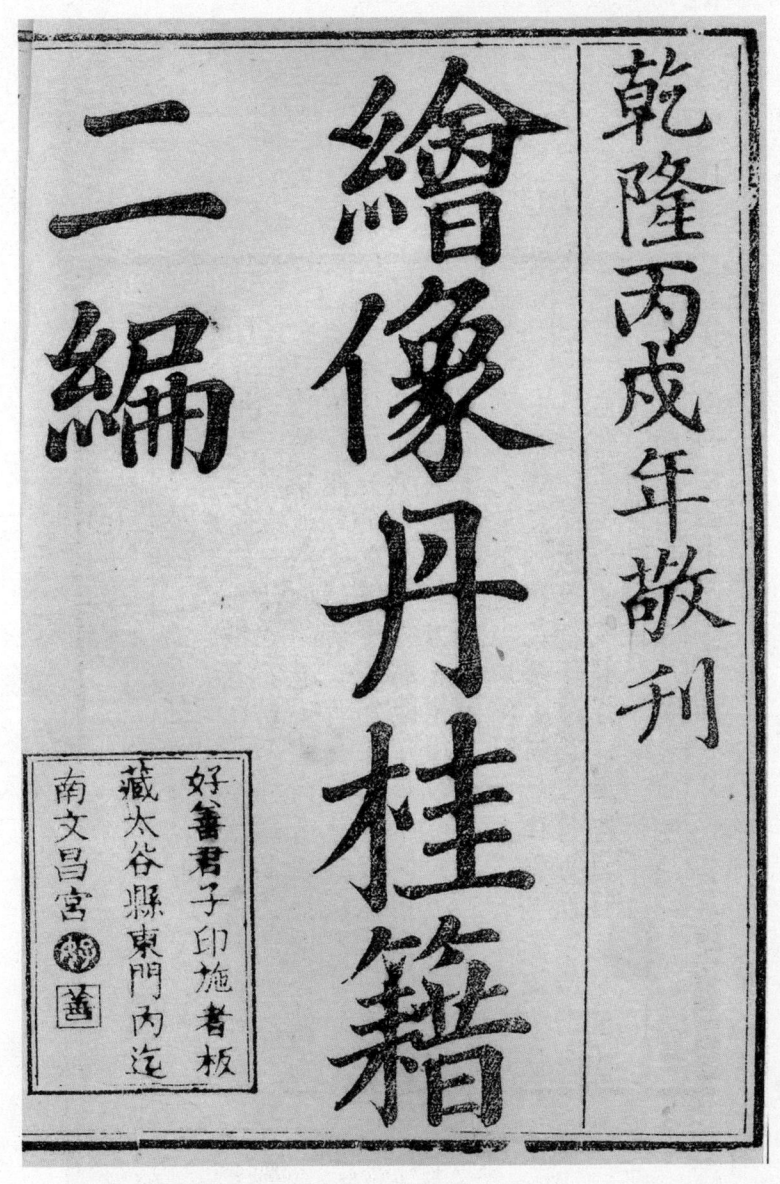

图33 绘像丹桂籍二篇 （清）黄正元辑 清乾隆三十一年（1766）太谷好善君子刻本

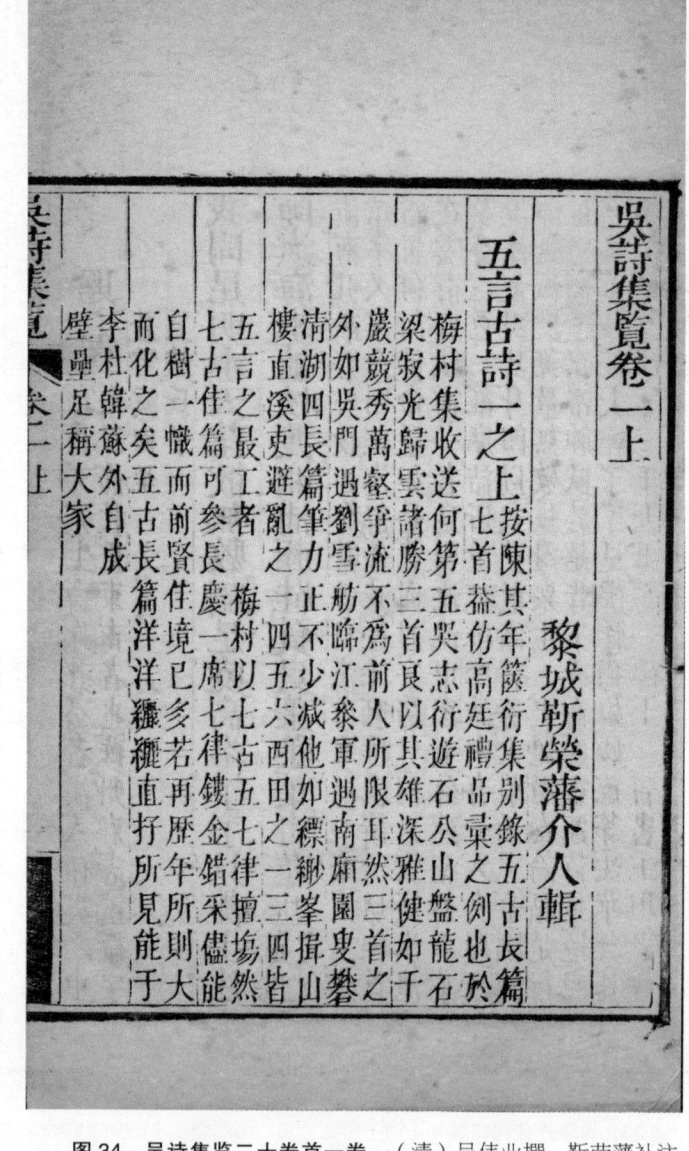

图34 吴诗集览二十卷首一卷 （清）吴伟业撰，靳荣藩补注
清乾隆四十年（1775）黎城靳氏凌云亭刻本

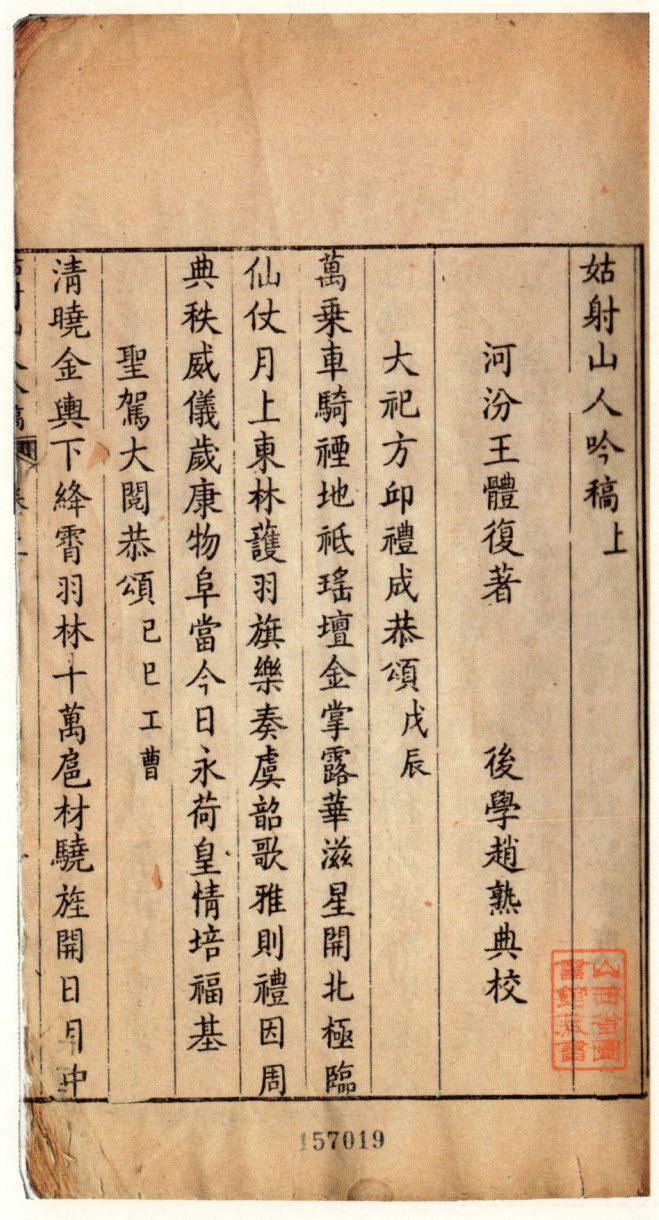

图35 姑射山人吟稿二卷 （明）王体复撰（清）赵熟典校
清乾隆四十年（1775）太平赵熟典刻本

图 36-1　诗韵含英题解十卷　（清）甘兰友辑　清乾隆四十年（1775）晋祁书业堂刻本

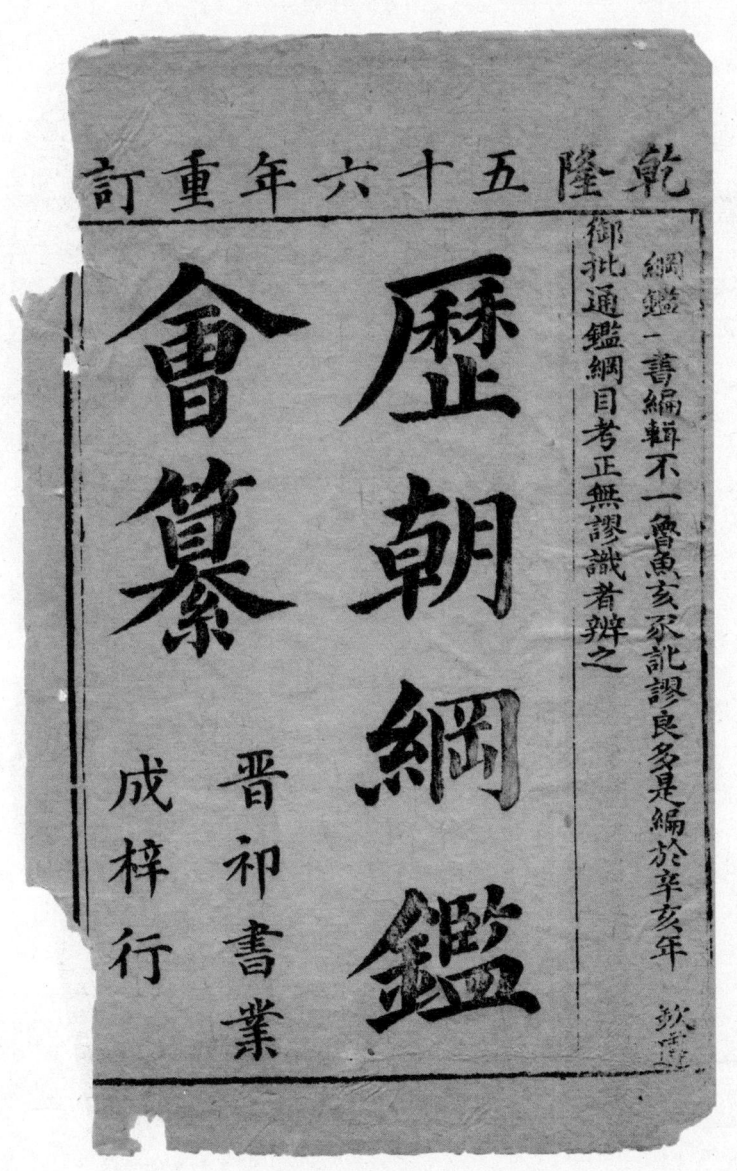

图 36-2 纲鉴会纂三十九卷 （明）王世贞、袁黄纂 清乾隆五十六年（1791）晋祁书业成刻本

图36-3 育正堂重订幼学须知句解四卷 （清）陈允升编 清咸丰五年（1855）晋祁书业德刻本

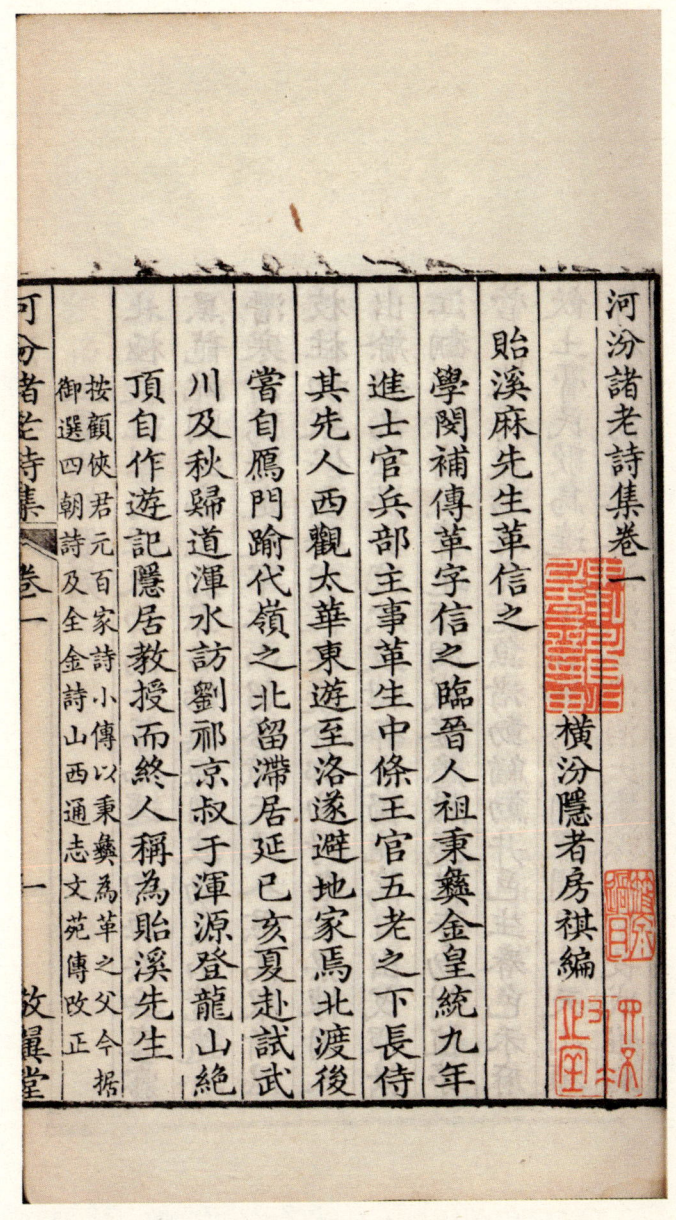

图37 河汾诸老诗集八卷 （元）房祺辑（清）曹学闵补传
清乾隆四十三年（1778）汾阳曹学闵敬翼堂刻本

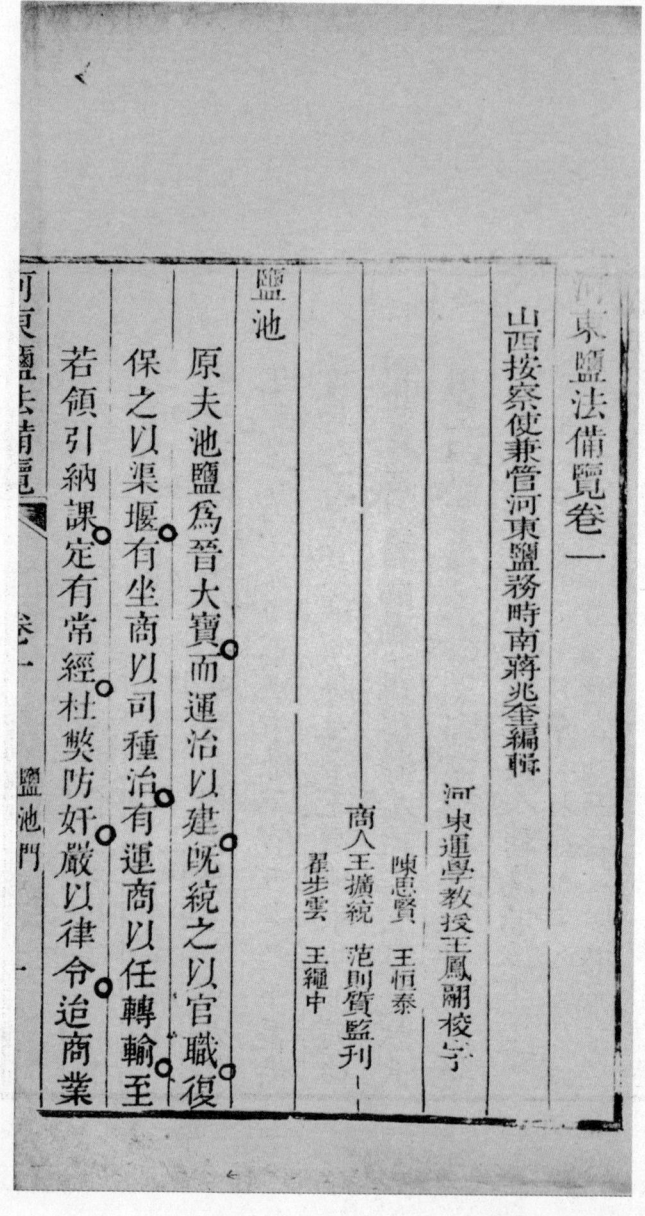

图38 河东盐法备览十二卷 （清）蒋兆奎辑 清乾隆五十五年（1790）刻本

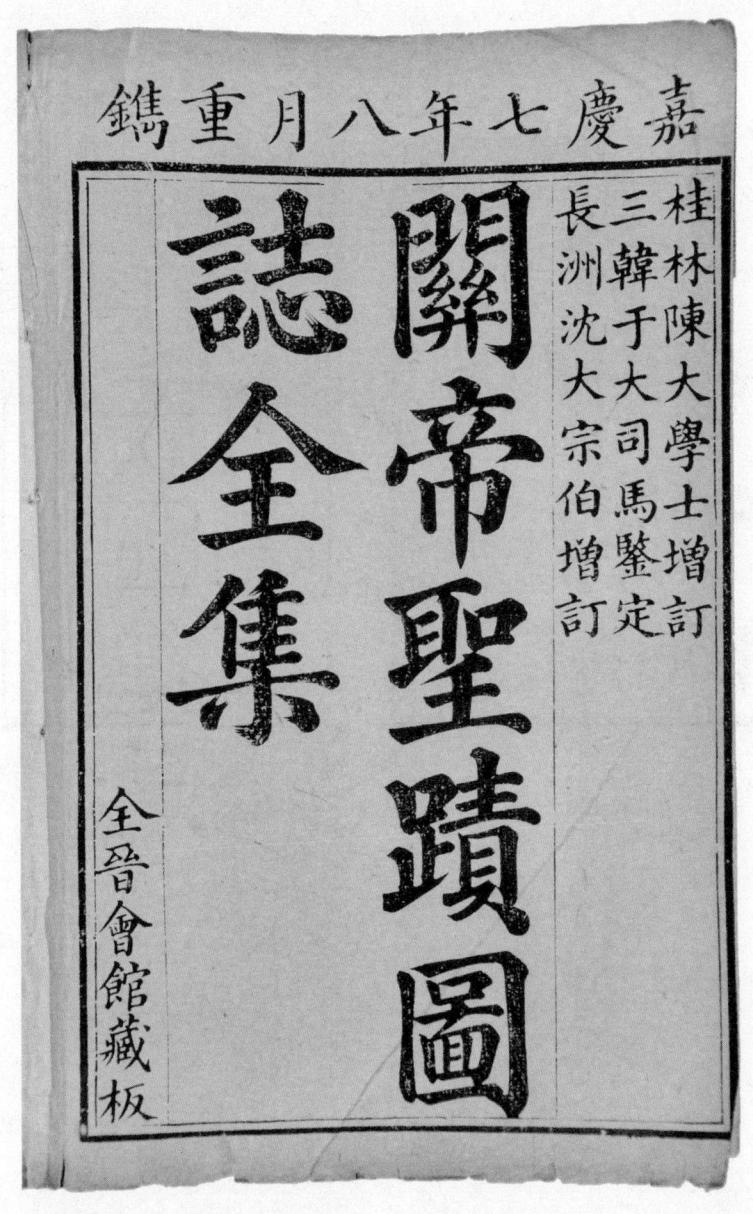

图39 关圣帝君圣迹图志全集五卷 （清）卢湛汇辑 清嘉庆七年（1802）全晋会馆刻本

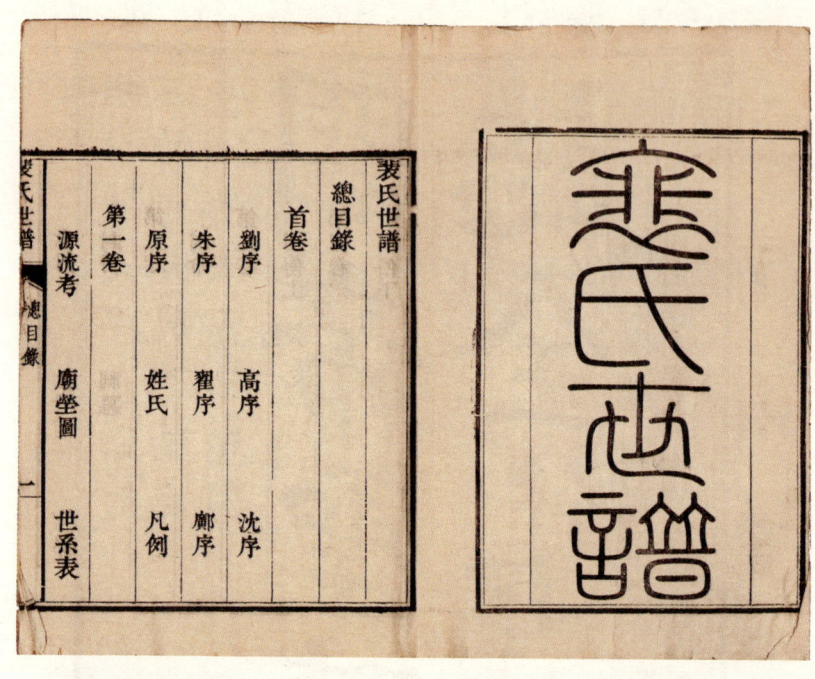

图 40　裴氏世谱十二卷首一卷末一卷　（清）翟凤翥、裴倖度修，裴宗锡续修　清嘉庆十年（1805）家刻本

图41 礼记二十卷抚本礼记郑注考异二卷 （汉）郑玄注（清）张敦仁考异 清嘉庆十一年（1806）阳城张氏影宋淳熙四年（1177）抚州公使库刻本

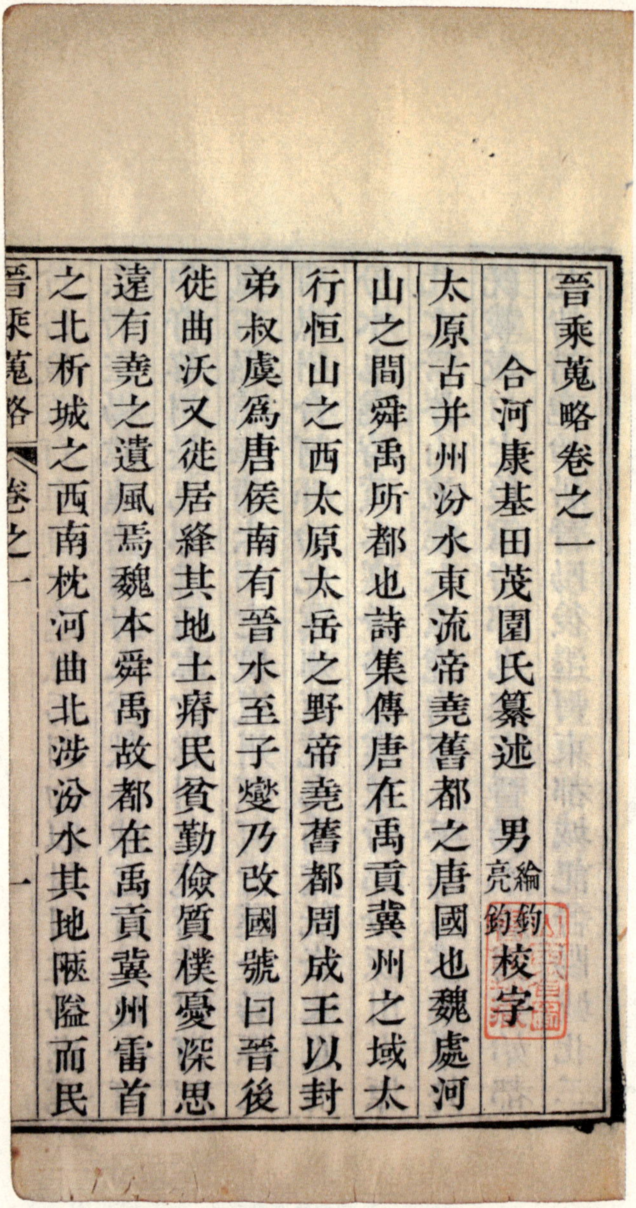
晉乘蒐略卷之一
合河康基田茂園氏纂述　男綸鈞 亮鈞校字
太原古并州汾水東流帝堯舊都之唐國也魏處河
山之間舜禹所都也詩集傳唐在禹貢冀州之域太
行恒山之西太原太岳之野帝堯舊都周成王以封
弟叔虞爲唐侯南有晉水至子燮乃改國號曰晉後
徙曲沃又徙居絳其地土瘠民貧勤儉質樸憂深思
遠有堯之遺風焉魏本舜禹故都在禹貢冀州雷首
之北析城之西南枕河曲北涉汾水其地陿隘而民
晉乘蒐略　卷之一　一

图 42　晋乘搜略三十二卷　（清）康基田撰　清嘉庆十六年（1811）合河康氏霞荫堂刻本

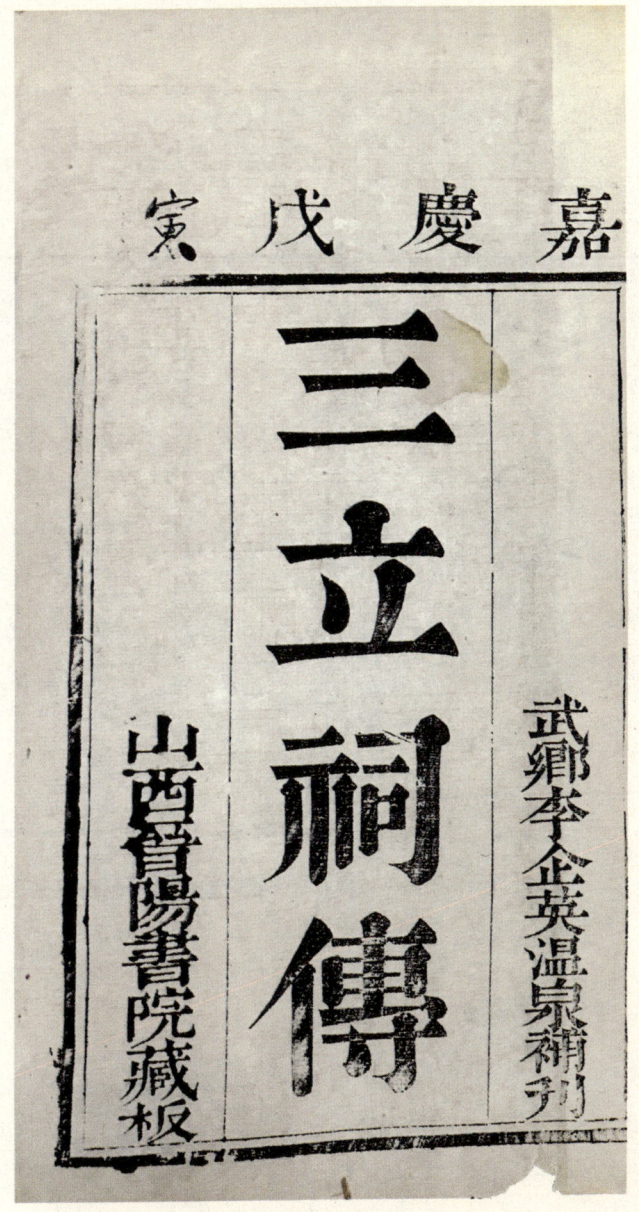

图43 三立祠传二卷 （明）袁继咸纂 清嘉庆二十三年（1818）晋阳书院刻本

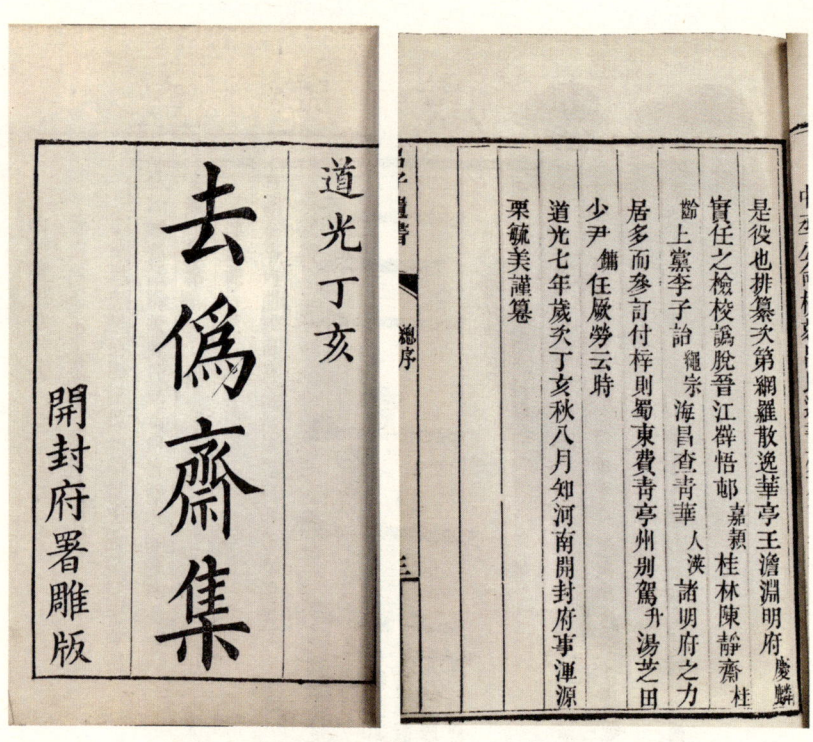

图44 吕子遗书去伪斋集十卷呻吟语六卷实政录七卷附录一卷 （明）吕坤撰
清道光七年（1827）浑源栗毓美刻本

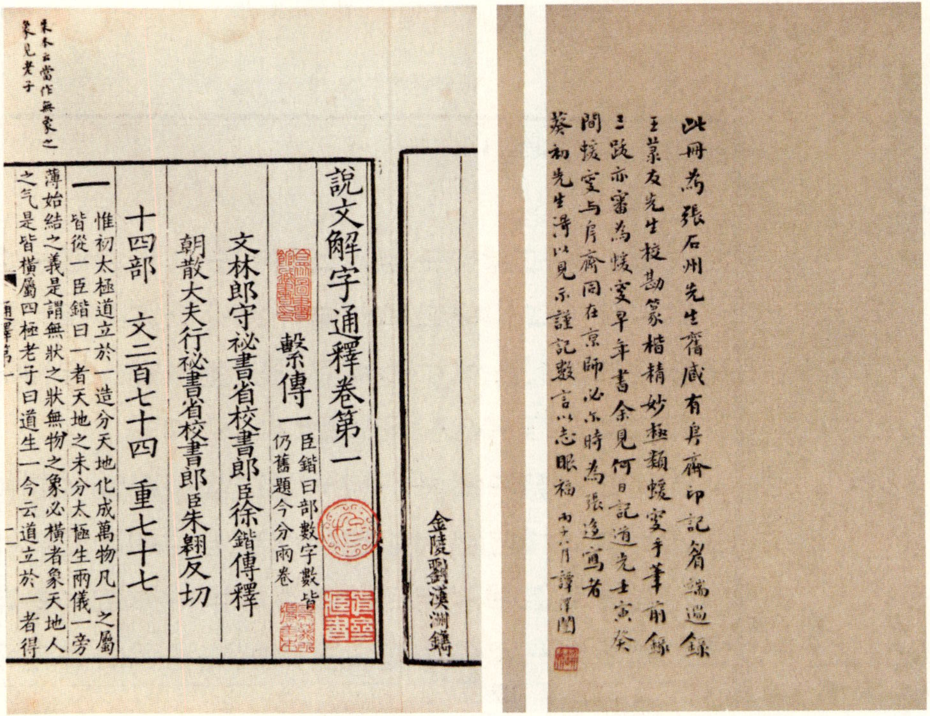

朱本云當作無象之象見老子

說文解字通釋卷第一

繫傳一 臣鍇曰部數字數皆仍舊題今分兩卷

文林郎守祕書省校書郎臣徐鍇傳釋

朝散大夫行祕書省校書郎臣朱翺反切

十四部 文三百七十四 重七十七

一 惟初太極道立於一造分天地化成萬物凡一之屬皆從一臣鍇曰一者天地之未分太極生兩儀一旁薄始結之義是謂無狀之狀無物之象必橫者象天地人之气是皆橫屬四極老子曰道生一今云道立於一者得

金陵劉漢洲鐫

此冊為張石州先生舊藏有月齋印記眉端遍錄王菉友先生校勘篆楷精妙極類蝯叟手筆前錄三跋亦審為蝯叟早年書余見何日記道光壬寅癸卯間蝯叟与月齋同在京師必亦時為張逸寫者蔡初先生得以見示謹記數言以志眼福 丙子六月譚澤闓

图 45　说文解字系传四十卷　（南唐）徐锴撰　**校勘记三卷**　（清）承培元等撰　清道光十九年（1839）祁寯藻刻本

敦艮齋遺書卷之一

說易

乾坤相交坤得乾之中而為坎坎之中陽即乾德也於三才象人於人象心坎之象曰習坎有孚惟心亨行有尚八純卦獨坎象繫心指坎之中爻言也其初上兩陰爻則小體之象乾卦後次之以坎所謂天命之謂性性統於心者也天與人以大體不能不予之小體以載之而載大體者反致累大體耳目口鼻四肢之欲梏之反覆而心之存焉者寡矣是亦天之所無如何也天開於子地闢於丑至寅而人事起焉寅民同宮自坎以上其事全歸於天自艮以下其事全歸於人故艮

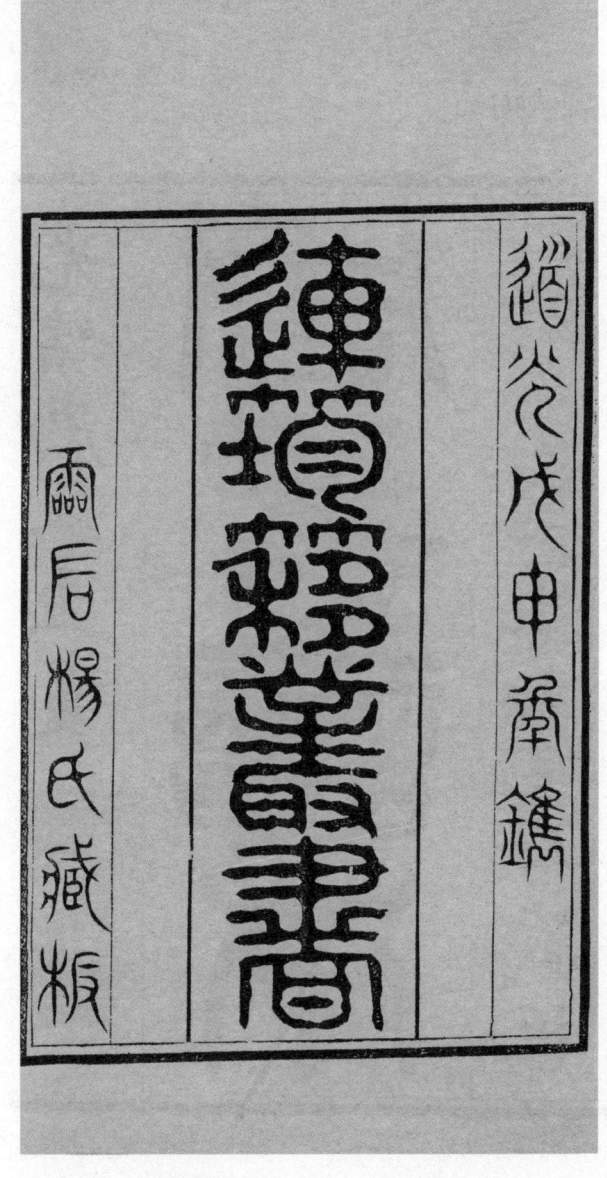

图47 连筠簃丛书十五种 （清）杨尚文辑 清道光二十八年（1848）灵石杨氏刻本

图48 御纂七经 （清）阎敬铭辑 清光绪六年（1880）山西濬文书局刻本

主要参考文献

刘纬毅主编.山西文献总目提要.山西人民出版社，1998年版.

山西省图书馆编.山西省图书馆普通线装古籍书目.北岳文艺出版社，1998年版.

山西省图书馆编.山西省图书馆善本古籍书目.山西古籍出版社，2007年版.

山西省图书馆古籍普查登记目录编委会编.山西省图书馆古籍普查登记目录.国家图书馆出版社，2016年版.

刘纬毅编.山西古代刻书考略.山西省图书馆油印本，1978年版.

李裕民著.山西刻书年表(宋至明).晋图学刊，1986年第2、3、4期.

中国国家图书馆、中国国家古籍保护中心.第一批国家珍贵古籍名录图录.国家图书馆出版社，2009年版.

中国国家图书馆、中国国家古籍保护中心.第二批国家珍贵古籍名录图录.国家图书馆出版社，2010年版.

中国国家图书馆、中国国家古籍保护中心.第三批国家珍贵古籍名录图录.国家图书馆出版社，2012年版.

中国国家图书馆、中国国家古籍保护中心.第四批国家珍贵古籍名录图录.国家图书馆出版社，2014年版.

中国国家图书馆、中国国家古籍保护中心.第五批国家珍贵古籍名录图录.国家图书馆出版社，2016年版.

唐桂艳著.清代山东刻书史.齐鲁书社，2016年版.

杨艳燕编.山西师范大学图书馆古籍善本书目.国家图书馆出版社，2011年版.

中国国家图书馆.中华古籍资源库.中国国家图书馆官网.

中国国家图书馆.全国古籍普查登记基本数据库.中国国家图书馆官网.

山西省图书馆、山西省古籍保护中心编.第一批山西省珍贵古籍名录图录.山西人民出版社,2011年版.

山西省图书馆、山西省古籍保护中心编.第二批山西省珍贵古籍名录图录.山西人民出版社,2012年版.

上海图书馆、上海科技情报研究所.上海图书馆家谱数据库.上海图书馆官网.

山西省文物局、山西省第一次可移动文物普查登记办公室.山西省文物系统可移动文物普查登记数据库之古籍部分数据.

山西省各市县图书馆.山西省市县图书馆古籍普查登记目录数据库.

山西大学图书馆编.山西大学古籍普查登记目录数据库.

程小澜、朱海闵、应长兴主编.浙江省古籍善本联合目录.国家图书馆出版社,2017年版.

山西省史志研究院编.山西通志·新闻出版志·出版篇.中华书局,1999年第一版.

张秀民著,韩琦增订.中国印刷史.浙江古籍出版社,2016年第一版.

山西省文物局 中国历史博物馆主编.应县木塔辽代秘藏.文物出版社,1991年第一版.

上海图书馆.中文古籍联合目录及循证平台.上海图书馆官网,2019.5.

李友仁主编.云南省图书馆馆藏善本图录.云南人民出版社,2009年11月第一版.

清华大学图书馆.清华大学图书馆藏善本书目.清华大学出版社,2002年1月第一版.

后 记

  2017 年 3 月，著名方志学家、地方文献学家刘纬毅先生惠赠笔者《雪泥鸿爪》一书。作为后生晚辈，承蒙错爱，甚是感激。立即捧读，目录中有"《山西文献总目提要》前言"一行文字，感到很眼熟，于是翻到正文，一气读毕。20 年前，正是刘纬毅先生的提携，我有幸作为编辑之一参与了《山西文献总目提要》一书的编纂工作，且撰写了部分提要，受益匪浅。重读了"前言"，略有所思，于是又找出原书，翻阅到"山西刻书"部分（共列举山西刻书 92 种）时，一种冲动油然而生：何不扩而充之，集中表彰一下吾晋先贤在中国刻书史上的丰功伟绩？想法一旦萌生，总是挥之不去，于是就有了拙编的呈现。

  2007 年以来，"中华古籍保护计划"在全国范围内大力开展，尤其是十八大以来，党中央对弘扬中华优秀传统文化高度重视，为古籍保护事业营造了难得的良好氛围。正是在这样的大环境下，我们才有可能站在全国（甚至海外）的视野来搜集、编纂《现存山西刻书总目》一书。"现存"和"总目"，是该书编纂之初就确立的基本思想。"总目"是着眼于求全；"现存"是着眼于实用。希望本书能为山西刻书史、出版史、文化史之研究及全省古籍保护工作继续深入推进，发挥一点微薄的作用。

该书的主要参考文献已列有专门附录，在此不一一列举。

感谢山西省古籍保护中心的同志们为我提供了全省有关市、县的古籍普查目录，特别是田渊、葛娜两位年轻同事还帮助编制了书后的书名索引和著者索引。

感谢三晋出版社原社长、总编辑张继红先生的倾力推荐；感谢三晋出版社社长阎文凯先生、常务副总编莫晓东女士的大力支持；感谢本书责编薛勇强先生的辛勤付出。

感谢所有在本书资料搜集、编纂、出版过程中给予支持帮助的人们。

由于水平有限，遗漏和错误在所难免，肯请方家不吝指正。